Abuso do direito nas relações privadas

Abuso do direito nas relações privadas

Carlos Affonso Pereira de Souza

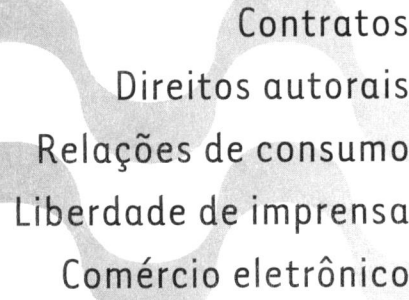

Contratos
Direitos autorais
Relações de consumo
Liberdade de imprensa
Comércio eletrônico

ELSEVIER

Edição 2013

CAMPUS
JURÍDICO

© 2013, Elsevier Editora Ltda.

Todos os direitos reservados e protegidos pela Lei nº 9.610, de 19/02/1998.

Nenhuma parte deste livro, sem autorização prévia por escrito da editora, poderá ser reproduzida ou transmitida, sejam quais forem os meios empregados: eletrônicos, mecânicos, fotográficos, gravação ou quaisquer outros.

Copidesque: Lara Alves dos Santos
Revisão: Tania Heglacy
Editoração Eletrônica: Mojo Design

Elsevier Editora Ltda.
Conhecimento sem Fronteiras
Rua Sete de Setembro, 111 — 16º andar
20050-006 — Rio de Janeiro — RJ

Rua Quintana, 753 – 8º andar
04569-011 – Brooklin – São Paulo – SP

Serviço de Atendimento ao Cliente
0800 026 53 40
sac@elsevier.com.br

ISBN: 978-85-352-7216-1
ISBN (versão digital): 978-85-352-7217-8

Nota: Muito zelo e técnica foram empregados na edição desta obra. No entanto, podem ocorrer erros de digitação, impressão ou dúvida conceitual. Em qualquer das hipóteses, solicitamos a comunicação à nossa Central de Atendimento, para que possamos esclarecer ou encaminhar a questão.

Nem a editora nem o autor assumem qualquer responsabilidade por eventuais danos ou perdas a pessoas ou bens, originados do uso desta publicação.

CIP-BRASIL. CATALOGAÇÃO-NA-FONTE
SINDICATO NACIONAL DOS EDITORES DE LIVROS, RJ

S714a

Souza, Carlos Affonso Pereira de
Abuso do direito nas relações privadas. / Carlos Affonso Pereira de Souza. - 1. ed. - Rio de Janeiro : Elsevier, 2013.
23 cm

ISBN 978-85-352-7216-1

1. Direito civil. I. Título.

13-00192.   CDU: 347

Para Patricia

O autor

Carlos Affonso Pereira de Souza. Doutor e Mestre em Direito Civil na Universidade do Estado do Rio de Janeiro. Fundador e Vice-coordenador do Centro de Tecnologia e Sociedade (CTS) da Escola de Direito da Fundação Getúlio Vargas – RJ (FGV Direito Rio). Pesquisador Visitante do Information Society Program, da Faculdade de Direito da Universidade de Yale. Professor dos cursos de graduação e pós-graduação da FGV DIREITO RIO, lecionando disciplinas relacionadas a temas de propriedade intelectual, contratos e direito da tecnologia da informação. Professor da graduação em Direito da PUC-Rio. Membro da Comissão de Direito Autoral, Direitos Imateriais e Entretenimento, da OAB/RJ. Participante ativo em diversos fóruns nacionais e internacionais sobre governança e regulação da internet, tendo ocupado posições em conselhos auxiliares da ICANN, entidade responsável pela gestão do sistema internacional de nomes de domínio, e no Comitê Executivo da Iniciativa por Direitos e Princípios na Internet, constituída no Fórum de Governança da Internet (IGF/ONU).

Agradecimentos

Grande parte deste pequeno estudo sobre a função e o abuso dos direitos vem de minha tese de doutorado, apresentada no Programa de Pós-Graduação da Faculdade de Direito da Universidade do Estado do Rio de Janeiro. Para o desenvolvimento da tese tive orientação da professora Maria Celina Bodin de Moraes, a quem agradeço pelo apoio e pela inspiração desde os tempos de graduação e pesquisa no Programa Especial de Treinamento (PET-CAPES), do Departamento de Direito da Pontifícia Universidade Católica – PUC-Rio.

À Escola de Direito da FGV tenho muito a agradecer pela experiência de vivenciar a construção de um dos mais proveitosos campos para o desenvolvimento de pesquisa e docência em Direito no Brasil.

Agradeço aos meus colegas do Centro de Tecnologia e Sociedade (CTS/FGV) pela oportunidade de compartilhar a cada dia a consolidação de um Direito da Tecnologia da Informação que prioriza o interesse público e o acesso ao conhecimento. Muitos dos desafios experimentados pelo CTS propiciaram as reflexões aqui desenvolvidas, em particular sobre o abuso do direito autoral e nas condutas desempenhadas no comércio eletrônico.

Agradeço em especial ao Walter Britto e a João Gabriel Madeira pela revisão cuidadosa do texto.

Como o abuso do direito é uma excelente ponte entre questões de teoria do Direito e áreas de aplicação recentes do Direito Civil, fica também o agradecimento aos alunos que se aborreceram nas aulas sobre análise funcional dos direitos e aos que se motivaram para debater em sala sobre o abuso no exercício da liberdade de expressão.

À Patrícia, por fim, como mais uma tentativa de expressar uma gratidão que retribua todo o seu amor e companheirismo nesses incríveis 15 anos em que estamos juntos.

Apresentação

Este livro busca retratar um momento importante para a figura do abuso do direito no Brasil. Passada a primeira década de sua positivação no Código Civil, o instituto começa a receber a devida atenção por parte da jurisprudência e sua menção é crescente nos debates jurídicos sobre os limites para o exercício dos direitos subjetivos. Se por um lado esse cenário parece positivo, uma análise abrangente revela que a quantidade de referências na doutrina e na jurisprudência ao abuso ainda divergem muito sobre o seu fundamento e peculiaridades sobre a sua forma de aplicação.

Por outro lado, o movimento de constitucionalização do Direito Civil, somado à consolidação de uma análise funcional dos direitos, cria condições para que o abuso seja não coadjuvante desse momento, mas sim protagonista das transformações experimentadas nas relações privadas.

Ao se vincular o abuso ao crescente destaque conferido pela doutrina e pela jurisprudência à função dos direitos nas últimas décadas, pode-se perceber, através de exemplos que vão de práticas contratuais ao exercício da liberdade de expressão, que o abuso, conforme constante no art. 187 do Código Civil, pode se tornar elemento incontornável para a compreensão do Direito Civil contemporâneo.

Sumário

Introdução 1

1 A função dos direitos **5**
1.1. O que se deve entender por função dos direitos? 10
1.2. As rupturas derivadas da análise funcional 17
    1.2.1. O abandono do mito da neutralidade jurídica 18
    1.2.2. A derrocada do voluntarismo na disciplina do direito subjetivo .. 25
1.3. O reconhecimento da função no direito civil contemporâneo 34

2 O abuso dos direitos **47**
2.1. A construção da teoria do abuso do direito 48
    2.1.1. As supostas origens do abuso 50
    2.1.2. O Código Civil francês e o BGB 54
    2.1.3. O surgimento da teoria e a negação de sua autonomia científica 58
    2.1.4. O abuso e a regra moral das obrigações 64
    2.1.5. As concepções finalistas do abuso 66
    2.1.6. As concepções axiológicas do abuso 68
    2.1.7. Função e valor: uma bússola com dois nortes? 70
2.2. Abuso para além do direito subjetivo 73

3 Reconhecimento e aplicação do abuso no direito brasileiro **77**
3.1. A recepção doutrinária do abuso do direito no Brasil 77
3.2. Hermenêutica do art. 187 do Código Civil 79
3.3. Aplicações do abuso do direito 85

3.3.1. Abuso e questões contratuais...... 86
3.3.2. Abuso e liberdade de expressão...... 89
3.3.3. Abuso e direito autoral...... 100
   3.3.3.1. A doutrina do *copyright misuse* e a experiência norte-americana na limitação do exercício dos direitos autorais...... 102
   3.3.3.2. O reconhecimento do abuso do direito autoral no Brasil...... 109
   3.3.3.3. Abuso do direito autoral e medidas tecnológicas de proteção...... 117
3.3.4. Abuso, boa-fé objetiva e relações de consumo...... 128
3.3.4.1. Práticas abusivas no comércio eletrônico...... 134

4 Crise e afirmação do abuso do direito **143**
4.1. As razões da suposta crise do abuso do direito...... 143
4.2. O abuso como instrumento de funcionalização dos direitos...... 147

Considerações finais **151**

Referências...... 153

Introdução

É bastante repetida a afirmação de que o abuso do direito foi um instituto cunhado originalmente por meio do trabalho jurisprudencial, mais especificamente pelos tribunais franceses no final do século XIX e início do século XX.[1] Desde então, sempre foi uma de suas principais características a vinculação com as demandas de natureza prática, que requerem do ordenamento jurídico uma resposta ágil e que se amolde às necessidades socioeconômicas de um determinado momento.

Atualmente, o grande número de decisões judiciais que se valem do abuso para limitar e sancionar o exercício irregular de direitos, faculdades, liberdades e posições jurídicas em geral confirma a forte vinculação do instituto com a prática jurisdicional.

Todavia, se o surgimento da figura e a sua atualização constante têm se dado, em grande parte, pelo trabalho da jurisprudência, é preciso perceber que, em determinados momentos cruciais de seu desenvolvimento, os estudos doutrinários assumiram inicialmente o papel de dar novos rumos ao instituto.

Dessa forma, pode-se aludir à existência de três momentos relevantes para a compreensão do abuso do direito.

O primeiro consiste na transição do século XIX para o século XX, com os pronunciamentos inovadores, para a época, realizados pelos

---

1. Embora a maior parte da doutrina identifique que uma teoria do abuso do direito apenas se estabeleceu no século XX, diversos autores identificam ao longo do século XIX julgados que já relativizavam o predomínio da vontade no exercício dos direitos, contribuindo assim para um movimento de consolidação da figura que viria a ser conhecida como "abuso do direito". Nesse sentido, *vide* Cordeiro, Antonio Menezes. *Da Boa-Fé no Direito Civil*. Coimbra: Almedina, 2007. p. 671.

tribunais franceses no sentido de se limitar o exercício de direitos quando esse se dava de forma a causar prejuízos a terceiros. A partir destes julgados, embora ainda bastante arraigada à configuração dos atos emulativos, surgiria um manancial de casos que daria ensejo à construção de uma teoria do abuso do direito logo em seguida por autores como Lalou e Josserand.[2]

Esse primeiro momento foi caracterizado pela afirmação da figura do abuso, vencendo as teses que pregavam a impossibilidade de sua existência por ser uma verdadeira contradição: ou se agia conforme o direito ou se agia fora dos limites do direito. Não havia, assim, espaço para uma noção de abuso do direito.

O segundo momento relevante para a construção da figura do abuso do direito não deriva exatamente da observação de fatos que digam respeito à figura do abuso em si, mas, de forma mais abrangente, dizem respeito ao giro empreendido pela doutrina no sentido de superar a compreensão positivista do ordenamento jurídico, passando de uma análise predominantemente estrutural para uma análise funcional do direito.

A construção de uma análise funcional do direito, que em grande medida foi impulsionada pelos estudos pioneiros de Norberto Bobbio,[3] afirma que o ordenamento jurídico em si, e os direitos por ele concedidos em sequência, podem ser percebidos não apenas pela sua conformação estrutural, mas também por meio de um viés teleológico, indagando-se, então, não como o direito é produzido, mas, sim, para que serve.

Ao descortinar a importância da função dos direitos, essa análise gera várias derivações doutrinárias, como a defesa da função promocional do direito e, o que é mais relevante para o presente trabalho, o rompimento com a análise estritamente formalista-racional do ordenamento jurídico, abrindo caminho para a construção de uma análise axiológico-normativa dos direitos.

É nesse cenário, desenvolvido a partir de meados dos anos 1960, que o abuso do direito ganha complexidade e se torna uma das figuras mais importantes para a construção do Direito Civil contemporâneo. O abuso é compreendido

---

2. O famoso estudo de Josserand sobre o abuso do direito, *De l'Esprit des Droits et de leur Relativité: Théorie Dite de l'Abus des Droits*, foi originalmente publicado em 1927. Já o livro *La Responsabilité Civile*, de Henri Lalou, no qual o autor aborda a teoria do abuso, teria a sua primeira edição publicada em 1928. Antes disso a doutrina francesa já especulava sobre a aplicação da teoria do abuso do direito para os diversos casos decididos pelo Poder Judiciário (conforme se pode conferir em Joseph Charmont. *Transformations du Droit Civil*. Paris: Armand Colin, 1912. p. 201 e segs.).
3. Os principais estudos de Norberto Bobbio sobre a análise funcional dos direitos estão reunidos no volume *Da Estrutura à Função*, cuja "proposta central", segundo Gustavo Tepedino é "a superação da visão meramente estrutural dos direitos subjetivos (limitada à análise dos mecanismos de poder postos à disposição do titular e voltada, por isso mesmo, tão somente para a sua estrutura formal), através da funcionalização do direito aos valores contidos no ordenamento" (In: *Temas de Direito Civil*. 2. ed. Rio de Janeiro: Renovar 2001. v. 1, p. 9).

como o exercício do direito que contraria a função do próprio direito, como um desvio de finalidade, como uma contrariedade ao valor que instruiu a concessão daquele direito pelo ordenamento jurídico, e assim por diante. Livros e artigos são escritos buscando encontrar o fundamento último do abuso do direito e a figura, por ausência de positivação expressa em diversos códigos, recebe tratamento intensivo pela doutrina.

Na sucessão de teorias que propugnam evidenciar o fundamento do abuso do direito, outra transformação de natureza geral tomou o instituto de assalto e constitui por si só um terceiro momento de construção da figura do abuso. Trata-se da ascensão da metodologia civil-constitucional, especialmente na última década do século passado.

Desenvolvida a partir de alguns vetores bastante nítidos de aplicação do Direito Civil e calcada na supremacia hierárquica da Constituição sobre o Código Civil e demais legislações infraconstitucionais, a aplicação do direito privado passou a ser desenvolvida à luz dos dispositivos constitucionais, com especial destaque para os seus princípios.[4]

A metodologia civil-constitucional passa pelo reconhecimento de que os dispositivos constitucionais se aplicam diretamente às relações privadas, fazendo com que as diretrizes principiológicas da Constituição guiem o aplicador no caso concreto, não apenas se valendo delas como mero recurso interpretativo, mas principalmente aplicando de forma direta a norma constitucional sobre as relações jurídicas de natureza privada. Sendo assim, os preceitos constitucionais que dispõem sobre a dignidade da pessoa humana, a função social da propriedade, o direito à educação e a liberdade de expressão, dentre tantos outros, são aplicáveis diretamente para auxiliar na solução de litígios privados.

Esse terceiro momento é relevante para o abuso do direito, pois o instituto, que floresceu com a afirmação da análise funcionalista do direito, pode agora submergir na corrente de constitucionalização do Direito Civil e simplesmente perder o seu lugar, sendo ultrapassado por uma nova metodologia, pretensamente mais adequada a introduzir a análise funcional no juízo das relações privadas. A pergunta que se faz é: se os princípios constitucionais são aplicados

---

4. Conforme expõe Maria Celina Bodin de Moraes: "Como é notório, no decorrer do século XX, com o advento das Constituições dos Estados democráticos, os princípios fundamentais dos diversos ramos do Direito, e também os princípios fundamentais do direito privado, passaram a fazer parte dos textos constitucionais nos países de tradição romano-germânica. Diversamente do que normalmente se considera, porém, parece insuficiente constatar a mera transposição dos princípios básicos do texto do código civil para o texto da Lei Maior. É preciso avaliar sistematicamente a mudança, ressaltando que, se a normativa constitucional se encontra no ápice do ordenamento jurídico, os princípios nela presentes se tornaram, em consequência, as normas diretivas, ou normas-princípio, para a reconstrução do sistema de Direito Privado" (In: *Danos à Pessoa Humana:* Uma Leitura Civil-Constitucional dos Danos Morais. Rio de Janeiro: Renovar, 2003. p. 68).

diretamente sobre as relações entre particulares, que papel resta ao abuso do direito desempenhar?

Este estudo passa em revista as transformações do instituto do abuso, oferecendo de início um panorama da passagem da análise estrutural para a análise funcional. Esse pano de fundo mostra o cenário de crescente abertura no século passado para a implicação de valores na análise jurídica e deixa perceber como foi possível a transformação de um abuso do direito preso aos atos emulativos, como se havia na França no início do século passado, para uma figura complexa como aquela debatida pela doutrina no final do mesmo século.

Em seguida, será abordado o instituto do abuso do direito em si, relatando-se as diversas teorias cunhadas para sua explicação e a sua recepção pela doutrina e jurisprudência nacionais, com destaque aos casos mais emblemáticos e aos usos mais recorrentes do instituto nos tribunais.

Por fim, dedica-se a parte final deste estudo à discussão sobre o enquadramento do abuso como vetor para a análise funcional, rebatendo as críticas que procuram afirmar que o instituto estaria em crise. Muito ao contrário, essa problematização da figura do abuso será fundamental para perceber o quanto ele precisa ser afirmado e pode ser relevante para a melhor compreensão dos movimentos pelos quais atravessa o Direito Civil contemporâneo.

A função dos direitos

O cenário a partir do qual são desenvolvidas algumas das principais transformações hoje percebidas nos mais diversos institutos jurídicos pode ser remontado à discussão sobre a afirmação de uma análise funcionalista do direito. Esse debate, travado a partir dos anos 1960, levou à superação de uma visão estritamente estruturalista do fenômeno jurídico, complementando-a com um viés teleológico que propiciou a descoberta do papel das finalidades e dos valores na construção dos institutos jurídicos.

O debate sobre a estrutura do direito está atrelado à indagação sobre "como é o direito?", observando a dinâmica que torna possível a existência e operabilidade do ordenamento jurídico. Ao se indagar sobre a função do direito, todavia, a preocupação sobre a organização do direito dá lugar à pergunta "para que serve o direito?", apontando para as finalidades que se busca alcançar com aquele aparato normativo.[1]

---

1. A contraposição entre as perguntas "o que (ou como) é?" e "para que serve?", utilizada para explicitar as distinções entre a análise estrutural e funcional, é repetida por vários autores. Nesse sentido, vale lembrar a passagem de Pietro Perlingieri, que, embora relativa ao fato jurídico, esclarece o autor também ser pertinente às relações jurídicas como um todo: "É da máxima importância identificar a estrutura e a função do fato jurídico. Preliminarmente pode-se dizer que estrutura e função respondem a duas indagações que se põe em torno ao fato. O 'como é?' evidencia a estrutura, o 'para que serve?' evidencia a função" (*Perfis do Direito Civil*. Rio de Janeiro: Renovar, 1997. p. 94). Em outro momento, apontando a maior relevância da análise funcional para o estudo do direito, afirma o autor: "a pergunta mais importante não é feita para saber a estrutura do instituto, mas, sim, a sua função. Para que ele serve? Por que ele é aplicado a esta realidade? Qual a sua razão justificativa? Qual a sua função?" (Normas Constitucionais nas Relações Privadas. In: *Revista da Faculdade de Direito da UERJ*, n. 6/7, p. 64, 1998-1999).

No século XX, até os anos 1960, podia-se afirmar que a visão predominante entre os estudiosos do direito privilegiava a perspectiva da estrutura em detrimento de uma análise que levasse à reflexão sobre a função dos direitos. Essa vertente de análise foi em grande parte fortalecida com a ampla aceitação recebida mundialmente pelos trabalhos de Hans Kelsen e com o desenvolvimento do positivismo jurídico como perspectiva corrente de análise do direito.[2]

A separação entre estrutura e função do direito é encontrada na obra de Kelsen, operando o autor a referida separação para conferir maior importância à primeira em detrimento da segunda que, na verdade, nem mesmo deveria ser assunto com o qual se ocuparia a ciência do Direito.

A estrutura ganharia foros de cientificidade, estudando a formação do direito e as condições de sua operação. Esse seria o principal assunto merecedor de uma pesquisa científico-jurídica séria por conduzir justamente à essência do ordenamento jurídico. Assim, a ciência jurídica, consubstanciada na teoria pura do direito, compreendia o direito estritamente através de uma análise de sua estrutura.

O desinteresse por eventuais concepções funcionalistas do direito pelos estudos positivistas pode ser explicado, em grande parte, pelo fato de que, ao se debater a função do direito, abre-se espaço para que ideologias possam tomar de assalto a discussão jurídica. Na visão positivista, conforme desenvolvida por Kelsen, uma teoria pura do direito deveria ser erigida livre da contaminação por perfis ideológicos.

Nesse sentido, não haveria ciência do direito enquanto a análise do fenômeno jurídico fosse permeada por escolhas de natureza ideológica. Sendo assim, não haveria motivo para dissertar longamente sobre a função do direito dado que esse debate certamente remeteria os interlocutores a uma discussão sobre ideologias ou concepções de justiça, e tais questões, como visto, não poderiam ser objeto de um estudo jurídico verdadeiramente científico.

Logo ao iniciar o discurso de sua teoria pura, Kelsen já deixava claro que essa doutrina não considerava o objetivo que é perseguido pelo ordenamento jurídico, sendo apenas a análise estrutural a sua grande preocupação. Nesse sentido, a

---

2. A posição predominante ocupada pela teoria pura de Hans Kelsen pode ser identificada na seguinte passagem de artigo de Chaim Perelman, datado de 1968: "O esforço notável de Hans Kelsen de constituir uma Ciência do Direito livre de toda ideologia, de toda intervenção de considerações extrajurídicas, e que se concretizou pela elaboração de sua Teoria Pura do Direito, foi talvez o fato que suscitou mais controvérsias entre os teóricos do Direito do último meio século. As teses apresentadas por esse mestre incontestável do pensamento jurídico, com a clareza e a força de convencimento que caracterizam todos os seus escritos, colocaram em questão tantas ideias comumente admitidas (...) que nenhum teórico do Direito poderia nem as ignorar nem abster-se de posicionar-se a seu respeito" (A Teoria Pura do Direito e a Argumentação. In: *Cadernos PET-JUR*. Tradução de Ricardo Ramalho Almeida. Departamento de Direito da PUC-Rio, ano III, nº 1, p. 19, 1997).

teoria pura – afirma o autor em famosa passagem – "quer única e exclusivamente conhecer o seu próprio objeto. Procura responder a esta questão: o que é e como é o Direito? Já não lhe importa a questão de saber como deve ser o Direito, ou como deve ele ser feito. É ciência jurídica e não política do Direito".[3]

Assim, ao arrogar para o estudo da norma jurídica um afastamento de valores e ideologias, o positivismo fortaleceu uma concepção neutra da norma jurídica, o que seria desconstruído quando da afirmação da teoria funcionalista do direito. Essa pretensa neutralidade científica permitiu um amplo desenvolvimento dos estudos jurídicos pelos autores positivistas, mas, por outro lado, deixou marcas notórias na forma pela qual o jurista encara o seu objeto de análise no desenvolvimento de estudos sobre o fenômeno jurídico.

Isso não significa dizer que Kelsen não se ocupou da função do direito em seus estudos, pois, para o autor, a função existe e poderia ser objeto de investigação; apenas essa análise não seria um estudo de natureza estritamente jurídica. Segundo o autor, a função do direito pode ser buscada através de sua configuração como uma "técnica específica de organização social", cuja especificidade reside no uso de meios coercitivos para levar os integrantes de um grupo social ao cumprimento de seus dispositivos. Esta caracterização do direito como um ordenamento coativo leva à percepção de que seria o direito apenas uma das diversas formas de controle social, cuja especificidade residiria no uso legitimado da força para fazer cumprir as suas determinações.[4]

A grande diferença dessa percepção da função do direito para a análise funcional conforme hoje reconhecida é a desvinculação de uma finalidade única ou de finalidades já identificadas para o exercício do direito. Muito ao reverso, a caracterização da função proposta por Kelsen, no sentido de ser o direito um ordenamento coativo, faz com que esse ordenamento possa ser utilizado para os mais diversos fins, quaisquer que sejam eles. O direito seria assim um meio, e não um fim.

---

3. Kelsen, Hans. *Teoria Pura do Direito*. São Paulo. Martins Fontes, 2003. p. 1. Sobre essa caracterização da teoria pura, ressalta Adrian Sgarbi que "pura" é justamente a doutrina, e não o direito, uma vez que o 'direito', bem sabe Kelsen, é campo da disputa política e da afirmação de valores. Ou seja, o papel da ciência jurídica é diverso da política. Enquanto a política trata da utilidade ou inutilidade de se produzirem certas normas, ou mesmo, a bondade ou a maldade de determinadas condutas com o objetivo de protegê-las ou não, cumpre à ciência jurídica identificar e descrever as normas que compõem determinada ordem jurídica" (*Hans Kelsen:* Ensaios Introdutórios 2001-2005. Rio de Janeiro: Lumen Juris, 2007. p. 2).
4. Nesse sentido, explicita o autor que: "Como ordem coativa, o Direito distingue-se de outras ordens sociais. O momento da coação, isto é, a circunstância de que o ato estatuído pela ordem como consequência de uma situação de fato considerada socialmente prejudicial deve ser executado mesmo contra a vontade da pessoa atingida e – em caso de resistência – mediante o emprego da força física, é o critério decisivo" (Kelsen, Hans. Op. cit., p. 37).

Dito de outra forma, o fim do direito seria então para Kelsen servir de meio para que um grupo organizado pudesse, através mesmo do uso da força, se necessário, fazer valer as suas determinações constantes em um corpo normativo.[5]

O fato de a concepção de direito, e em especial aquele emanado do Estado, se circunscrever à organização do ordenamento coativo, está diretamente relacionado a uma concepção de Estado minimalista, de pouca ou nenhuma intervenção nas atividades econômicas. O chamado Estado Liberal é um possível pano de fundo sobre o qual a análise positivista e estrutural pode prosperar para assegurar que o Estado não intervenha nas atividades econômicas e não promova atividades de cunho social, pois a sua competência se esgotar-se-ia na organização do aparato coativo.

Com as transformações políticas, econômicas e sociais experimentadas no século XX, defender essa concepção de direito de forma pura, adstrita apenas à sua estrutura e ao caráter coativo do ordenamento jurídico, representaria dar as costas ao surgimento do Estado social, intervencionista nas atividades econômicas e promotor do bem-estar social através da adoção de políticas públicas.

O direito, operado pelo Estado, passou então a ser exercido de acordo com a obtenção de uma série de finalidades, o que terminou não por derrogar a análise estrutural, mas por forçar o reconhecimento de que, ao lado do desenho da estrutura, existe uma análise sobre a função desempenhada pelo direito. E essa função, acrescente-se, poderá ser promovida, na prática, não apenas através da utilização de dispositivos repressores de condutas, mas também, e principalmente, pelo incentivo, pela promoção de comportamentos que venham a alcançar o fim do Direito.[6]

---

5. O mesmo desapego à ideia de função pode ser percebido na obra de Herbert L. A. Hart, outro importante autor relacionado ao positivismo jurídico, ao responder a críticas feitas por Ronaldo Dworkin à sua teoria. Segundo Hart, "enquanto a teoria jurídica interpretativa de Dworkin, em todas as suas formas, se baseia na presunção de que o cerne ou a finalidade do direito e da prática jurídica reside em justificar a coerção, não é seguramente, nem nunca foi, o meu ponto de vista de que o direito tenha essa justificação como o seu cerne ou propósito. Como outras formas de positivismo, a minha teoria não apresenta qualquer pretensão de identificar o cerne ou a finalidade do direito e das práticas jurídicas como tais; assim, não há nada na minha teoria que apoie o ponto de vista de Dworkin, que eu, seguramente, não partilho, segundo o qual a finalidade do direito consiste em justificar o uso da coerção. De fato, penso que é totalmente despiciendo procurar qualquer finalidade mais específica que o direito, enquanto tal, sirva, para além de fornecer orientações à conduta humana e padrões de crítica de tal conduta" (*O Conceito de Direito*. 2. ed. Lisboa: Calouste Gulbenkian, 1996, p. 310).
6. Em escrito sobre os conceitos de estrutura e função na obra de Kelsen, afirma Bobbio que "desde que o Estado assume a tarefa, não só de controlar o desenvolvimento econômico, mas também de dirigi-lo, o instrumento idôneo para esta função não é mais a norma reforçada por uma sanção negativa contra aqueles que a transgridem, mas a diretriz econômica que, com frequência, é reforçada por uma sanção positiva em favor daqueles que a ela se conformam, como acontece, por exemplo, nas chamadas leis de incentivo, que começam a ser estudadas com atenção pelos juristas. Onde a

Conforme ressalta Bobbio, "essa função é exercida com a promessa de uma vantagem (de natureza econômica) a uma ação desejada, e não com a ameaça de um mal a uma ação indesejada. É exercida, pois, pelo uso cada vez mais frequente do expediente das sanções positivas".[7]

Passando do Estado repressor para um Estado que promove, de um controle social para um direcionamento social, compreende-se que o direito, em si, pode ser analisado tanto pelo ponto de vista de sua estrutura como pelo ponto de vista da função exercida. A ascensão da figura da função será fundamental para compreender uma série de transformações pelas quais passam vários institutos, com destaque à figura do direito subjetivo.

Será no tratamento concedido ao direito subjetivo que a afirmação da existência de uma função dos direitos se fará mais evidente, abrindo espaço para uma série de teorias sobre a possibilidade de exercício do direito de forma contrária à função.

Para que se alcance essa percepção é necessário anteriormente definir o que se deve conceber por análise funcional dos direitos, demonstrando como o reconhecimento da função gera pelo menos duas rupturas visíveis com a visão clássica dos direitos subjetivos.

Em um primeiro momento, dizer que os direitos possuem e desempenham uma função traz consigo a noção de que os direitos, e todas as demais categorias jurídicas, não são neutras, mas, sim, resultado da aplicação instrumental de certa ideologia. Em seguida, procurar-se-á demonstrar como o reconhecimento da função leva à percepção de que o exercício dos direitos subjetivos não atende apenas à vontade do seu titular, sendo necessário que o mesmo esteja condizente com a função que lhe foi determinada pelo ordenamento jurídico.

Depois de analisadas essas duas rupturas trazidas pelo conceito de função, será visto como ele transformou pelo menos dois institutos fundamentais para a compreensão do direito privado: o contrato e a propriedade. Com as mudanças ocorridas nesses dois institutos espera-se que fiquem evidentes as importantes consequências advindas do reconhecimento da análise funcional do direito e que, com isso, esteja aberto o cenário sobre o qual evoluirá a teoria do abuso do direito.

---

função do Direito não é mais só protetora-repressiva, mas também, e sempre com maior frequência, promocional. Hoje em dia, uma análise funcional do Direito que pretenda levar em conta as mutações ocorridas nessa 'técnica específica da organização social', que é o Direito, tem de integrar o tradicional estudo da função protetora-repressiva do Direito com aquela de sua função promocional. Em minha opinião, esta integração é necessária caso se queira elaborar um modelo teórico representativo do Direito como sistema coercivo. Trata-se de passar da concepção do Direito como forma de controle social para a concepção do Direito como forma de controle e *direção* social" (*Direito e Poder*. São Paulo: Unesp, 2008. p. 118-119).

7. Bobbio, Norberto. *Da Estrutura à Função:* Novos Estudos de Teoria do Direito. Barueri: Manole, 2007. p. 66.

1.1. O que se deve entender por função dos direitos?

O debate sobre a função dos direitos está estritamente relacionado com o desenvolvimento de estudos sociológicos sobre o direito e, sendo assim, com a afirmação da sociologia jurídica como campo do estudo interdisciplinar entre os conhecimentos jurídicos e aqueles típicos das ciências sociais.[8]

A análise da função de determinada instituição sempre ocupou as ciências sociais, tendo-se na função um viés de análise relevante para se compreender o objeto de estudo. Como sabido, o positivismo jurídico, para estabelecer os seus preceitos formalistas e consolidar a visão estruturalista do Direito, expulsou das discussões jurídicas as concepções sociológicas. Os influxos derivados de outros campos do conhecimento, especialmente aqueles ligados às ciências sociais, deveriam ser obstruídos, pois contaminavam a reflexão científica do jurista. Dessa forma, ao afastar tais reflexões, o positivismo terminou por banir dos estudos jurídicos a relevante preocupação com a função existente na análise sociológica.

Esse quadro foi revisto com a crescente importância dedicada ao estudo da Sociologia do Direito e com a derrocada do Estado liberal, naturalmente pouco intervencionista, para um Estado programático, que busca intervir na realidade socioeconômica, demandando, assim, uma constante análise sobre a função desempenhada pelos institutos jurídicos e pelo direito como um todo.[9]

O estudo do resultado da função e das repercussões do exercício de direitos na sociedade é, em si, algo distinto do tipo de estudo ao qual se dedica ordinariamente o jurista. A começar pela demanda por pesquisas apoiadas frequentemente em dados empíricos, algo usual em ciências sociais, mas cuja potencialidade ainda está por ser expandida nos estudos jurídicos. Esta é uma das características do estudo da função que força a percepção sobre a necessidade de se aprofundar os estudos realizados sobre a função ou as funções do Direito.[10]

---

8. Segundo André-Jean Arnaud e Maria José Fariñas Dulce a análise funcional se entrelaça com os estudos sociológicos ao indagar "quais são, então, as tarefas que o direito executa para a sociedade? Dito de outro modo, para que serve o direito? Que funções o direito cumpre na sociedade? (...) [E]ssas perguntas podem levar a um conhecimento mais profundo do que é, de fato, o direito, o conceito de direito entendido como um ponto de vista 'funcional' e não apenas 'estrutural'." Sendo assim: "A análise funcional do direito é uma forma ou método de conhecimento do direito. Ela consiste no estudo do direito e de suas instituições por meio de funções que eles cumprem ou deveriam cumprir com relação à sociedade. Esse tipo de análise foi, normalmente, um eixo principal da sociologia do direito, desenvolvida pelos filósofos do direito" (*Introdução à Análise Sociológica dos Sistemas Jurídicos*. Rio de Janeiro: Renovar, 2000. p. 138-139).
9. Bobbio, Norberto. Op. cit., p. 83.
10. Embora nem sempre o tratamento da função seja realizado de forma adequada, conforme os obstáculos em seguida abordados evidenciam, é importante notar que o uso da função (ou funções) do direito pode ser um instrumental valioso para incorporar, já no início dos estudos jurídicos, uma carga finalística, rompendo com os velhos manuais de "introdução à ciência do direito", que

Essa dificuldade surge na falha em se superar alguns obstáculos de natureza metodológica e prática que o desenvolvimento da análise funcional requer ao estudioso do fenômeno jurídico.

Existem, contudo, alguns obstáculos que devem ser ultrapassados para que se possa empreender uma efetiva análise funcional do Direito e que, na maior parte das vezes, surgem como dificuldades a serem suplantadas pelos juristas. Pode-se dizer que são pelo menos três os principais obstáculos: (i) a questão do foco da análise; (ii) a existência de níveis entre as funções; e (iii) a própria concepção de Direito.[11]

A primeira dificuldade residiria no **foco** da análise funcional. Para Bobbio, a resposta que se dá à pergunta sobre qual seria a função do Direito é condicionada por outra resposta, sendo esta correspondente à indagação "função em relação a quê?" A referida dificuldade seria advinda da existência de dois tradicionais focos nas pesquisas sociológicas, que podem observar o objeto de pesquisa através do foco da sociedade como um todo ou através do foco do indivíduo que compõe a mesma sociedade.

Por mais que a metodologia empregada para que se descubra a função do Direito se valha das duas perspectivas, é preciso esclarecer quando se está abordando a questão através de uma perspectiva e quando, ao contrário, o raciocínio se vale da outra, diametralmente oposta no sentido de ponto focal da pesquisa.

André-Jean Arnaud e María José Fariñas Dulce lembram que essa distinção de foco na análise funcional é relevante para que se entenda o próprio conceito de função, já que para a sociologia, a "função" pode ser definida numa perspectiva epistemológica **objetiva** ou **subjetiva**. E justamente essas duas perspectivas correspondem ao **foco** da análise funcional, pois a análise funcional objetiva encontra-se voltada para o atingimento de necessidades do sistema social como um todo, ao passo que a subjetiva tem como preocupação as exigências e objetivos do indivíduo, do "ator social".[12]

A função tomada em sua acepção objetiva investiga as necessidades do sistema social como um todo e de que forma os componentes desse sistema devem atuar para que as referidas necessidades sejam cumpridas. Fazendo uma analogia com o corpo humano e os órgãos que o compõem, as funções seriam os comportamentos de cada órgão para manter o funcionamento do corpo. É claro que

---

privilegiam notadamente uma análise estrutural. Nesse sentido, *vide*, a "primeiríssima introdução ao direito" de António Manuel Hespanha, *O Caleidoscópio do Direito*: O Direito e a Justiça nos Dias e no Mundo de Hoje. Coimbra: Almedina, 2007. p. 136 e segs.
11. Os três obstáculos são sugeridos por Bobbio, Norberto. Op. cit., p. 103 e segs.
12. Arnaud, André-Jean; Dulce, María José Fariñas. *Introdução à Análise Sociológica dos Sistemas Jurídicos*. Rio de Janeiro: Renovar, 2000. p. 139.

a determinação da função na perspectiva objetiva demanda o estabelecimento dessa finalidade última, no caso a sobrevivência do corpo, para que então possa ser analisada a função de cada parte integrante.[13] Desta forma, ao se enunciar que a função do Direito é a promoção da integração social, como diz Parsons, a perspectiva de análise está partindo do foco na sociedade como um todo e não nos interesses ou objetivos dos indivíduos.[14]

Ao contrário, quando se afirma, como fazem antropólogos do direito, que a função do Direito é tornar possíveis algumas necessidades fundamentais, como nutrição, sexo e desenvolvimento cultural, a perspectiva tomada está centrada no indivíduo e em suas relações com os demais. Aqui, não são os componentes do sistema que atuam de forma a atingir as necessidades do todo, mas, sim, eles próprios atuam de modo a satisfazer as suas próprias exigências. Trata-se da percepção subjetiva da função.

Partindo-se dessa primeira dificuldade pode-se compreender que Kelsen, ao afirmar que a função do Direito é tornar possível a paz social através do manejo de um ordenamento coativo, analisa o problema a partir da ótica da sociedade, e não do indivíduo propriamente considerado. Ao reverso, quando Ihering afirma que a função do Direito é garantir as condições de existência da sociedade, e define estas condições como "os pressupostos a que subjetivamente está ligada a vida", como a honra e a liberdade, o autor se filia a uma linha de análise que parte dos indivíduos para compreender a função do Direito. Como resultado, a função do Direito seria atingida se individualmente essas condições fossem obtidas, sem que fosse necessária uma maior reflexão sobre como a obtenção destas condições afetaria o quadro geral da sociedade. A ótica de Ihering é certamente bastante individualista.[15]

O antagonismo entre as duas perspectivas, vale dizer, não é de todo prejudicial, contanto que os parâmetros de análise sejam sempre esclarecidos, tendo o autor clara consciência de sua vinculação a uma ou outra forma de análise. Essa primeira dificuldade será particularmente esclarecedora para que possa ser

---

13. Sendo assim, "para se saber quais devem ser as funções ou as contribuições de cada parte para a totalidade, definem-se, *a priori*, as necessidades ou as exigências do próprio sistema social e de seus subsistemas. É o que se chama, de acordo com a expressão de Parsons, 'os componentes do ponto de equilíbrio do sistema'. As respostas a tais exigências são as 'funções' ou as tarefas que os elementos do sistema executam, a fim de atingir e de manter esse ponto de equilíbrio ou a fim de satisfazer as 'exigências' daqueles que interagem num sistema social" (Arnaud, André-Jean; Dulce, María José Fariñas. Op. cit., p. 140).
14. Parsons, Talcott. The Law and Social Control. In: Evan, William (Ed.). *Law and Sociology*. Nova Iorque: Glencoe Press, 1962. p. 56 e segs.
15. É a apreciação realizada das duas teorias por Bobbio, Norberto. Op. cit., p. 105.

compreendida a figura da função social, tão relevante para o estudo de figuras como o contrato e a propriedade.[16]

Uma segunda dificuldade, igualmente relevante para que se compreenda o papel desempenhado pela análise funcional dos direitos e sua metodologia específica é a existência de diferentes **níveis** entre as funções. Quando se menciona a diferença de níveis busca-se referir ao fato de que as funções podem exercer graus de influência diferentes em determinadas sociedades, sendo possível mesmo classificar algumas funções como sendo etapas intermediárias para o alcance de outros fins. Cria-se aqui um sistema de etapas, de funções próximas ou distantes, de funções-meio ou funções-fim.[17]

---

16. É de especial importância para a compreensão do que vem a ser a função social de um instituto, ou a sua submissão a uma análise funcional, mencionar aqui a distinção entre os conceitos de "análise funcional" e de "funcionalismo". Tradicionalmente, as ciências sociais conferem maior destaque ao estudo da função na sua perspectiva objetiva e como esse método de análise guarda semelhanças com a teoria sociológica do funcionalismo é comum existir certa associação, embora equivocada, entre os dois termos. A "análise funcional", conceito desenvolvido até aqui neste estudo, é uma forma ou método de conhecimento científico que, para os presentes fins, analisa e explica o direito a partir de suas funções, ou seja, "as tarefas que ele realiza para a sociedade, as que ele deveria realizar, e como ele as realiza ou deveria realizá-las". Essa análise pode ainda ser pautada por perspectivas tanto objetivas como subjetivas, conforme visto. Em contrapartida, o funcionalismo é uma teoria sociológica que tende a formular explicações de natureza ontológica, apriorística e até metafísica para identificar as funções desempenhadas pelos elementos de um sistema social. É uma corrente da sociologia pautada por uma forte analogia entre a composição biológica de um organismo e o corpo social, contando com Spencer, Durkheim e Merton como alguns dos autores comumente identificados como representantes de uma perspectiva funcionalista. Assim sendo, existem pelo menos três pontos de diferença entre a análise funcional e o funcionalismo: (i) se é verdade que existe certa identificação entre a análise funcional na perspectiva objetiva e a teoria do funcionalismo, não se pode dizer que exista identificação entre os conceitos justamente porque a análise funcional pode ser tomada na perspectiva subjetiva, analisando não a sociedade como um organismo cujos elementos atuam em nome de uma necessidade global, mas, sim, observando as exigências de cada elemento que compõe o todo. O funcionalismo não analisa as necessidades dos elementos que compõem o sistema, apenas como eles atuam e interagem em prol do mesmo sistema; (ii) o funcionalismo adota também uma postura pouco crítica das funções percebidas, se contentando, não raramente, apenas com a sua identificação, sem tecer maiores críticas sobre a função; e (iii) o funcionalismo termina por criar uma falsa impressão de harmonia na interação dos elementos para o atendimento das necessidades sistêmicas, enquanto a análise funcional percebe as contradições e conflitos entre as diversas funções desempenhadas dentro do mesmo sistema, justamente por também analisar a função na perspectiva subjetiva. Para uma distinção sobre análise funcional e funcionalismo, *vide* Arnaud, André-Jean; Dulce, María José Fariñas. Op. cit., p. 141-145. Analisando a contribuição da teoria funcionalista para o desenvolvimento das ciências sociais, Thomas Bottomore esclarece que "os funcionalistas realizaram um serviço, dirigindo a atenção para o funcionamento real das instituições sociais (inclusive suas inter-relações) nas sociedades particulares. Mas a analogia biológica em que se baseava a sua abordagem é teoricamente insatisfatória, e ao mesmo tempo projeta uma imagem enganadora de coesão social" (*Introdução à Sociologia*. 9. ed. Rio de Janeiro: Guanabara, 1994. p. 70).
17. Segundo Bobbio: "A lógica da análise funcional é a lógica da relação meio-fim, para a qual um fim, uma vez alcançado, torna-se meio para a realização de outro fim, e assim por diante, até se fixar em um fim proposto ou aceito como último. Aqui também está claro que a resposta à pergunta 'quais são as funções do direito' muda conforme nos detenhamos nos fins intermediários ou desejemos

Sendo assim, esclarece Bobbio que quem coloca como funções do Direito a segurança (ou a ordem social), a solução de conflitos de interesses ou a organização do poder político dentro do seu elenco de funções do Direito trabalha com funções que não ocupam, na verdade, o mesmo nível, podendo em alguma medida serem reconduzidas a um certo encadeamento.

Refletindo sobre as dadas funções, claramente as funções de segurança e a de solução dos conflitos não estão no mesmo nível, mas, sim, encadeadas. Nesse sentido, "uma das formas pelas quais o Direito exerce a função de garantir a segurança social é também um modo eficaz de solucionar os conflitos – talvez o mais eficaz, em última instância".[18]

Na sequência, se comparadas as duas primeiras funções àquela relativa à organização do poder, também resta claro que esta é necessária para o exercício da segunda, pois somente se resolve eficientemente conflitos com uma correspondente organização de poder. Assim, a organização de poder tem como fim a solução de conflitos, que possui, por sua vez, a função de tornar possível a segurança social.

As duas dificuldades apontadas nascem da ambiguidade do conceito de "função" e demandam uma sofisticação metodológica do jurista quando dele se vale. Por outro lado, quando se refere à função do Direito, ou dos direitos, o próprio vocábulo "direito(s)" também suscita a sua gama de controvérsias, que pode gerar uma terceira dificuldade para o trabalho da análise funcional. Trata-se das **concepções de direito** e das formas de atuação do ordenamento.

A comprovação de que existem acepções distintas de "direito" empregadas pelos autores que se debruçam sobre o termo "função" nasce da própria constatação de que existe no debate sobre função um dilema sobre se o direito exerceria dois pares de funções: de um lado as funções repressivas e conservadoras; de outro, as funções promocionais e inovadoras. A vinculação entre os dois pares não procede quando observado que é possível se valer da ordem jurídica para reprimir a mudança, mas também para promover a conservação, ao mesmo tempo em que o direito pode tanto promover a mudança como reprimir a conservação. Isto é, nem sempre se reprime para conservar ou se promove para inovar.

Os diferentes pares fariam referência a situações e a objetivos distintos, sendo que o primeiro é relativo aos remédios empregados pelo Direito para exercer a sua função primária (funções repressivas ou promocionais) e o segundo par é destinado aos resultados obtidos em relação à sociedade (funções conservadoras ou inovadoras). Além disso, a concepção de Direito do primeiro par é radicalmente

---

observar o fim último – ou aquele fim que acreditamos ser o último – ou, então, somente os fins que, em contraposição ao último, podemos chamar de 'primeiros'." (op. cit., p. 105-106).
18. Bobbio, Norberto. Op. cit., p. 106.

distinta daquela constante do segundo par: no primeiro ele é um instrumento de condicionamento de comportamentos, no segundo ele é definido através dos comportamentos que consegue condicionar com os meios disponíveis.

Sendo assim, quem analisa o Direito como função repressora ou promocional analisa o meio pelo qual o Direito opera, enquanto quem o considera sob o prisma da conservação ou inovação coloca em questão conceitos de eficácia e observa o conteúdo prescrito pelas normas uma a uma. Assim, para julgar se o Direito possui função repressiva ou promocional é preciso analisar os instrumentos que ele oferece; para saber se possui função de conservação ou inovação, faz-se necessário observar as providências concretas que, através do manejo dos instrumentos, são impostas ou estimuladas na sociedade.

Pode-se então dizer que a análise funcional pode assumir dois diferentes focos, dependendo do conceito de direito empregado: ou ela avalia os efeitos do uso de um ordenamento coativo e/ou promocional, ou se debruça sobre os efeitos dos comportamentos que foram impostos ou estimulados pelo instrumental jurídico.

As duas formas de análise, novamente, não são excludentes, mas complementares. É possível construir uma análise funcional do direito que observe tanto o resultado do manejo do aparato jurídico, seja para reprimir, seja para promover, como os resultados obtidos pelos comportamentos que foram reprimidos ou estimulados.

Superados os três obstáculos mencionados, é importante destacar a relevância da chamada função promocional do direito, já referida, mas que se reveste de importância fundamental para este trabalho, na medida em que é através dela que se percebe mais claramente o deslocamento de uma análise meramente estrutural para uma de caráter funcional.

Ao se perceber que o direito pode promover determinadas finalidades através da regulação de condutas, rompe-se a perspectiva de um ordenamento jurídico que apenas alcança a conduta daqueles que a ele se submetem porque temem a aplicação de alguma sanção negativa caso não o façam. O surgimento das chamadas sanções positivas, ou das condutas estimuladas (promovidas) pelo ordenamento jurídico, é assim o elemento distintivo da função promocional do direito. Segundo explicitam André-Jean Arnaud e María Fariñas Dulce:

> O que se chama função de promoção do direito representaria um tipo de técnica de controle social utilizado pelo estado social ou estado providencial, que consistiria no uso de procedimentos de "encorajamento", a saber: as sanções positivas (recompensas, favores, gratificações, facilidades etc.) e as leis de motivação. Isso, demais, dá lugar a um tipo de controle social ativo e preventivo, pelo qual se tenta

favorecer a realização de comportamentos socialmente vantajosos, que procuram obter melhores níveis de igualdade material e de solidariedade entre aqueles que compõem um grupo social.[19]

A percepção de que o ordenamento jurídico pode estimular condutas através das sanções positivas é um resultado direto da ascensão da análise funcional e do fenômeno de intensa produção legislativa presenciada a partir da metade do século passado, com uma diversidade de leis especiais (ou "extravagantes") sendo editadas para dar conta de regulamentar uma realidade que já não era comportada pelos limites do Código Civil. Essas leis que buscam atender a demandas setoriais, e não raramente urgentes, têm como uma de suas características justamente o fato de lançarem mão de sanções positivas para estimular condutas que geram os efeitos desejados pelo legislador.[20] Dada a complexidade crescente das demandas sociais, quanto maior o grau de adesão aos seus dispositivos uma lei conseguir obter, menor será a necessidade de que novas leis precisem ser passadas para esse mesmo fim (especialmente de caráter repressor), o que também contribui para não incrementar o número de ações propostas perante o Poder Judiciário.

Com isso, percebe-se como um aprofundamento na análise funcional do direito possibilita a construção de um equipamento sofisticado e constantemente atualizável frente às demandas socioeconômicas, para a investigação dos efeitos produzidos pela norma jurídica. Rompendo com a análise puramente estrutural do direito, a análise funcional traz para as questões jurídicas o aspecto teleológico, que será fundamental para compreender figuras que rompem a pretensa neutralidade das formas jurídicas e limitam a autonomia da vontade do titular de um direito, como faz o abuso do direito.

É prudente, todavia, observar que não existe, na verdade, uma substituição da análise estrutural pela análise funcional. As duas perspectivas convivem porque retratam elementos distintos da norma jurídica.[21] Vale ainda destacar as transfor-

---

19. Arnaud, André-Jean; Dulce, María José Fariñas. Op. cit., p. 156.
20. Gustavo Tepedino identifica nesse momento de produção de leis especiais uma mudança no papel desempenhado pelo legislador que "para além de coibir comportamentos indesejados – os atos ilícitos –, em atuação repressiva, age através de leis de incentivo, propõe vantagens ao destinatário da norma jurídica, quer mediante financiamentos subsidiados, quer mediante a redução de impostos, taxas ou tarifas públicas, para com isso atingir objetivos propostos por tais leis, as chamadas leis-incentivo, com finalidades específicas (Normas Constitucionais e Relações de Direito Civil na Experiência Brasileira. In: *Temas de Direito Civil*. Rio de Janeiro: Renovar, 2006. v. 2, p. 31).
21. Nesse sentido, expressa Bobbio que "se quisermos deduzir uma consideração final, tal seria que a análise estrutural, atenta às modificações da estrutura, e a análise funcional, atenta às modificações da função, devem ser continuadamente alimentadas e avançar lado a lado, sem que a primeira, como ocorreu no passado, eclipse a segunda, e sem que a segunda eclipse a primeira como poderia

mações geradas pela análise funcional, não apenas por ser uma construção mais recente, que se agrega à teoria estrutural, como também porque são justamente essas transformações que, em grande parte, propiciam o desenvolvimento de um tema como o que se propõe no presente trabalho.

Antes de se ingressar no estudo do abuso do direito em si, faz-se necessário aprofundar o exame sobre como a ascensão da análise funcional criou algumas rupturas com a visão do direito típica da concepção estruturalista. A neutralidade e o voluntarismo são duas dessas premissas que são abandonadas ou flexibilizadas pela adoção de uma teoria funcional do Direito. Sobre essas duas rupturas trata o item a seguir.

1.2. As rupturas derivadas da análise funcional

Ao afirmar que o direito exerce uma função e que a investigação sobre como essa função opera na prática é relevante para o estudo jurídico rompe-se com duas compreensões clássicas sobre o fenômeno jurídico.

A primeira ruptura é o abandono do **mito da neutralidade jurídica**. À luz da análise estrutural do direito, interessa ao observador apenas compreender como o direito opera, sendo ele concebido como um ordenamento coativo gerado para a consecução de finalidades não predeterminadas e não relevantes para o debate jurídico. Dessa forma, interessa apenas o fato de que o direito existe e as etapas para sua criação.

Ao extirpar as questões ideológicas do debate jurídico, o positivismo jurídico ficou marcado como instrumento de afirmação de uma pretensa neutralidade jurídica, que propugnava pela pouca importância de se perquirir sobre os motivos que levaram à criação de uma determinada norma. Os motivos eram assuntos a serem tratados por outras ciências que não as jurídicas.

Essa percepção foi claramente superada com o entendimento de que as normas são criadas com algum propósito e que o estudo desse propósito e a função que elas devem exercer no meio social são de extrema relevância para a sua avaliação. Compreender então como a norma é gerada é apenas metade do ofício do operador do Direito, que deve se indagar sobre qual seria a sua função e como ela a desempenha. Ao procurar a função da norma, a análise funcional abre espaço para uma crescente importância dos valores na teoria jurídica, alcançando, ao lado do elemento estrutural da norma, o chamado elemento axiológico-normativo.

Embora função e valor não sejam necessariamente dois conceitos assimiláveis como detentores do mesmo sentido, é verdade que os estudos sobre a função

---

ocorrer em uma inversão das perspectivas a que os hábitos, as modas, o prazer do novo pelo novo, são particularmente favoráveis" (op. cit., p. 113).

permitiram uma análise valorativa sobre o direito, e essa é a história da derrocada do mito da neutralidade jurídica.

Uma segunda ruptura provocada pelo surgimento e afirmação da análise funcional do direito é a flexibilização do voluntarismo absoluto, ou da primazia da autonomia da vontade como princípio fundamental a reger a dinâmica dos direitos subjetivos.

A análise estruturalista, ao negar indagações sobre a função dos direitos, deixava que a observação dos mesmos estivesse completa com a mera conformação do direito aos elementos necessários para sua existência e produção de efeitos. Se fosse formalmente perfeito, nada haveria mais de se perquirir sobre o exercício do direito subjetivo, cujo rumo e destinação caberiam quase exclusivamente ao alvitre do seu titular.

Ao perceber que todo direito, além de sua estrutura, possui uma função a desempenhar, a análise funcional permitiu que determinados exercícios do direito, embora condizentes com a vontade de seu titular, fossem reprimidos. Surge aqui uma nova situação: no voluntarismo, a vontade manifestada pelo titular de um direito passa a encontrar limites não na infração a direito de outrem, como num típico ato ilícito, mas, sim, internamente ao próprio direito, quando esse exercício vai contra a sua função.

Assim, a figura da função provocou essa segunda ruptura, que tudo tem a ver com a ascensão da figura do abuso do direito, aqui entendido como instrumento que identifica quando a função de um direito foi contrariada no exercício do mesmo. O titular do direito pode ter querido exercer o seu direito de certa forma, mas se esse exercício vai de encontro à função – novo elemento que surgia na análise jurídica – ele não poderia ser ultimado.

1.2.1. O abandono do mito da neutralidade jurídica

Uma primeira ruptura que pode ser apontada como sendo derivada da afirmação da função dos direitos é a percepção de que os mesmos direitos não são neutros, mas, sim, oriundos de um contexto histórico, no qual valores foram sopesados e transportados para o feitio de normas jurídicas.

No campo da teoria do direito, o positivismo representou o apogeu do formalismo e da crença na neutralidade das formas derivadas da ciência jurídica. O afastamento que o jurista deveria manter de qualquer inclinação ideológica fazia com que a norma devesse ser estudada apenas de acordo com os procedimentos de sua elaboração, não se questionando a sua finalidade, sob pena de transcender os limites da investigação jurídica.

O discurso em prol da neutralidade das normas jurídicas e da cientificidade isenta de qualquer ponderação de valores terminou por ocultar a realidade do que se passa na elaboração normativa. As tomadas de decisões, os debates sobre a melhor forma de positivar um entendimento, as idas e vindas que precedem a norma jurídica instituída foram anuladas por um discurso forte sobre a sua completa ausência de relevância para o estudo do Direito.

A consequência direta dessa situação reside no fato de que as escolhas políticas e mesmo os valores e interesses que se gostaria de prestigiar pela edição da norma são ocultados por um discurso sobre a neutralidade do direito. Nada mais conveniente para aqueles que elaboram a norma do que uma muralha teórica que impeça não apenas a investigação histórica sobre a norma, mas também qualquer questionamento sobre os propósitos que ela visa a atingir. Ao pretensamente buscar fugir das escolhas políticas, o positivismo forneceu o arsenal necessário para que as escolhas políticas continuassem a definir os rumos da ciência jurídica, mas sem a devida análise de suas origens e fundamentos.

Dessa forma, a neutralidade jurídica, sob o pretexto de elevar o grau de cientificidade do estudo, acabou separando de certa forma a reflexão jurídica da prática e da historicidade do próprio Direito. Como característica essencial dessa metodologia, apoiada fortemente no racionalismo como fundamento da elaboração normativa, o estudo do direito relega para um segundo plano as análises empíricas, privilegiando as discussões conceituais, dado o seu maior *status* científico.[22] A teoria pregava a neutralidade e as normas, na prática, continuavam a ser o que sempre foram: uma combinação de elementos históricos, culturais e econômicos.[23]

A pretensa neutralidade buscada pelo positivismo, a bem da verdade, teve o seu fundamento histórico na medida em que consistiu na mais rigorosa – e talvez melhor sucedida – reflexão sobre as especificidades do fenômeno jurídico. Ao buscar afastar considerações de natureza ideológica, quiseram os autores positivistas encontrar o núcleo daquilo que define a ciência jurídica e a separa das demais

---

22. Sobre o pensamento jurídico construído a partir das bases do positivismo jurídico e da extensão do fenômeno das codificações, reflete Carmem Lucia Silveira Ramos: "Enraizado no racionalismo-individualista, o sistema jurídico liberal induz à lógica, à generalidade e à abstração. A partir de sua orientação filosófica, exagera o papel da razão, em detrimento da experiência, utilizando como método de investigação científica os dados obtidos por dedução, excluindo os elementos empíricos obtidos por indução" (A Constitucionalização do Direito Privado e a sua Sociedade sem Fronteiras. In: Fachin, Luiz Edson (coord.). *Repensando Fundamentos do Direito Civil Brasileiro Contemporâneo*. Rio de Janeiro: Renovar, 2000. p. 12).
23. Conforme ressalta Luiz Edson Fachin: "O Direito é um fenômeno profundamente social, o que revela a impossibilidade de se estudar o direito civil sem que se conheça a sociedade na qual ele se integra, bem como a imbricação entre suas categorias e essa sociedade. (...) Nomeadamente o direito positivo é profundamente histórico e contextualizado. Assim procedendo, ele opera a definição de uma moldura que se assenta em um juízo de inclusão e de exclusão, segundo esses valores dominantes, por meio de categorias jurídicas" (*Teoria Crítica do Direito Civil*. Rio de Janeiro: Renovar, 2000. p. 186).

ciências sociais aplicadas e humanas. Todavia, o resultado dessa empreitada ainda hoje é sentido com as dificuldades metodológicas por vezes enfrentadas pelas análises funcionais e pelas orientações axiológicas, justamente por romperem com a visão predominante do direito de grande parte do século passado.

O modo mais evidente pelo qual o discurso da neutralidade fincou raízes no direito, especialmente naqueles países pertencentes à família romano-germânica, é a experiência da codificação. O código é uma tentativa de capturar as diversas facetas da realidade social e econômica de um país ou região e expressá-las através de um corpo de normas escritas. No dizer de Orlando Gomes, valendo-se da noção histórica de código, o mesmo seria "um sistema de regras formuladas para reger, durável e plenamente, a conduta setorial de sujeitos de direito".[24]

O efeito mais perigoso de uma nova codificação é a permeabilidade de um sentimento de dever cumprido, de captura da realidade dentro de um corpo de normas que daqui em diante precisa ser estudado, compreendido e, a partir dele, fazer valer as demandas jurídicas. É preciso compreender que a codificação, nos países da família romano-germânica, deve ser apenas o primeiro passo no sentido de se regular toda uma gama de relações sociais, e que esse mecanismo, se até então tinha se mostrado como uma forma eficaz de organização das normas jurídicas, hoje mesmo passa a ser questionado.

O código é o instrumento por excelência do mito da neutralidade jurídica. Muito já foi refletido sobre como o Código de Napoleão e a sua pretensão de completude, resultando na Escola da Exegese, contribuíram para que todas as atenções do estudo sobre o direito recaíssem no corpo de normas escritas.[25] Por mais que a hermenêutica do código possa levar à eventual revisão de seus termos, novas interpretações surjam e venham a fomentar até mesmo mudanças na legislação (seja esparsa, seja no próprio código) ele é, em si, um monumento feito para durar,[26] a pedra fundamental de um sistema científico neutro, como se procurou fazer do direito.[27]

---

24. Gomes, Orlando. *Introdução ao Direito Civil*. 12. ed. Rio de Janeiro: Forense, 1996. p. 68.
25. Segundo Orlando Gomes, a doutrina produzida pela Escola da Exegese possui como características "o respeito religioso ao texto, a busca ansiosa da intenção do legislador e a crença ingênua na sua infalibilidade" (A Evolução do Direito Privado e o Atraso da Técnica Jurídica. In: *Revista Direito GV*, nº 1, p. 124, maio 2005).
26. Em defesa da codificação, Moreira Alves afirma que, "se tiverem bons moldes, proverão: vantajosamente e por longo tempo as necessidades sociais, desenvolvendo-se as atividades dos indivíduos livremente à sombra protetora das leis; e para que perdure mais, deve traçar apenas as linhas essenciais dos institutos, para que seus princípios ofereçam maior amplitude de aplicação, embora, com o correr do tempo, seja necessário retocá-lo ou até substituí-lo, caso em que o que ainda neles for aproveitável deverá ser aproveitado" (O Projeto de Código Civil de Clóvis Bevilaqua. In: *Revista Jurídica* n. 281, p. 9, mar. 2001).
27. Como referido anteriormente, o positivismo jurídico, a codificação e a sua consequente neutralidade são elementos característicos de uma visão do direito que nega a relevância da pesquisa empírica

No caso do Direito Civil, a experiência com a codificação é uma – senão a mais – marcante nos diversos campos do estudo jurídico. A figura monolítica do Código Civil tem servido, desde o século XIX, como o instrumento por excelência para a regulamentação das relações sociais. Tendo como os dois principais exemplos o Código Civil de Napoleão, de 1814, e o Código Civil alemão, de 1900, o Direito Civil se mira na figura dos códigos para deles traçar até mesmo a inspiração e a gênese de muitos institutos.

Na extensa árvore genealógica dos códigos, os antepassados, como em toda família, inspiram os descendentes, oferecem rumos a serem seguidos e deixam a sua presença marcante no desenvolvimento da história pessoal de cada um. Os dois códigos acima referidos cumpriram esse papel e, de forma localizada, cada Código Civil e cada país constrói a sua história particular de rigidez e pretensa neutralidade, ainda que essa característica hoje dificilmente seja defendida de forma aberta.

Contudo, se hoje em dia já não se vê o código como um instrumento neutro, pois a afirmação da análise funcional faz com se procure no próprio código os motivos presentes e os valores buscados na sua elaboração, o legado da neutralidade teve nessa figura um forte aliado na construção de

> um sistema, dito científico, cujo alto grau de abstração fazia crê-lo liberto de injunções econômicas ou políticas, neutro, categorizado e ordenado logicamente, estruturado sob os fundamentos da razão generalista. As aspirações de neutralidade científica, estabilidade e unidade visaram sistematizar todo o conteúdo do direito privado num corpo único, o Código Civil, técnica que permitiu a sua fácil exportação (e assimilação) para o resto do mundo colonizado na tradição romano-germânica.[28]

Aliada à construção da neutralidade, a codificação também carrega em si, especialmente nos dois Códigos referidos acima como inspiração para as codificações do século passado, uma forte vinculação com uma concepção liberal de Estado, pouco intervencionista, e compatível, assim, com as reflexões dos juristas da época.[29]

---

e valoriza ao extremo a análise abstrata na criação de conceitos. Talvez por isso não seja de se estranhar a menção feita por Pontes Miranda ao Código de 1916, bem característica daquele momento histórico: "O Código Civil brasileiro, pelo que deve a Clóvis Beviláqua é uma Codificação para as Faculdades de Direito, mais do que para a vida." E ainda complementa o autor: "Espírito claro, liberal, sereno, não há demasias no Código, porque repugna ao temperamento do professor do Recife, mas há um excesso de boa-fé, que lhe advém de não haver advogado, nem ter sido juiz, mas professor" (*Fontes e Evolução do Direito Civil Brasileiro*. Rio de Janeiro: Pimenta de Mello e C., 1928. p. 112).
28. Bodin de Moraes, Maria Celina. Direito Civil e Constituição: Tendências. In: *Direito, Estado e Sociedade*, nº 15, p. 103, ago.-dez. 1999.
29. Conforme expõe Carmem Lucia Silveira Ramos: "Buscar o papel e a função dos códigos civis na vida das sociedades dos séculos XIX e XX conduz à vinculação entre as codificações e o modelo

Foi justamente esse contexto, com a mudança no papel desempenhado pelo Estado, de protetor para promotor de funções, que contribuiu para a derrocada dessa visão formalista e pretensamente neutra. Os códigos hoje ainda resistem mesmo após as mudanças históricas que circundam desde o nascimento da figura até os dias atuais; porém, se ainda se convive com códigos, por certo a neutralidade de suas disposições não é algo facilmente afirmável dentro do estado da arte das discussões sobre teoria do direito.

As escolhas políticas hoje se encontram abertas para a investigação jurídica, e a compreensão de elementos sobre história, ciências sociais e economia presta um serviço destacado no entendimento sobre a organização do direito e a função de suas normas.

Por outro lado, a própria figura do código vem dando espaço nas últimas décadas à edição desenfreada de uma legislação existente à margem do direito codificado. Trata-se das leis esparsas e especiais, editadas para atender a demandas imediatas e setoriais, cuja harmonização com o restante do corpo do código, caso se pretendesse incorporá-las ao mesmo, demandaria um trabalho desgastante, que não poderia ser empregado em toda e qualquer lei nova.

Inicialmente denominadas leis extraordinárias (ou extravagantes), justamente por conter a excepcional característica de não fazer parte da codificação, essas leis se tornaram cada vez mais frequentes e se mostraram como uma alternativa à figura do código orgânico e pretensamente completo, para a regulação das condutas jurídicas.

Um número considerável de leis especiais foi publicado atendendo às demandas de regulamentação de setores específicos da sociedade. Nesse caso, a legislação promulgada visa diretamente a agir sobre uma realidade conhecida, e seus dispositivos, por vezes de ordem até bastante técnica, são elaborados justamente tendo em vista aquela perspectiva setorial.

Podemos mencionar, no Brasil, a promulgação de leis específicas das mais diversas naturezas, visando à proteção dos consumidores, das crianças e dos adolescentes, dos idosos, a regulamentação do setor de telecomunicação, de energia elétrica, além da lei de direitos autorais, que também não se encontra inserida no corpo codificado.[30]

---

liberal de organização do direito, uma vez que estas espelham os princípios e valores consagrados por este paradigma, de onde a crise que ora se delineia revelar a superação destes conjuntos de normas, organizados num sistema racional, pretendendo regular toda a vida da sociedade privada, como modo de ver o fenômeno jurídico" (A Constitucionalização do Direito... In: Fachin, Luiz Edson (Coord.). Op. cit., p. 3-4).

30. Aliás, o exemplo do direito autoral é bastante eloquente tendo em vista que o Código Civil de 1916 trazia algumas disposições sobre o direito do autor. Essas disposições foram reputadas como insuficientes para atender a toda a complexidade presente na criação intelectual e aos desafios

Essas leis especiais possuem em comum um traço que faz com que a sua dinâmica se distancie de qualquer pretensão sobre a sua neutralidade: trata-se justamente da função que as mesmas visam a desempenhar no setor específico de sua aplicação. Diferentemente da pretensa neutralidade que pode existir na elaboração de um código para reger toda uma sociedade, as leis especiais jamais pretenderam ter um alcance tão amplo; muito ao reverso, a sua área de aplicação é justamente limitada para que a lei possa atender a certas funções e possibilitar uma maior eficácia de seus dispositivos.[31]

A ascensão da análise funcional se encontra na base das leis especiais, pois é justamente a função que essas leis visam a desempenhar que as diferencia do corpo codificado tradicional. Por possuir princípios por vezes tão específicos, e possibilitar a criação de um corpo legislativo próprio derivado de seus dispositivos, a edição de leis especiais já propiciou o debate sobre a existência de verdadeiros microssistemas específicos para cada área de atuação coberta por elas.[32]

O ocaso da codificação em grande parte simboliza o declínio de uma visão do fenômeno jurídico que privilegia a estrutura em detrimento da função. A garantia e a segurança que os códigos poderiam trazer, um sentimento típico do

---

impostos pelas novas tecnologias, o que demandou a edição de uma lei especial, em 1973, e outra em 1998, revogando definitivamente os dispositivos do Código Civil. A partir de então, a tutela dos direitos autorais seria realizada integralmente fora do Código Civil.
31. Justamente porque as leis especiais visam a atender a interesses setoriais e assim buscar a tutela de valores que importam no tratamento de uma situação ou setor específico, alguns autores defendem que o fenômeno da codificação não se encontra ultrapassado. Ele apenas não seria oportuno, dada a multiplicidade, por vezes até contraditória, de interesses a serem protegidos pela legislação. Analisando a situação da Itália nos anos 1980, Santoro-Passarelli afirma que apenas não se fazia um novo código não porque "o código como lei geral a reger as relações privadas estivesse ultrapassado, caduco", mas, sim, porque faltaria um "consenso valorativo sobre quais interesses essenciais devem ser tutelados, o que é o fundamento necessário para a construção de um código e de qualquer grande lei orgânica" (Note Conclusive: Il Codice e il Mantenimento dei Valori Essenziali. In: *Rivista di Diritto Civile*, ano XXVI, p. 90, 1980 – *tradução do autor*).
32. É importante perceber que, mesmo com as suas especificidades, as leis especiais não suprimem a aplicação do texto constitucional, que lhes é superior, e termina por inseri-las dentro de um sistema unificado pela supremacia constitucional. Por mais tentadora que seja a ideia de microssistemas, se levada às últimas consequências, cada microssistema poderia ser regido por dispositivos próprios que não se submeteriam a qualquer corpo normativo superior, o que não apenas tornaria difícil a prática jurídica, pois princípios de sistemas distintos poderiam colidir, mas também dificultaria a compreensão do ordenamento como um todo. Afirmando a existência de uma unidade possível do sistema, encontrada não mais com o Código Civil, mas, sim, no texto constitucional, diz Gustavo Tepedino que "[s]e o Código Civil mostra-se incapaz – até mesmo por sua posição hierárquica – de informar, com princípios estáveis, as regras contidas nos diversos estatutos, não parece haver dúvidas que o texto constitucional poderá fazê-lo, já que o constituinte, deliberadamente, através de princípios e normas, interveio nas relações de direito privado, determinando, conseguintemente, os critérios interpretativos de cada uma das leis especiais. Recupera-se, assim, o universo desfeito, reunificando-se o sistema" (*Temas de Direito Civil*. 2. ed. Rio de Janeiro: Renovar, 2001. p. 13).

século XIX, já não mais correspondem às necessidades de uma realidade que de um lado se caracteriza por uma historicidade progressiva, fazendo com que os conceitos e os institutos ganhem feições e perspectivas distintas de acordo com o passar do tempo.[33] De outro lado, para aplicar a norma sobre essa realidade em transformação, é necessário que tanto o legislador como o intérprete tenha em conta uma análise funcional da norma, observando o atendimento de certas finalidades socioeconômicas e dando o devido prestígio aos valores compartilhados pela coletividade.[34]

Se o século XIX foi a era da segurança, na qual o código representava a salvaguarda desse ambiente de previsibilidade e completude, as últimas décadas do século XX demonstraram como esse instrumento se mostra já inadequado à forma pela qual se constrói e se aplica o Direito.[35] Não se trata do fim da certeza na aplicação do direito, conforme ressalta Michele Giorgianni, mas, a sua substituição por um novo tipo de certeza, que não nasce mais dos dispositivos pretensamente imutáveis do código, mas, sim, de leis que serão interpretadas por juízes que, por sua vez, também não são neutros (no sentido de que a aplicação da lei será feita por eles com base nos valores permeados na sociedade em certo momento histórico).[36]

Nessa direção, o século XXI, pautado logo em seu início pelo avanço cada vez mais acelerado das transformações sociais, torna ainda mais imprópria a figura de um corpo normativo pretensamente completo e desprovido de qualquer valoração.

---

33. Segundo Orlando Gomes, da referida necessidade de garantia e segurança "nasceu a ideia de imutabilidade da legislação civil e da perenidade dos institutos jurídicos, principalmente a propriedade e o contrato. No mundo instável, inseguro e volúvel de hoje a resposta normativa não pode ser a transposição para um código das formas conceituais habilmente elaboradas no século passado, mas comprometidas com uma realidade extinta" (*Introdução ao Direito Civil*. 12. ed. Rio de Janeiro: Forense, 1996. p. 70). O autor fazia menção ao Código Civil de 1916, embora o mesmo raciocínio possa ser feito com relação ao Código de 2002, elaborado com base em uma concepção do Direito bastante arraigada aos conceitos e institutos dos anos 1970.
34. Essa mudança no papel do legislador é destacada por Gustavo Tepedino ao afirmar que "[o] legislador atual procura associar aos seus enunciados genéricos prescrições de conteúdo completamente diverso em relação aos modelos tradicionalmente reservados às normas jurídicas. Cuida-se de normas que não prescrevem uma certa conduta, mas, simplesmente, definem valores e parâmetros hermenêuticos. Servem assim como ponto de referência interpretativo e oferecem ao intérprete os critérios axiológicos e os limites para a aplicação das demais disposições normativas" (Crise de Fontes Normativas e Técnica Legislativa na Parte Geral do Código Civil de 2002. In: Tepedino, Gustavo (Coord.). *A Parte Geral do Novo Código Civil*. Rio de Janeiro: Renovar, 2002. p. XIX).
35. "A vocação do século [XX]" – já lembrava Orlando Gomes – "não é para a codificação." Muito menos parece ser essa a vocação de um século como o XXI (*Introdução...* cit., p. 70).
36. Giorgianni, Michele. La Morte del Codice Ottocentesco. In: *Rivista di Diritto Civile*, ano XXVI, p. 55, 1980.

No caso brasileiro, a perda do antigo papel desempenhado pelo Código Civil se torna acentuado se levada em consideração a afirmação do Direito Civil Constitucional e a leitura dos dispositivos do Código Civil à luz do texto constitucional.[37] É nessa composição que a neutralidade do código dá lugar a um corpo normativo intensamente funcionalizado, como é a redação dos dispositivos funcionais.

Dessa forma, é importante notar como o mito da neutralidade jurídica, consubstanciado na figura do código, é rompido pela análise funcional, dando vazão à edição de leis que visam justamente a desempenhar uma função de regulação específica em determinado setor da sociedade.

1.2.2. A derrocada do voluntarismo na disciplina do direito subjetivo

Uma segunda ruptura derivada da afirmação da análise funcional é a derrocada do voluntarismo na disciplina do direito subjetivo. A vontade individual como motor do exercício dos direitos, assumindo contornos de pouca flexibilização frente a outros interesses, foi a marca de uma concepção de direito individualista, predominante no século XIX. A análise funcional dos direitos aqui representou o impulso necessário para a afirmação de uma tendência de flexibilização desse entendimento que, já dava sinais de sua existência no início do século passado,[38] e que terminou por se fortalecer na metade final do referido século com as primeiras formulações de uma verdadeira teoria do abuso amparada na superação da análise apenas estrutural dos direitos.

Ao se reconhecer que os direitos subjetivos atendem a interesses, funções e valores diversos, rompe-se com a visão individualista desse instituto. Está assim aberto o cenário sobre o qual serão desenvolvidas teorias que compreendem o direito por meio de elementos não apenas volitivos, mas também valorativos ou

---

37. É interessante notar que, mesmo com a perda do papel, por assim dizer, "constitucional" do Código Civil, não sendo mais ele o principal instrumento a reger as relações jurídicas (nem mesmo as de Direito Privado), ainda persiste certa repetição na doutrina tradicional de que o Código Civil de 2002 seria a "Constituição do Direito Privado", dentre outros nomes. Nesse sentido, afirma Miguel Reale: "Compreendo o interesse em conhecer a nova lei civil, como costumo dizer, ela é a 'Constituição do homem comum', estabelecendo as regras de conduta de todos os seres humanos, mesmo antes de nascer, dada a atenção dispensada aos direitos do nascituro, até depois de sua morte, ao fixar o destino a ser dado aos bens deixados pelo falecido, sendo, assim, a lei por excelência da sociedade civil" (Visão Geral do Novo Código Civil. In: *Revista dos Tribunais*, v. 808, p. 11, fev. 2003).
38. É importante aqui mencionar que, se é verdade que as primeiras decisões sobre abuso do direito nos tribunais franceses já impunham limites ao exercício dos direitos quando os mesmo fossem de natureza abusiva, essas limitações ao exercício dos direitos se deram em nome da proteção de outros interesses individuais conflitantes, como o do proprietário vizinho ou do atingido por um ato de emulação. Dessa forma, se limites já eram impostos no início do século, esses limites estavam longe de reconhecer uma função ou valor contrariado no exercício do mesmo direito.

axiológicos, marcas da análise funcional, como visto anteriormente, na superação do mito da neutralidade jurídica.

É importante, portanto, perceber como a ruptura trazida pela análise funcional ingressa numa cadeia de progressivo entendimento sobre a dinâmica do direito subjetivo como o exercício de um poder individual para o reconhecimento da existência de outros elementos que atuam na compreensão desse direito. Sendo assim, o primeiro fator que motiva o tratamento dessa ruptura ocasionada pela análise funcional nos direitos subjetivos é esse momento de abandono de um voluntarismo quase absoluto,[39] típico do século XIX, para uma compreensão diversa de direito subjetivo, como campo de manifestação não apenas da vontade individual, mas também de funções e valores que se busca tutelar através da norma jurídica.

Um segundo motivo que legitima o aprofundamento da ruptura ocasionada pela análise funcional no estudo do direito subjetivo é a sua estreita ligação com o desenvolvimento da teoria do abuso do direito. As diversas teorias sobre o abuso do direito que se sucederam no século passado (e no início do presente) são geralmente formuladas com base numa certa concepção de direito subjetivo. Sendo assim, ao se entender como foi transformado o direito subjetivo, se compreende como foi pensada a figura do abuso. Conforme expõe Pietro Rescigno:

> A doutrina do abuso do direito é a história da tentativa (...) de reagir e de superar essa que pode se chamar de progressiva "desumanização" do discurso jurídico, anunciada já da definição de direito como liberdade de agir sobre a esfera jurídica de outrem e a norma jurídica como medida abstrata de poder e dever.[40]

A negação inicial encontrada pela teoria do abuso do direito se deveu, em grande medida, ao não reconhecimento da própria figura do direito subjetivo por alguns autores. Ao se compreender o abuso do direito como um desvio da finalidade, ou do espírito, da norma jurídica, formulando-se uma visão teleológica do abuso, essa teoria encontra-se calcada numa visão teleológica também do direito subjetivo. Essa vinculação, aliás, é expressa, na obra de Josserand, que, ao elaborar uma teoria finalista do abuso do direito, cita como inspiração as

---

39. Afirma-se que o voluntarismo em questão se manifesta de forma "quase absoluta" porque, em última instância, sempre existiu uma forma de limitação ao exercício da vontade, em maior ou em menor escala. Se é verdade que houve tempos em que a vontade do titular de um direito subjetivo era exercida com um menor número de restrições, mesmo em épocas caracterizadas por regimes profundamente liberais, como no direito revolucionário francês, existia uma noção de ordem pública a limitar, ainda que de forma mais branda do que hoje em dia, a atuação individual. Nessa direção, vide Mazeaud, Henri et al. Leçons de Droit Civil. 12. ed. Paris: Montchrestien, 2000, p. 266.
40. Rescigno, Pietro. L'Abuso del Diritto. Bolonha: Il Mulino, 1998. p. 129.

conclusões apresentadas pela jurisprudência dos interesses, e mais especialmente de Ihering, sobre a concepção de direito subjetivo.[41]

Por fim, ao se construir uma teoria do abuso calcada na infração ao elemento axiológico-normativo do direito, essa evolução doutrinária apenas se faz possível através justamente do reconhecimento do papel desempenhado pelo valor na construção do direito subjetivo, sendo essa visão reconduzível a enquadramentos como o proposto pela metodologia civil-constitucional.

Sendo assim, resta claro o motivo pelo qual a construção de uma análise funcional está diretamente relacionada com as transformações pelas quais passou o conceito de direito subjetivo e o papel desempenhado pela vontade na sua conformação.

É relevante mencionar ainda que geralmente quando se abordam as transformações proporcionadas pela análise funcional são mencionados os exemplos da função social dos contratos e da propriedade. Entende-se aqui que – se é certo que esses dois exemplos já criaram um arcabouço doutrinário e jurisprudencial bastante abrangente – o seu núcleo reside justamente na compreensão das modificações pelas quais passou o conceito de direito subjetivo. Se propriedade e contrato são feixes de direitos e obrigações, é preciso inicialmente verificar como o direito subjetivo em si se transformou para que então possa ser comentada a função social desses dois institutos como principais exemplos de análise funcional na prática, pelo menos no que concerne ao direito brasileiro.

O direito subjetivo foi reconhecido inicialmente como um mecanismo de afirmação do poder individual de determinar as relações jurídicas nas quais o seu titular, o sujeito de direito, participa. Não é possível desvencilhar os conceitos de direito subjetivo do conceito de sujeito de direito, uma vez que ambas as construções foram erigidas no século XIX como forma de garantir, dentro de um espectro de tecnicidade, a preservação das mais amplas liberdades econômicas e a redução da atuação estatal, típica característica do pensamento liberal e burguês do referido período. Pode-se mesmo afirmar que o direito subjetivo assegurou a realização do individualismo na esfera jurídica, do liberalismo na esfera política e do capitalismo na esfera econômica.[42]

Tanto o conceito de direito subjetivo como o conceito de sujeito de direito foram erigidos sem qualquer consideração sobre a importância que valores desempenham no seu exercício e titularidade. A pretensa neutralidade das categorias jurídicas, como já visto, aqui serviu como instrumento de afirmação de uma concepção de direito que cria amplos espaços de liberdade e igualdade

---

41. Josserand, Louis. Op. cit. p. 395.
42. Amaral, Francisco. *Direito Civil:* Introdução. 4. ed. Rio de Janeiro: Renovar, 2002. p. 179.

de um lado, já que todos podem teoricamente ser sujeitos de direito e exercer direitos subjetivos, mas não se atenta a elementos outros que não a vontade de cada um individualmente considerada.

Assim como o século passado serviu para rever o conceito de sujeito de direito, passando a tutelar o conceito de pessoa – conceito esse reconhecidamente valorativo, sobretudo no que diz respeito à afirmação da dignidade da pessoa humana – o mesmo século presenciou a passagem de um conceito de direito subjetivo focado no predomínio do voluntarismo para uma concepção de direito subjetivo que leva em conta aspectos funcionais e axiológicos.

As transformações ocorridas no direito subjetivo levaram a doutrina a sugerir a substituição do próprio conceito, privilegiando-se uma percepção que enfatizasse a existência de situações subjetivas que enfocam o contato social e as relações mantidas pelo indivíduo. A figura da situação jurídica subjetiva auxiliaria na identificação dos interesses juridicamente protegidos e, consequentemente, viabilizaria uma melhor definição da teoria do abuso do direito.[43]

Mais importante do que qualificar a forma de tutela dos interesses nas relações jurídicas, é necessário aqui perceber que na decadência do direito subjetivo existe, na verdade, um ocaso do voluntarismo que, por muito tempo, foi a sua marca predominante, terminando por se confundir de modo visceral com o próprio instituto.[44] Existiria, assim, na estrutura do próprio direito subjetivo, um discurso dialético entre liberdade e autoridade. Dessa forma, as pessoas são livres para exercer a sua vontade que, uma vez manifestada, se impõe sobre terceiro com autoridade.[45]

O voluntarismo imperante no direito subjetivo foi uma marca já de suas primeiras concepções, afirmando que as polaridades entre direito objetivo e direito subjetivo deveriam manter a predominância da segunda sobre a primeira. Essa visão é nítida nas formulações de Windscheid e Ihering, por exemplo, no embate inicialmente travado entre as teses da jurisprudência dos conceitos e da jurisprudência dos interesses.

A concepção de direito e, por consequência, a de direito subjetivo, professada pelos autores ligados à jurisprudência dos conceitos, estava muito atrelada a uma

---

43. Alpa, Guido; Bessone, Mario. *Atipicità dell'Illicito*. 1ª pt. Milão: Giuffrè, 1980. p. 67-71. Ver ainda Rodovalho, Thiago. *Abuso de Direito e Direitos Subjetivos*. São Paulo: RT, 2011. p. 38 e segs.
44. Segundo aponta Bruno Lewicki esse "declínio do direito subjetivo é um corolário natural da funcionalização dos direitos. O verdadeiro declínio foi do voluntarismo; ao se descolar o fundamento do direito da vontade humana, perde espaço a postura passiva do direito como mero veículo de repressão das intervenções externas sobre o livre agir da vontade" (*Limitações aos Direitos do Autor: Releitura na Perspectiva do Direito Civil Contemporâneo*. Tese apresentada ao programa de pós-graduação da Faculdade de Direito da Universidade do Estado do Rio de Janeiro, 2007. p. 24, *mimeo*).
45. Alpa, Guido; Bessone, Mario. Op. cit., p. 43.

análise lógica de subsunção do fato à norma. Nesse sentido, o ordenamento seria um sistema fechado de conceitos jurídicos, não havendo espaço para o reconhecimento de interesses que poderiam levar o direito para uma ou outra direção. Nessa perspectiva, o direito subjetivo é visto como um "poder da vontade". Seguindo as determinações da pirâmide puthciana, Windscheid coloca o direito subjetivo no vértice dessa escala hierárquica, residindo o seu núcleo justamente na vontade (em termos psicológicos) que anima o direito.[46]

Em texto no qual busca analisar o conceito da *actio* no direito romano, Windscheid explicita a sua concepção sobre o que seria o direito, enfocando como a vontade desempenha papel fundamental na relação entre direito subjetivo e norma jurídica:

> Direito é o complexo de normas que determinam a que ponto pode cada indivíduo fazer valer a sua própria vontade perante outros indivíduos, devendo os outros indivíduos obedecer a essa sua vontade. Nós atribuímos um direito a quem pode invocar uma norma jurídica para aquilo que deseja, ao passo que dizemos que não possui qualquer direito aquele que não possa invocá-la.[47]

A teoria de Windscheid, ao centrar o direito subjetivo na vontade, sofreu críticas por não se adequar a situações nas quais uma pessoa poderia ser sujeito de direito, mas não ter condições de expressar a sua vontade, como na hipótese apresentada pelos incapazes. De forma mais ampla, outras críticas endereçadas à concepção do autor e da jurisprudência dos conceitos como um todo miraram no fato de que as suas teses abriam espaço imenso para o desenvolvimento de uma concepção exclusivamente individualista do direito, o que, de certa forma seria mitigado, mas não excluído, na passagem para a jurisprudência dos interesses.

Acatando algumas das críticas formuladas à sua teoria, mas buscando ainda centralizar o conceito de direito na vontade, o autor chegaria a afirmar que a vontade motriz do direito não seria então do seu titular, mas, sim, da própria ordem jurídica. O direito subjetivo ainda existiria como instrumento de realização da vontade, mas nessa perspectiva a vontade não mais seria individualizada, e sim generalizada na figura do legislador.[48]

---

46. Larenz, Karl. *Metodologia da Ciência do Direito*. Lisboa: Calouste Gulbenkian, 1997. p. 37.
47. Windscheid, Bernhard; Muther, Theodor. *Polemica Intorno all'Actio*. Sansoni: Florença, 1954. p. 296 – *tradução do autor*.
48. Segundo expõe Clóvis Beviláqua: "[f]iguradamente, podemos dizer que a ordem jurídica, em tal época ou em tal país, quer determinado fato, devendo-se, porém, entender que ela está constituída de tal modo que esse fato dela resulta, necessariamente. Mas atribuir-lhe energia volitiva, excede às raias do inteligível. É dar consciência não a um ser, porém, a um modo de ser" (Direito Subjetivo. In: *Escritos Esparsos de Clóvis Beviláqua*. Rio de Janeiro: Destaque, 1995. p. 146).

Abusando das construções lógicas, a jurisprudência dos conceitos não apenas se afastou da prática do direito como também criou um verdadeiro dogma sobre a "intenção do legislador" que ainda seria muito utilizado na teoria jurídica produzida no futuro, especialmente no que diz respeito à metodologia da interpretação.[49]

A jurisprudência dos interesses, que sucedeu a jurisprudência dos conceitos, teve em Rudolf Von Ihering o seu principal representante ao retratar o direito como sendo um mecanismo de tutela de interesses diversos, que alcançam reconhecimento através de sua manifestação no corpo social. A personificação do legislador é aqui substituída pela força dos interesses e, dessa forma, a vontade do legislador, presente na teoria de Windscheid, se transforma em "fatores causais motivantes", ou seja, os interesses que buscam reconhecimento jurídico, derivados da realidade social.

Para ordenar, equilibrar e decidir pelo reconhecimento dos interesses, o legislador precisa valorar a oportunidade dessas medidas. Esta valoração dos interesses, segundo a doutrina em questão, não deveria estar presa a concepções da pessoa do legislador, mas, sim, à força e representatividade dos interesses em si. A concepção de direito subjetivo encontrada na obra de Ihering é, portanto, a de um "interesse juridicamente protegido", verbalização que se tornou tradicional nos meios acadêmicos.[50]

Karl Larenz, ao comentar a superação da jurisprudência dos interesses, alerta para o fato de que, nessa perspectiva, os interesses haviam se tornado tanto objeto como critério da atividade de valoração, constituindo uma notória falta de clareza e um problema metodológico.[51]

A conciliação do papel desempenhado pela vontade na teoria de Windscheid, com a importância que o interesse assumiu na construção de Ihering, gerou vários conceitos que procuraram partir dessa dualidade para explicar o direito subjetivo, já que a adoção de qualquer dos dois posicionamentos não ofereceria

---

49. Tobeñas, Jose Castán. *Teoria de la Aplicación e Investigación del Derecho:* Metodologia y Técnica Operatoria en Derecho Privado Positivo. Madrid: Reus, 1947. p. 89-93.
50. A teoria de Ihering sobre o direito subjetivo, segundo Clóvis Beviláqua, tem como sua essência a percepção de que "os direitos existem para garantir os interesses da vida e realizar os seus fins. Há no princípio do direito subjetivo dois elementos: um substancial, que é o interesse econômico ou moral; e outro formal, que é a proteção jurídica. Encarado do primeiro ponto de vista, os direitos são interesses juridicamente protegidos; e olhando pelo segundo aspecto, o direito é a segurança jurídica do gozo" (Direito Subjetivo. In: *Escritos Esparsos de Clóvis Beviláqua*. Rio de Janeiro: Destaque, 1995. p. 148).
51. Larenz, Karl. Op. cit., p. 68-69. Nesse sentido, argumenta Hermes Lima que "Ihering confundiu a finalidade do direito subjetivo, que está no interesse, com sua natureza, que decorre do poder de agir. Realmente, não é o interesse individual que determina a natureza desse poder, pois, na verdade, ele decorre de um critério objetivo da norma ao organizar a dinâmica da vida social, protegendo a conduta lícita" (*Introdução à Ciência do Direito*. 9. ed. Rio de Janeiro: Freitas Bastos, 1958. p. 189).

uma perspectiva completa do instituto.⁵² Nesse sentido, Ruggiero define direito subjetivo como sendo "o poder da vontade do homem de agir para a satisfação do seu próprio interesse em conformidade com a norma jurídica".⁵³

Ferrara ressalta que o direito objetivo impõe deveres que devem ser observados para a proteção de interesses. Assim sendo, aqueles que se favorecem das normas criam para si o poder de exigir que elas sejam cumpridas em seu benefício. Dessa forma, o direito subjetivo não seria "mais do que um efeito do direito objetivo, individualizado e apropriado a cada qual. O imperativo da lei aparece como imperativo do titular: o direito torna-se o seu direito".⁵⁴

Partindo do campo proporcionado pelas teorias mistas, um conjunto de autores passaria a identificar na composição dos direitos subjetivos o elemento valorativo. Assim, haveria uma substituição da força dos interesses como causa para o seu reconhecimento pela constatação de que o legislador, ao se confrontar com o dilema sobre como regular certo conflito na sociedade, termina por se valer de mecanismos de previsibilidade sobre como os interesses, uma vez reconhecidos, terão impacto na sociedade. Esse juízo permite ao legislador tentar antecipar litígios e perceber qual o melhor modelo de regulação do conflito social, de forma que um interesse tenha que ceder na exata medida em que outro interesse antagônico no caso concreto prevalece. As normas, dessa forma, já representam uma valoração prévia feita pelo legislador e não apenas a consagração de um interesse social.

Essa mudança na concepção de Direito também influencia a noção de direito subjetivo. Para a concepção formulada por Ihering, direito subjetivo, como visto, corresponderia ao interesse juridicamente tutelado. A grande contribuição do autor para o estudo do direito subjetivo foi a desvinculação do instituto com relação à figura da vontade como seu elemento principal. Ihering concebia o

---

52. Segundo Orlando Gomes: "As duas concepções são incompletas, porque frisam um dos aspectos do direito subjetivo, pecando por unilateralismo. A de R. Von Ihering leva em conta apenas o fim, sem indicar os meios para alcançá-lo. A de Windscheid aponta os meios, mas silencia quanto ao fim. O direito subjetivo não é só poder da vontade, como não é apenas interesse, senão *poder* atribuído à *vontade* do sujeito para satisfação dos seus próprios interesses protegidos legalmente" (*Introdução ao Direito Civil*. Rio de Janeiro: Forense, 1996, p. 107-108).
53. Ruggiero, Roberto de. *Istituzioni di Diritto Civile*. Messina: Giuseppe Principato, 1934. v. 1, p. 192. Outras definições similares podem ser encontradas na doutrina, conforme explicita, por exemplo, Caio Mário da Silva Pereira: "Como *facultas agendi*, o direito subjetivo é a expressão de uma vontade, traduz um poder de querer, que não se realiza no vazio, senão para perseguir um resultado ou visando à realização de um interesse" (*Instituições de Direito Civil*. 21. ed. Rio de Janeiro: Forense, 2005. v. 1, p. 35). Na mesma direção se posiciona Orlando Gomes: "Conciliando as duas definições mais conhecidas e reunindo ao elemento formal de uma e o elemento material de outra tem-se, como aceitável, noção útil ao aprendizado, a de que o direito subjetivo é um 'interesse protegido pelo ordenamento jurídico mediante um poder atribuído à vontade individual'" (op. cit., p. 108).
54. Ferrara, Francesco. *Trattato di Diritto Civile Italiano*. Roma: Athenaeum, 1921. v. 1, p. 313 – *tradução do autor*.

direito subjetivo como um interesse que poderia ser protegido independentemente da vontade do seu titular, como ocorre, por exemplo, com os incapazes, superando assim o dilema de Windscheid.

Adicionalmente, e já lançando bases para os trabalhos futuros de valorização das relações extrapatrimoniais, o interesse aqui concebido não se exprimia necessariamente em valores patrimoniais materiais ou econômicos, podendo o interesse, como menciona Clóvis Beviláqua, ser "a personalidade, a liberdade, a honra, os laços de família" em questão.[55]

Após tentativas de conciliação entre as teorias voluntaristas e a afirmação do papel do interesse nos trabalhos de Ihering, a doutrina alcançou certo apaziguamento com a afirmação da importância de valorações fundamentais na construção do conceito de direito subjetivo.

Essa última linha de pensamento sobre o direito subjetivo reconhece no mesmo o mecanismo através do qual o seu titular goza de uma liberdade, mas cuja origem remonta ao ordenamento jurídico que lhe dá fundamento e que se mostra, ao invés de abstrata, altamente concreta, importando no desfrute de vantagens e na apropriação de bens.

Propugnando por uma visão funcionalizadora do direito subjetivo, Pietro Perlingieri lembra que a figura do interesse parecia ser tratada no início do século passado como algo abstrato e absoluto, levando a entendimentos que privilegiavam a face impositiva de deveres sobre outrem, no predomínio da vontade e do interesse que lhe corresponde. Com a ascensão do princípio da solidariedade social, é importante perceber que, no ordenamento jurídico moderno, "o interesse é tutelado se, e enquanto for conforme não apenas ao interesse do titular, mas também àquele da coletividade".[56] Assim, a análise funcional rompe com o pretenso absolutismo da vontade individual, transformando a figura do direito subjetivo e pautando o merecimento de tutela jurídica de acordo com o cumprimento da função, e não como um simples dado obtido através da construção estrutural.[57]

---

55. Beviláqua, Clóvis. *Teoria Geral do Direito Civil*. Rio de Janeiro: Editora Rio, 1975. p. 57.
56. Perlingieri, Pietro. *Perfis do Direito Civil*. Rio de Janeiro: Renovar, 1997. p. 121.
57. Ainda conforme Pietro Perlingieri: "São facilmente criticáveis aquelas concepções que, para salvar a noção de direito subjetivo, identificam, no poder da vontade que se exprime de forma arbitrária e absoluta, o princípio; e nos limites, a exceção (...) O enfoque não é correto. No ordenamento vigente não existe um direito subjetivo – propriedade privada, crédito, usufruto – ilimitado, atribuído ao exclusivo interesse do sujeito, de modo tal que possa ser configurado como uma entidade pré-dada, isto é, pré-existente ao ordenamento e que deva ser levado em consideração enquanto conceito, ou noção, transmitido de geração em geração. (...) Os limites que se definem externos ao direito, na verdade não modificam o interesse pelo externo, mas contribuem para a identificação da sua essência, da função" (op. cit., p. 121-122).

Essa percepção do direito subjetivo será, como visto mais à frente, fundamental para compreender o abuso do direito como o ato pelo qual o titular do direito excede os seus limites quando o exercita, sendo esses limites constantes do próprio fundamento axiológico-normativo daquele direito, perceptíveis através da análise funcional.[58]

Considerando que o exercício do direito subjetivo precisa ser valorado para que se descubra se ele é regular ou abusivo, é importante notar que essa valoração não é algo externo ao próprio direito (como o interesse na visão de Ihering), pois analisa a função do direito em si. É, sim, um elemento e, eventualmente, um limite interno ao exercício do mesmo.

Dizer que a valoração, ou seja, a análise do cumprimento de sua função, é um limite interno do direito subjetivo significa perceber que aquele que exercita o seu direito para alcançar finalidade diferente daquela função econômica e social prevista no ordenamento está a utilizar a própria estrutura do direito que lhe foi concedido de forma não tutelada pelo direito objetivo. Sendo certo, portanto, que cada direito subjetivo possui uma ou mais funções, torna-se possível empreender uma análise axiológica sobre cada exercício que se faça desse mesmo direito para que se descubra se ele é regular ou abusivo.

De outro lado, como surgiu estritamente arraigado a concepções voluntaristas, existem autores que defendem o abandono do conceito de direito subjetivo, já que a sua construção não mais se adequaria aos imperativos da perspectiva axiológica. Pietro Perlingieri, por exemplo, sugere a sua substituição pelo conceito de situações jurídicas subjetivas, uma vez que o direito subjetivo não expressa a noção de que, além de vantagens que atendem ao interesse do seu titular, esse "direito" também carrega consigo uma série de deveres desse mesmo titular. Segundo o referido autor, o direito subjetivo "nasceu para exprimir um interesse individual e egoísta", ao passo que a noção de situação jurídica subjetiva "configura a função de solidariedade presente ao nível constitucional".[59]

Uma tentativa de compreensão desse novo perfil do direito subjetivo residiria na percepção de que o mesmo goza de um perfil estrutural, condizente com o poder jurídico atribuído pelo ordenamento, e de um perfil funcional, por meio do qual ingressam os influxos valorativos. É justamente por isso que os limites ao exercício do direito, quando contrário à sua função, são limites internos.

---

58. Segundo expõe Carlos Nelson Konder: "De maneira geral, há uma funcionalização dos direitos subjetivos. Esta figura, tradicionalmente concebida como um poder oriundo da vontade individual passa a ser reconhecida como uma prerrogativa a ser conferida pelo ordenamento para atender a um fim. O exercício de um direito subjetivo em desvio de finalidade para a qual foi concebido será então abusivo, e não receberá a proteção do direito" (*Contratos Conexos:* Grupos de Contratos, Redes Contratuais e Contratos Coligados. Rio de Janeiro: Renovar, 2006. p. 30).
59. Perlingieri, Pietro. Op. cit., p. 121.

Dessa forma, pode-se perceber como a análise funcional altera radicalmente a compreensão de direito subjetivo, migrando de uma perspectiva francamente voluntarista para outra que reconhece, ao lado da vontade individual, uma série de outras demandas, notadamente aquelas de caráter axiológico, limitando o querer individual como elemento essencial do direito.

1.3. O reconhecimento da função no direito civil contemporâneo

Uma vez consolidadas as duas rupturas derivadas da análise funcional, com a perda do papel desempenhado pela neutralidade e pelo voluntarismo, resta claro como a função é um dos traços predominantes da compreensão contemporânea do fenômeno jurídico. As características da análise funcional e as duas rupturas aqui narradas serão fundamentais para que possa entender como se desenvolve e hoje se afirma a teoria do abuso do direito e conferem o pano de fundo sobre o qual são reconhecidos limites internos ao exercício dos direitos.

Antes de se ingressar na análise da teoria do abuso do direito propriamente dita, é importante apenas destacar como a análise funcional se aplica, na prática, na seara do direito privado, alterando a percepção de dois institutos clássicos do direito civil: o contrato e a propriedade.

Ao se perceber que todo direito desempenha uma função, e que essa função é preenchida com intensa carga valorativa, todos os institutos jurídicos passam a poder ser analisados de acordo com a sua função. De forma mais comum, o contrato e a propriedade têm passado por essa revisão funcional. Adiante seguem apenas algumas notas sobre esse trabalho de funcionalização desses dois institutos jurídicos, delineando quais são os efeitos práticos de se reconhecer o papel da função em certo instituto jurídico.

A função social do contrato é um dos novos princípios contratuais que a disciplina da matéria erigiu nas últimas décadas, balanceando os princípios clássicos da teoria contratual como a autonomia da vontade, expressa na fórmula da liberdade contratual, a força obrigatória dos contratos e a relatividade dos efeitos.

A visão tradicional do contrato tem na autonomia privada o centro nevrálgico do instituto, a partir do qual irradiam os seus efeitos. Embora não se possa falar na existência de um momento histórico no qual a autonomia privada tenha sido rigorosamente absoluta, pois sempre existiu uma gama de limitações impostas pela ordem pública, a concepção tradicional de contrato relega um espaço pequeno a tais limitações, que são poucas e sempre tomadas como exceção à regra da liberdade contratual.

A autonomia privada pode ser entendida, segundo lição de Díez-Picazo e Gullón como "o poder de se autoditar a lei ou preceito, o poder de governar-se a si próprio."⁶⁰ O estudo da autonomia privada assume, na seara contratual, a forma da tutela da liberdade contratual. Nesse particular, cumpre destacar que a "liberdade de contratar" (a opção que possui a parte de celebrar ou não o contrato) é uma das liberdades constantes da "liberdade contratual", entendida esta como o feixe de todas as liberdades derivadas da autonomia privada, como a escolha das demais partes contratantes, do conteúdo do contrato, do momento de conclusão do contrato.⁶¹⁻⁶²

Os alicerces sobre os quais se funda a liberdade de contratar podem ser encontrados nos princípios elaborados pela Escola do Direito Natural, responsável por conferir importância crescente à contratualidade, a partir do século XVI, sob a influência do conceito de autonomia da vontade desenvolvido pelo Humanismo.

O primado da vontade individual é consolidado no século XVII, quando a própria existência da sociedade passa a ser fundamentada no contrato.⁶³

Após a consagração dos ideais da Revolução Francesa e a abolição dos privilégios estamentais e corporativos, a promulgação do Código Napoleão em 1804 veio a positivar explicitamente o primado da autonomia da vontade, na máxima de que "o contrato faz lei entre as partes" (art. 1.134), a qual será traduzida na célebre frase de Fouillée: "quem diz contratual diz justo".

A consequência imediata desse cenário é a crescente importância conferida pela doutrina contratualista do século XIX para a análise da manifestação da

---

60. Segundo os autores: "Poder-se-ia também defini-la como um poder de governo da própria esfera jurídica, e como essa é formada por relações jurídicas, que são a causa da realização de interesses, a autonomia privada pode igualmente conceituar-se como o poder da pessoa de desregulamentar e ordenar as relações jurídicas nas quais é, ou há de ser, parte" (*Sistema de Derecho Civil*. Madrid: Tecnos, 1994. v. 1, p. 371).
61. Diferença essa que se faz relevante tendo em vista que o art. 421 do Código Civil fala em "liberdade de contratar", quando, ao que indica a doutrina, mais correto seria se referir à "liberdade contratual". *Vide*, por todos, Tepedino, Gustavo; Moraes, Maria Celina Bodin de; Barboza, Heloisa Helena. *Código Civil Interpretado conforme a Constituição da República*. Rio de Janeiro: Renovar, 2006. p. 5-6.
62. Segundo Francesco Messineo, existem quatro significados para liberdade contratual: (i) o fato de que nenhuma parte pode impor unilateralmente à outra o conteúdo do contrato, e que esse deve ser o resultado de livre debate entre as partes; (ii) liberdade de negociação, no sentido de que o objeto do contrato é livre, salvo bens indisponíveis e exceções previstas no ordenamento; (iii) o poder de derrogar as normas dispositivas ou supletivas; e (iv) o fato de que, em algumas matérias, é admitida a autodisciplina, ou seja, a regulação estabelecida pelas partes interessadas (*Il Contratto in Genere*. Pádua: Cedam, 1973. p. 43-44).
63. "A Idade Média não reconhecia o primado da vontade individual; esta não era respeitável senão nos limites da fé, da moral e do bem comum. Os interesses da comunidade familiar, religiosa ou econômica, ultrapassam os dos indivíduos que a compõem. (...) É à Escola Jusnaturalista que a autonomia da vontade deve a sua autoridade, o seu primado. Mas foi sobretudo o jurista holandês Hugo Grócio que desenvolveu a nova teoria: a vontade é soberana; o respeito da palavra dada é uma regra de direito natural; *pacta sunt servanda* é um princípio que deve ser aplicado não apenas entre os indivíduos, mas mesmo entre as nações" (Gilissen, John. *Introdução Histórica ao Direito*. 2. ed. Lisboa: Calouste Gulbenkian, 1995. p. 738-739).

vontade e seus vícios. Com a primazia da autonomia da vontade, interpretar o contrato tornou-se um exercício de descobrimento das reais intenções das partes e das formas pelas quais elas foram verbalizadas. Trata-se de uma verdadeira "mística da vontade".

As restrições à liberdade contratual começam a surgir com a mudança do cenário histórico, assegurando-se, inicialmente, maior igualdade de oportunidades no mercado, em termos da proibição de discriminação em razão de gênero, raça, etnia.

Posteriormente, razões sociais passaram a determinar certas discriminações positivas, como o tratamento mais protetivo às partes contratualmente mais vulneráveis (tais como o consumidor, o idoso, o trabalhador).

Portanto, razões de justiça e equidade vieram a determinar a intervenção do Estado sobre as relações contratuais, estabelecendo um verdadeiro dirigismo contratual.

Trata-se da inserção, no ordenamento jurídico, de uma série de normas cogentes a delimitar os assuntos sobre os quais se pode contratar, em que limites se pode dispor de determinados direitos, e que cláusulas serão consideradas intrinsecamente abusivas e, por conseguinte, nulas. Segundo identifica Eros Roberto Grau:

> A mudança de perspectiva sobre a compreensão da autonomia da vontade é, portanto, profunda: deixa-se de considerar o indivíduo como senhor absoluto da sua vontade, para compreendê-lo como sujeito autorizado pelo ordenamento a praticar determinados atos, nos exatos limites da autorização concedida.[64]

O mesmo diagnóstico dessa fase de transição é realizado por Gustavo Tepedino ao afirmar que a partir da Constituição de 1998, com o desenho de um Estado notadamente mais intervencionista,

> teremos, então, a presença do Poder Público interferindo nas relações contratuais, definindo limites, diminuindo os riscos do insucesso e protegendo camadas da população que, mercê daquela igualdade aparente e formal, ficavam à margem de todo o processo de desenvolvimento econômico, em situação de ostensiva desvantagem.[65]

---

64. Grau, Eros Roberto. Um Novo Paradigma dos Contratos. In: *Revista Trimestral de Direito Civil.* Rio de Janeiro: Padma, v. 5, p. 78, jan.-mar. 2001. No mesmo sentido, afirmam Vincenzo Zeno-Zencovich e Noah Vardi que o direito privado atravessa um momento de intensa "administrativização", no sentido de que "a intervenção estatal na economia e na sociedade gradativamente transformou a autonomia privada para atender à suas necessidades" (The Constitutional Basis of a European Private Law. In: Hartkamp, Arthur *et al.* (Ed.). *Towards a European Civil Code.* 3. ed. Noviomago: Ars Aequi, 2004. p. 205).
65. Tepedino, Gustavo. *Temas de Direito Civil.* 2. ed. Rio de Janeiro: Renovar, 2001. p. 204.

Todavia, a flexibilização da autonomia da vontade a preceitos contidos na legislação não representa uma completa anulação desse princípio nas relações contratuais. Muito ao reverso, a autonomia da vontade, e, mais especificamente, a liberdade contratual, permanecem como princípio[66] e sua derivação respectivamente, a reger os vínculos contratuais, agora atrelados à função social do contrato, consoante o disposto no art. 421:

> Art. 421. A liberdade de contratar será exercida em razão e nos limites da função social do contrato.

A função social constante do art. 421 não é, portanto, apenas um limite externo à liberdade contratual, mas também um verdadeiro fundamento para a existência dessa liberdade. Sendo assim, a liberdade contratual não é a regra, e a função social a exceção, mas, sim, dois princípios a instruir a dinâmica da disciplina contratual, sendo o exercício de sua função a razão para ser protegida a liberdade contratual.

Como consequência da dicção do art. 421, nenhum dispositivo contratual pode contrariar essa função, por mais que as partes estejam de acordo sobre a sua imposição, pois o parágrafo único do art. 2.035 do Código Civil expressamente declara que:

> Art. 2.035. (...)
> Parágrafo único. Nenhuma convenção prevalecerá se contrariar preceitos de ordem pública, tais como os estabelecidos por este Código para assegurar a função social da propriedade e dos contratos.

Aplicando diretamente os arts. 421 e 2.035, parágrafo único, do Código Civil, a jurisprudência brasileira tem se valido do princípio da função social do contrato para, por exemplo, reputar como nulas as cláusulas inseridas em contratos envolvendo a prestação de planos de saúde que vedam a cobertura em determinados casos de internação, ou mesmo sancionar as seguradoras quando negam o custeio de internação feita emergencialmente, com risco de morte ao paciente.

O STJ já teve oportunidade de se manifestar diversas vezes sobre o assunto, podendo-se destacar o acórdão do REsp 962980/SP, assim ementado:

---

66. Uma constatação de que a autonomia da vontade ainda desempenha papel de destaque na formação dos contratos pode ser encontrado no art. 425 do Código Civil, o qual determina que as partes poderão elaborar contratos atípicos, ou seja, contratos que não seguem os modelos de contrato tipificados na legislação.

> Seguro de saúde. Recurso especial. Apreciação acerca de violação à resolução. Descabimento. Natureza da relação jurídica. Consumo. Prazo contratual de carência para cobertura securitária. Possibilidade. Consumidor que, meses após a adesão de seu genitor ao contrato de seguro, vê-se acometido por tumor cerebral e hidrocefalia aguda. Atendimento emergencial. Situação-limite em que o beneficiário necessita, com premência, de procedimentos médico-hospitalares cobertos pelo seguro. Invocação de carência. Descabimento, tendo em vista a expressa ressalva contida no art. 12, V, alínea "c", da Lei 9.656/1998 e a necessidade de se tutelar o direito fundamental à vida.
>
> (...) 3. Os contratos de seguro e assistência à saúde são pactos de cooperação e solidariedade, cativos e de longa duração, informados pelos princípios consumeristas da boa-fé objetiva e função social, tendo o objetivo precípuo de assegurar ao consumidor, no que tange aos riscos inerentes à saúde, tratamento e segurança para amparo necessário de seu parceiro contratual.[67]

É natural perceber que, de todas as espécies contratuais, poucas são tão suscetíveis à aplicação de uma análise ancorada na função social como os contratos que envolvem a prestação de serviços médicos essenciais, estando, muitas vezes, a própria vida da parte contratante em jogo. Por isso foram os contratos de seguro saúde que, em grande medida, expandiram a aplicação da função social pelos tribunais nacionais.

Decisões como essas vêm, ao longo dos anos, prestigiando a possibilidade de os tribunais intervirem na dinâmica do contrato para fazer valer a análise funcional, tomando por base não apenas os dispositivos do Código Civil, mas também o enquadramento constitucional da matéria. Veja-se, nessa direção, o seguinte acórdão do Tribunal de Justiça do Rio de Janeiro:

> Responsabilidade civil/consumerista. Internação hospitalar. Emergência. Cláusula de carência. Abusividade. A Lei nº 9.656/1998, em seu art. 12, V, "c" proíbe a estipulação de prazos de carência superiores a 24 horas para cobertura em situações de urgência e emergência, sendo obrigatória tal cobertura quando se encontrar em risco a vida do paciente, ou hipótese de sofrer lesão irreparável (art. 35, "c", I, da Lei nº 9.656/1998), como no caso da autora, sob pena de se infringir a norma do art. 51, I, da Lei nº 8.078/1990. Ademais, o parágrafo único, do art. 2.035 do Código Civil, os arts. 1º, III e 5º da CRFB/1988, asseguram a preservação da dignidade da pessoa humana e a inviolabilidade do direito à vida, a prevalência dos preceitos de ordem pública e a **função social da propriedade e dos contratos**.

---

67. STJ, REsp 962980/SP, Rel. Min. Luis Felipe Salomão; j. em 13/03/2012.

A cobertura contratual assegura à consumidora a assistência médica e internação hospitalar pelo período necessário à superação do quadro emergencial de risco de vida ou de lesão irreparável, motivo pelo qual se afigura abusiva a cláusula que estabelece prazo menor (art. 51, IV, da Lei nº 8.078/1990). Superando a exclusão da cobertura nos casos de risco de vida e de lesão irreparável ao paciente, como no caso destes autos, proclamam os arts. 10 e 12 da Lei nº 9.656/1998, a obrigatoriedade de cobertura de atendimentos, no prisma dos preceitos fundamentais de tutela a vida e a dignidade da pessoa humana (arts. 5º, X, e 1º, III, e 3º, I, da CRFB/1988), porquanto o direito à vida e o direito à saúde são direitos subjetivos inalienáveis constitucionalmente consagrados, cujo primado supera restrições legais. Desprovimento do Recurso.[68]

Adicionalmente às hipóteses mencionadas acima, a função social do contrato tem sido utilizada como fundamento para uma série de transformações na disciplina contratual, como a flexibilização do princípio da relatividade dos efeitos do contrato, reconhecendo-se que o pacto contratual pode não apenas atingir terceiros, como também terceiros podem atuar de forma a causar diretamente o inadimplemento do contrato, passando a responder, portanto, independentemente do fato de não constarem do instrumento.[69]

A análise funcional transforma, assim, a tutela concedida pelo ordenamento jurídico ao instituto do contrato, podendo-se afirmar que "[d]esse modo, o contrato – antes uma finalidade em si, protegido apenas formalmente como um espaço da autonomia individual, passa a ser ele também um instrumento do projeto constitucional. Funcionalizado, ele passa a ser tutelado quando servir à realização daqueles preceitos normativos fundamentais. Quando, contudo, desviado dessa função, não receberá a tutela do ordenamento".[70]

O direito de propriedade, por seu turno, também pode ser referido como um exemplo concreto do relevante papel desempenhado pela análise funcional na compreensão das mais diversas relações jurídicas.

---

68. TJRJ, Apelação Cível 2006.001.04644, Rel. Des. Roberto de Abreu e Silva, j. em 23/05/2006.
69. Sobre o tema da flexibilização do princípio da relatividade em nome da função social do contrato, *vide*, por todos Junqueira de, Azevedo, Antonio. Os Princípios do Atual Direito Contratual e a Desregulamentação do Mercado. Direito de Exclusividade nas Relações Contratuais de Fornecimento. Função Social do Contrato e Responsabilidade Aquiliana do Terceiro que Contribui para o Inadimplemento Contratual. In: *Estudos e Pareceres de Direito Privado*. São Paulo: Saraiva, 2004. p. 137-147. Um análise da experiência portuguesa sobre o mesmo tema pode ser conferida em Correa, A. Ferrer. Da Responsabilidade do Terceiro que Coopera com o Devedor na Violação de um Pacto de Preferência. In: *Estudo de Direito Civil, Comercial e Criminal*. Coimbra: Almedina, 1985. p. 33-52.
70. Konder, Carlos Nelson. *Contratos Conexos:* Grupos de Contratos, Redes Contratuais e Contratos Coligados. Rio de Janeiro: Renovar, 2006. p. 50.

O conteúdo estrutural do direito de propriedade não guarda maiores controvérsias sobre a sua configuração, podendo-se afirmar que compõem a sua estrutura as faculdades de usar, gozar e dispor da coisa, sendo ainda facultado ao titular mover as competentes ações relativas ao domínio para assegurar a tutela do seu direito. Esse conjunto de elementos compõe a estrutura, mas não retrata ainda a função do direito de propriedade.[71]

O perfil estrutural do direito de propriedade encontra o seu núcleo central no exercício de um poder pelo seu titular, gerando a sujeição de terceiros a esse assenhoramento do titular sobre a coisa. Como explicita Santoro-Passarelli:

> Assim na propriedade como nos outros direitos reais, que se constituem na senhoria independente e imediata do titular sobre a coisa, o conteúdo prevalecente do direito subjetivo é o próprio poder, para o qual é instrumental a pretensão do titular contra outros sujeitos.[72]

A função social vem então a se agregar ao elemento estrutural do direito, trazendo consigo a análise sobre as finalidades e os valores que devem ser alcançados através do desempenho do domínio sobre os bens. Sem cair na armadilha de estipular um alvo fixo a ser buscado pelo direito, é preciso compreender que não existe uma função da propriedade, mas, sim, funções que podem variar de acordo com o tipo de estatuto, com o tipo de propriedade sobre o qual se discute.

De toda forma, pode-se afirmar que a doutrina contemporânea reconhece na função social da propriedade um elemento que viabiliza a concretização de valores e termina por qualificar a própria extensão do poder que o titular exerce sobre o bem. Seria então a função social da propriedade dotada da capacidade de alterar a estrutura do domínio, inserindo-se em seu perfil interno e atuando como critério de valoração do exercício do direito.[73]

É equivocado imaginar a função social da propriedade como um limitador externo ao livre exercício dos poderes inerentes ao domínio por parte do titular. O antagonismo entre função social e liberdades amplas do titular mascara uma concepção ultrapassada que enxerga o direito de propriedade como um elemento monolítico, composto apenas de poderes e liberdades, sendo qualquer restrição ao exercício desses poderes um fator exógeno ao exercício do direito em si. Com esse raciocínio, o direito de propriedade se fecha no círculo vicioso dos egoísmos privados.

---

71. Tepedino, Gustavo. Contornos Constitucionais da Propriedade Privada. In: *Temas de Direito Civil*. Rio de Janeiro: Renovar, 2003. v. I, p. 269.
72. Santoro-Passarelli, Francisco. *Dottrine Generali del Diritto Civile*. 9. ed. Nápoles: Jovene, 2002. p. 71 (tradução livre).
73. Tepedino, Gustavo. Contornos Constitucionais... cit., p. 282.

Muito ao contrário, é importante perceber como a função social integra a essência do direito de propriedade, uma vez que os elementos estruturais e funcionais, como visto no início do presente estudo, compõem o direito em si.

A Constituição Federal, ao dispor sobre o direito de propriedade, insere a sua disciplina no rol dos direitos fundamentais, sendo a sua tutela constante do art. 5º, XXII, e logo no inciso seguinte determina que "a propriedade atenderá a sua função social". Da mesma forma, a propriedade privada e a sua função social são também reconhecidas constitucionalmente como princípios da ordem econômica (art. 170, II e III).

De forma mais específica, ao tratar dos planos diretores, como instrumento para a ordenação das "funções sociais das cidades", em seu art. 182, a Constituição determina, no § 2º do referido dispositivo, que "[a] propriedade urbana cumpre sua função social quando atende às exigências fundamentais de ordenação da cidade expressas no plano diretor".

A disciplina da função social da propriedade rural é tratada, por sua vez, no art. 186, o qual assim está redigido:

> Art. 186. *A função social é cumprida quando a propriedade rural atende, simultaneamente, segundo critérios e graus de exigência estabelecidos em lei, aos seguintes requisitos:*
> *I – aproveitamento racional e adequado;*
> *II – utilização adequada dos recursos naturais disponíveis e preservação do meio ambiente;*
> *III – observância das disposições que regulam as relações de trabalho;*
> *IV – exploração que favoreça o bem-estar dos proprietários e dos trabalhadores.*

Ao não cumprir com os requisitos citados, o imóvel poderá ser desapropriado por interesse social, de acordo com os preceitos do art. 184 da Constituição Federal, sendo indenizado devidamente o seu titular. É justamente em casos como esse que o debate da função social da propriedade ganha corpo na jurisprudência brasileira, sendo o Judiciário não raramente chamado a se pronunciar em situações em que o particular busca provar que o exercício do seu direito de propriedade atendia, de alguma forma, aos elementos verificadores da função social, conforme constantes do art. 186, ou que o valor indenizatório não estaria compatível com o montante justamente devido.

O Código Civil, no já referido art. 2.035, parágrafo único, veda qualquer pactuação que infrinja os dispositivos daquele diploma que tutele a função social da propriedade. Adicionalmente, na legislação infraconstitucional, pode-se ainda mencionar a redação do art. 39 do chamado Estatuto da Cidade

(Lei nº 10.257/2001), que assim dispõe sobre a função social da propriedade urbana, de forma complementar à diretriz constitucional:

> *Art. 39. A propriedade urbana cumpre sua função social quando atende às exigências fundamentais de ordenação da cidade expressas no plano diretor, assegurando o atendimento das necessidades dos cidadãos quanto à qualidade de vida, à justiça social e ao desenvolvimento das atividades econômicas, respeitadas as diretrizes previstas no art. 2º desta Lei.*

A mesma lei ainda determina, de acordo com o seu art. 47, que "os tributos sobre imóveis urbanos, assim como as tarifas relativas a serviços públicos urbanos, serão diferenciados em função do interesse social".

Como mencionado, o debate sobre a função social da propriedade encontra grande respaldo na jurisprudência nacional, podendo-se citar como exemplos reiteradas decisões nas quais, versando sobre imóveis objeto de desapropriação, os tribunais mantêm o ato administrativo e o respectivo valor indenizatório concedido ao titular, refletindo desatendimento da função social daquele bem. Nesse sentido, veja-se a decisão abaixo do Superior Tribunal de Justiça:

> Administrativo. Desapropriação. Verificação de justa indenização. Não caracterização de simples valoração da prova. Óbice da Súmula 07/STJ. Juros compensatórios. Descabimento. Inexistência de atividade econômica no imóvel. Desvinculação de sua função social. Juros de mora. Incidência a partir do trânsito em julgado da sentença. Súmula 70/STJ. Honorários. Fixação com fundamento nas circunstâncias fáticas da lide. Impossibilidade de rejulgamento na via do recurso especial. Vedação ao reexame da prova.
> (...) 3. Inexistindo no imóvel expropriado atividade econômica compatível com a sua destinação, caracteriza-se o desvirtuamento de sua finalidade social, restando ausente razão de direito para a percepção de juros compensatórios.[74]

Tais hipóteses ilustram que o espectro de atuação do titular do direito de propriedade apenas é legitimado pela observância da função social. Mais do que um limite, a função é um elemento interno que atribui reconhecimento ao exercício do direito. Os poderes que possui o titular são assim definidos de acordo com – e em razão do – cumprimento da função social.[75]

---

74. STJ, REsp 628141/AC, Rel. Min. José Delgado; j. 14/09/2004.
75. Tepedino, Gustavo; Moraes, Maria Celina Bodin de; Barbosa, Heloisa Helena (Orgs.). *Código Civil Interpretado conforme a Constituição da República*. Rio de Janeiro: Renovar, 2006. v. II, p. 9.

O reconhecimento do papel desempenhado pela análise funcional no direito civil, como reportado ainda que brevemente nos exemplos retirados do contrato e da propriedade, avança de forma notória e tem servido de balizamento para uma série de decisões judiciais.

A doutrina, da mesma forma, tem se referido à análise funcional para explicar os mais diversos institutos, promovendo uma verdadeira reforma valorativa no exercício de direitos subjetivos de forma contrária às funções que deveriam desempenhar à luz do ordenamento. Todavia, a prática do direito civil centrada na neutralidade e no voluntarismo dos direitos ainda repercute em certos setores e temas que se apresentam ao doutrinador.

Um exemplo dessa transição por vezes difícil do discurso estrutural para a sua composição com a análise funcional pode ser encontrado na prática dos contratos de locação comercial, tratando-se aqui tanto da função social do contrato como da função social da propriedade. No que se refere aos limites do direito de retomada do imóvel por parte do locador para uso próprio, a lei de locações (Lei nº 8.245/1991) prevê, no seu art. 52, § 1º, que o locador, salvo se remunerar o locatário pelo fundo de comércio, não poderá exercer o mesmo ramo de atividade desempenhado então pelo locatário. É a redação do artigo:

> Art. 52. O locador não estará obrigado a renovar o contrato se: (...)
>
> II – o imóvel vier a ser utilizado por ele próprio ou para transferência de fundo de comércio existente há mais de um ano, sendo detentor da maioria do capital o locador, seu cônjuge, ascendente ou descendente.
> § 1º Na hipótese do inciso II, o imóvel não poderá ser destinado ao uso do mesmo ramo do locatário, salvo se a locação também envolvia o fundo de comércio, com as instalações e pertences.

Ao interpretar o referido artigo, Fábio Ulhoa Coelho afirma que, em tela, se está diante de um conflito entre o direito de inerência ao ponto do locatário e o direito de propriedade do locador. Esse conflito, na visão do autor, não conteria quaisquer conotações de interesse coletivo, sendo estritamente uma querela sobre o exercício de dois direitos subjetivos que se fazem colidentes.

Segundo o autor, o direito de propriedade do locador teria proteção constitucional, e, sendo assim, não poderia ser flexibilizado em detrimento de uma exceção criada por lei infraconstitucional.[76] O fato de não se fazer qualquer

---

76. "Na locação empresarial, o direito do locatário de inerência ao ponto tem seu fundamento na lei ordinária (LL, art. 51). De outro lado, o direito de propriedade do locador é constitucionalmente garantido (CF, art. 5º, XXII). Por esta razão, a tutela do interesse na renovação do contrato de

menção à função social da propriedade é sintomático de uma percepção que toma o direito de propriedade em contornos frequentemente pouco suscetíveis à ponderação. Ao contrapor os dois interesses, assim o autor se manifesta sobre a proteção constitucional da propriedade:

> Quando o direito de propriedade do locador entra em conflito com o direito de inerência a ponto do locatário, está em oposição uma simples oposição de interesses privados, individuais. Nem sequer compromete a continuidade da empresa explorada pelo locatário, posto que a retomada do prédio significa, estritamente, apenas a mudança do local da exploração da atividade econômica. Neste contexto, não haveria razões para se invocar alguma restrição constitucional ao pleno exercício do direito de propriedade, de modo a se prestigiar o direito de inerência ao ponto. Nenhum interesse social ou metaindividual é atingido ou prejudicado, com a retomada do prédio pelo locador. Assim sendo, deve-se entender de modo absoluto e ilimitado a prerrogativa do locador de impedir a renovação compulsória do contrato de locação, sob alegação de uso próprio. Quer dizer, o locador pode manifestar oposição à renovatória, por pretender usar o bem diretamente, para quaisquer finalidades. Isto abrange desde a hipótese de moradia do locador e sua família, até a de exploração de atividade econômica idêntica à do locatário.[77]

O dispositivo da lei de locações é uma das situações em que a ampla autonomia da vontade cede espaço para uma análise funcional do direito, impondo a preservação de determinados interesses. Ao criar o dispositivo que veda o restabelecimento do locador no negócio desenvolvido pelo locatário, o legislador não o confronta com direito de propriedade, mas gera uma opção pela sua funcionalização, podendo-se assim questionar como o direito de propriedade, mesmo que previsto na Constituição, pode dialogar com outros interesses que instruem a sua função social e não ser exercido tão somente em prejuízo do

---

locação, que aproveita ao locatário, não pode importar o esvaziamento do direito real de propriedade titularizado pelo locador. Uma disposição de lei ordinária que contemplasse o locatário com uma tutela incompatível com a proteção à propriedade seria, com certeza, inconstitucional. Neste sentido, sempre que houver conflito entre os direitos – do locatário, voltado à renovação da locação, e do locador, no tocante ao uso pleno do seu bem –, prevalecerá o fundado no texto constitucional, em detrimento do previsto na legislação ordinária. Em outros termos, em determinadas situações, apesar de a locação atender aos requisitos do art. 51 da LL, ela não será renovada porque, se o fosse, o direito de propriedade do locador restaria desprestigiado. Ainda que a ação renovatória tenha sido aforada no interregno legal, com o estrito atendimento às condições estabelecidas, ela não deverá ser julgada procedente, porque um direito de índole constitucional não pode ser limitado por lei. A renovação compulsória do contrato de locação empresarial, com efeito, só terá validade se for compatível com o exercício do direito de propriedade pelo locador" (Coelho, Fábio Ulhoa. Op. cit., p. 102).
77. Coelho, Fábio Ulhoa. Op. cit., p. 103.

locatário (ou pelo menos com vantagem indevida sobre o trabalho desempenhado pelo mesmo). Desprestigiada também seria a função social do contrato de locação comercial, que, ao invés de possibilitar e estimular o desenvolvimento de negócios, terminaria por ceifar esse interesse em nome de uma tutela praticamente absoluta da autonomia privada consubstanciada no exercício do direito de propriedade do locador.

Nessa direção, o artigo da lei de locações tutela não apenas a função social da propriedade, mas também a função social do contrato de locação, que se transforma em incentivo para que locatários desenvolvam cada vez melhores negócios, seguros de que não sofrerão a retomada do imóvel sob o argumento de uso próprio para que o locador venha a se aproveitar do trabalho realizado no ponto (caso o fundo empresarial já não seja objeto da avença, vale lembrar). Trata-se de uma aplicação prática da análise funcional sobre o direito de propriedade, vinculada também às transformações do instituto contratual, na realidade brasileira.

Relacionando o papel desempenhado pela função nos dois institutos aqui exemplificados, pode-se dizer que

> [...]tal como observado em relação à propriedade, em que a estrutura interna do direito é remodelada de acordo com a sua função social, concretamente definida, e que se constitui em pressuposto de validade do exercício do próprio domínio, também o contrato, uma vez funcionalizado, se transforma em um **instrumento de realização do projeto constitucional** e das finalidades sociais definidas constitucionalmente.[78]

Com esses dois exemplos se encerra este primeiro capítulo do presente estudo, por meio do qual se procurou evidenciar como a análise funcional inova na compreensão do fenômeno jurídico, trazendo uma metodologia diferenciada de investigação científica e um entendimento que prioriza o atingimento de finalidades e valores no exercício dos direitos, como visto brevemente nas hipóteses da função social dos contratos e da propriedade.

---

78. Tepedino, Gustavo; Moraes, Maria Celina Bodin de; Barbosa, Heloisa Helena (Orgs.). *Código Civil Interpretado conforme a Constituição da República*. Rio de Janeiro: Renovar, 2006. v. II, p. 9.

2

O abuso dos direitos

O conhecimento sobre o papel desempenhado pela análise funcional dos direitos é fundamental para o estudo da teoria do abuso do direito. O abuso do direito é uma construção moderna que, buscando impor limites ao livre atuar do direito subjetivo, terminou por se inserir em um movimento de revisão da neutralidade encontrada na estrutura e no predomínio do voluntarismo, tão característicos do pensamento jurídico então em voga no início do século XX.

Da mesma forma, a análise funcional também se insere nesse movimento de transformação da reflexão jurídica, de tal forma que a compreensão sobre o binômio estrutura e função, oriundo da Teoria Geral do Direito, e a construção da figura do abuso, típico instrumento derivado dos trabalhos jurisprudenciais enfocando querelas de direito privado, encontraram amparos mútuos no decorrer do século passado, sendo hoje possível dizer que o fundamento que melhor explicita o abuso do direito é a sua verbalização como o exercício do direito que se vale da estrutura, mas viola o seu aspecto funcional.

Isso posto, o presente capítulo delineia os aspectos mais relevantes da construção da teoria do abuso do direito. Mais do que um amor pela história, o relato da sucessão de teorias que buscam ou buscaram explicar o fundamento da figura do abuso do direito auxilia na compreensão de (i) como o debate sobre o abuso se insere no panorama maior da ascensão da análise funcional; e (ii) permite evidenciar de plano as principais características do instituto do abuso conforme atualmente reconhecido, sobretudo, a sua desvinculação a aspectos subjetivos do titular do direito e o seu enquadramento como uma categoria distinta daquela dedicada aos atos ilícitos.

Este capítulo se inicia com um breve percurso histórico pelas teorias que se sucederam na tentativa de forjar a melhor explicação para esse inovador limite ao exercício dos direitos subjetivos. Embora o surgimento do abuso como figura autônoma tenha sido fruto de decisões dos tribunais franceses no final do século XIX e no início do século XX, o capítulo relata de forma breve a experiência romana e medieval sobre a limitação dos direitos não para afirmar que ali já existiria uma figura como o abuso do direito, o que não seria procedente, mas para evidenciar que, em maior ou em menor escala, sempre existiu uma limitação ao uso indiscriminado dos direitos.

Em seguida, narra-se o surgimento da figura do abuso na França e se passa em revista as razões para o repúdio que o mesmo encontrou por parte de grandes autores que buscavam refletir o paradoxo que a figura colocava para o pensamento jurídico. Partindo então da associação do abuso ao regramento moral das condutas, tese esposada por Ripert, são explorados em seguida os diversos matizes da teoria finalista do abuso do direito. Essa teoria, que encontrou em Josserand e Saleilles os seus principais defensores, ainda hoje repercute na forma pela qual o abuso do direito é compreendido, principalmente por terem sido esses autores que elevaram o elemento teleológico a aspecto fundamental para a compreensão do instituto, estreitando os laços com a análise funcional dos direitos.

O estado da arte da doutrina sobre o abuso reside na afirmação da carga valorativa existente em cada direito, podendo-se mencionar que o direito possui um verdadeiro elemento axiológico-normativo, que o impulsiona à promoção de valores no corpo social. Quando se comentarem as teorias que visam a explicar o abuso através do elemento axiológico-normativo, com destaque para as reflexões de Cunha de Sá, Castanheira Neves e Pietro Perlingieri, será importante perceber que não existe, necessariamente, uma ruptura entre a análise funcional e a percepção do elemento axiológico dos direitos. Muito ao reverso, é justamente através da análise funcional que se percebe que o direito deve ser exercitado em nome da promoção de valores que são previstos e incentivados à realização pelo próprio ordenamento jurídico.

2.1. A construção da teoria do abuso do direito

Para um instituto cunhado através de reiterados julgados proferidos no início do século passado, pode-se estranhar que o número das obras monográficas nacionais sobre o abuso do direito opte por iniciar o desenvolvimento do assunto relatando a experiência romana sobre o tema.[1]

---

1. *Vide*, por exemplo, Lautenschlager, Milton Flávio. *Abuso do Direito*. São Paulo: Atlas, 2007. p. 27, e Ferreira, Keila Pacheco. *Abuso do Direito nas Relações Obrigacionais*. Belo Horizonte: Del Rey, 2006. p. 15.

Pode-se eventualmente notar nessa abordagem dois equívocos que podem não conduzir à melhor compreensão do tema. De início, pressupor que o legado romano sobre o abuso do direito lançaria luzes sobre a forma pela qual o instituto foi concebido no início do século passado pelas cortes francesas significa a realização de um salto histórico de proporções assustadoras. Essa linha de raciocínio pode ser encontrada em boa parte dos trabalhos monográficos sobre o assunto, mas, mesmo com todas as repetições possíveis encontradas na doutrina sobre os brocardos romanos, hoje parece claro que os romanos não construíram uma teoria do abuso do direito,[2] nem mesmo uma teoria dos atos emulativos.

Sendo assim, o primeiro equívoco que se gostaria de evitar é a menção à experiência romana como forma de iluminar o desenvolvimento da teoria do abuso do direito, objeto de reiteradas decisões judiciais que são afastadas dos tempos romanos por, pelo menos, dezessete séculos. A menção rápida e eventual à experiência romana aqui desenvolvida serve ao único propósito de explicitar a tese de que nunca houve um império da vontade, como elemento principal do direito subjetivo, de forma absoluta. Em outras palavras, por mais que possa ser localizada no século XIX uma concepção extremamente voluntarista dos direitos subjetivos, eles sempre encontraram alguma limitação, de origem interna ou externa, maior ou menor, dependendo do espírito das construções jurídicas e do ambiente socioeconômico daquela época.

O segundo equívoco que se busca evitar é a criação de uma falsa noção de continuidade entre a experiência romana e as concepções atuais sobre o abuso do direito. Existe, na verdade, uma ruptura localizada entre a tradição romana e a forma pela qual se desenvolve o Direito Civil contemporâneo. Essa ruptura pode ser delineada na importância que os princípios fundamentais, em especial, e o texto constitucional, como um todo, passaram a irradiar para os campos de estudo tradicionais do direito privado.

O reconhecimento da força normativa da Constituição, a sua aplicação nas relações travadas entre particulares, a ascensão do princípio da dignidade da pessoa humana, por mais difícil que seja a sua concretização, são marcas da construção teórica moderna que divergem fundamentalmente em metodologia e em conteúdo daquela experiência de Direito Civil regente nos tempos romanos.

---

2. O que se nota na experiência romana que hoje pode ser estudada é apenas a proibição de atos pontuais em que restava claro o exercício de um direito com o intuito de prejudicar terceiros. Entende Pedro Baptista Martins que "[o]s romanos não construíram uma teoria do abuso do direito. Povo simples e rude, a formação de seu direito obedeceu às necessidades práticas da vida, sendo notório que os seus jurisconsultos não se preocupavam, em regra, com as generalizações" (In: *O Abuso do Direito e o Ato Ilícito*. Rio de Janeiro: Forense, 1997. p. 15).

Justamente por esse segundo motivo não se deve acoplar em um estudo sobre o abuso a percepção de que uma linha do tempo constante e coerente pode ser traçada desde os trabalhos deixados pelo direito romano.

Em particular, quando se trata de um instituto como o abuso do direito, essa concepção, além de equivocada, termina por gerar um grave prejuízo para a análise mais ampla de uma figura jurídica que ocupa papel de destaque na construção e no estabelecimento dos marcos anteriormente referidos do Direito Civil contemporâneo. O abuso do direito é um instituto que focaliza os grandes temas do Direito Civil atual, como os contornos do direito subjetivo, a aplicação do princípio da boa-fé objetiva e o reconhecimento que valores e a função dos direitos têm recebido na órbita da moderna doutrina e jurisprudência.

Pode-se dizer que o abuso do direito é uma pedra de suporte fundamental para a compreensão do Direito Civil contemporâneo e, por isso mesmo, não se deve confundir uma rápida pesquisa histórica com uma pretensa legitimação de qualquer visão sobre o instituto através do simples passar do tempo. Essa legitimação, se possível, remontaria a um percurso histórico de poucas décadas de construção teórica sobre o abuso do direito, motivo pelo qual o presente trabalho mencionou as transformações sofridas pelo conceito de direito subjetivo, inseridas dentro da ascensão da análise funcional, para que, a partir de tais transformações, possa ser montado um cenário de evolução da teoria do abuso do direito e possa ser contada então a sua trajetória nas leis, nos livros e nas decisões dos tribunais brasileiros.

2.1.1. As supostas origens do abuso

A teoria do abuso do direito apenas se desenvolveu com plenitude a partir das primeiras décadas do século XX, apesar de decisões esparsas do século XIX já tratarem o tema. Os estudos que buscam localizá-la em tempos anteriores identificam aplicações que já buscavam questionar a ideia de autonomia da vontade plena no exercício dos direitos, porém, através de contornos que somente foram lapidados na forma hoje conhecida a partir do referido período.

De qualquer forma, alguns autores identificam no período regido pelo direito romano desde um "âmbito favorável"[3] ao surgimento da figura do abuso do direito, até mesmo o traçado, mais ou menos direto, de uma linha evolutiva do direito romano até as concepções francesas do início do século XX.[4]

---

3. Bardesco, Antoine. *L'Abus du Droit*. Paris: Giard & Brière, 1913. p. 12.
4. Como parece indicar Louis Josserand ao analisar o direito romano e afirmar que as figuras criadas pelos pretores já se inserem na "marcha triunfal da teoria do abuso" (*De l'Esprit des Droits et de leur Relativité:* Théorie Dite de l'Abus des Droits. Paris: Dalloz, 2006. p. 4).

Ao se buscar as raízes da teoria do abuso no direito romano, a pesquisa fornece apenas ilações sobre os primórdios da teoria dos atos emulativos, ensaiada pelos romanos em algumas aplicações práticas e afirmada então na Idade Média. Ainda assim, os brocardos gerados pelo direito romano foram de certo modo contraditórios, pois, de início, não concebia a realização de um ato que devesse ser reprimido quando o titular de um direito dele se valia.

Nesse sentido, é atribuído a Paulo o brocardo *"nemo damnum facit, nisi qui id fecit, quod facere jus non habet"*.[5] O temperamento dessa expressão pode ser encontrado nos escritos de Cícero, quando se afirma que todo direito possui um limite, uma vez que *"summum jus summa injuria"*. Por fim, ao relatar a contribuição do direito romano para a teoria do abuso do direito, Clóvis Beviláqua afirma que os romanos perceberam que o limite do exercício do direito individual deveria residir na "ideia moral de solidariedade humana."[6] Justamente por isso, um novo brocardo teria se consolidado, explicitando que *"homines hominum causa esse generatos, ut ipsi se, aliis alii prodesse possint"*.

No direito romano, a atuação pretoriana recaiu especialmente sobre os limites do direito de propriedade. Questões relacionadas à utilização de água e litígios típicos de direitos de vizinhança ocupavam o espectro de debates sobre a forma pela qual o titular de um direito poderia se valer do mesmo.

A atuação dos pretores, ao reconhecer que o titular do direito não poderia utilizá-lo de forma a causar danos a terceiros, tinha por base regras de equidade e a constante necessidade de se reafirmar o apaziguamento do convívio social. Dessa forma, o que era proibido era a utilização excessiva do direito, para além de seu uso regular.

É comum a referência à vedação construída pelo trabalho pretoriano sobre a aplicação desmedida de castigos aos escravos quando a punição exagerada infligida aos mesmos se dá apenas para diminuir a garantia do credor de dívidas. Embora o escravo fosse considerado bem sujeito à propriedade do titular de tal direito, o referido exercício deveria ser evitado para que terceiros não sofressem prejuízos com a flagelação do escravo.

As regras processuais foram um campo criativo importante para o desenvolvimento de soluções que vedavam o exercício de direitos com o intuito de causar danos a terceiros. Centrada na figura do dolo, Menezes Cordeiro aponta a existência de três defesas que poderiam ser movidas pelo prejudicado contra

---

5. Tradução livre: "não causa dano a outrem senão quem faz aquilo a que não possui direito".
6. Embora, como afirma o mesmo autor, essa expressão seja uma redução a termos modernos de um sentimento antigo, que certamente poderia ser expressado de outra forma, mas com resultados semelhantes (Beviláqua, Clóvis. *Código Civil dos Estados Unidos do Brasil*. 6. ed. Rio de Janeiro: Editora Rio, 1975. v. I, p. 432).

quem voluntariamente se excedia com tais propósitos no exercício de seu direito: a *clausula doli*, a *actio de dolo* e a *exceptio doli*.[7]

A *clausula doli* era um instrumento pelo qual uma ou ambas as partes de um negócio acordavam sobre os efeitos decorrentes do fato de qualquer delas ter celebrado o contrato com dolo. A *actio de dolo* operava como uma defesa para aquele que buscava indenização contra alguém que havia agido com dolo. Por fim, a *exceptio doli* era a defesa, de natureza processual, mais comumente levantada pelo réu em ações dolosas.

A *exceptio doli* poderia ser utilizada em duas conformações assemelhadas, mas com finalidades e campos de atuação distintos. A *exceptio doli specialis* (ou *praeteriti*) era uma defesa voltada para a anulação de atos eivados de dolo, mais relacionada aos vícios da vontade e atuante de forma que, uma vez reconhecida em certa relação, todos os atos subsequentes ficariam afetados. Essa exceção terminou por gerar maiores reflexões no campo negocial, contribuindo para os estudos jurídicos futuros como um dos precedentes identificáveis no direito romano sobre o tratamento dos vícios na formação e na manifestação da vontade.

Já a *exceptio doli generalis* surgiu como um instituto de natureza eminentemente processual, expandindo posteriormente a sua área de atuação para o direito material, atuando como uma cláusula residual genérica movida para evitar qualquer pretensão cujo intuito único fosse causar prejuízos. Menezes Cordeiro ressalta que a *exceptio doli*, de forma geral, aparece no direito romano como uma defesa ligada aos *bonae fidei iudicia*, criando um vínculo de origem processual que, tempos mais tarde, tomaria feições substantivas.[8]

Como já dito, não havia no direito romano a construção de uma teoria geral sobre o uso abusivo do direito, mas apenas uma coletânea de decisões que buscavam, no caso concreto, impedir que um direito fosse exercido além de seus limites, causando danos a terceiros. A maior parte dessas decisões usava o

---

7. Cordeiro, Antonio Menezes. *Tratado de Direito Civil Português*. Coimbra: Almedina, 2005. v. I, tomo IV, p. 266.
8. Por mais que não se comungue com o entendimento de que existe uma trajetória histórica coerente que ligue a prática romana de vedação do dolo no exercício dos direitos à teoria do abuso do direito, não se pode deixar de mencionar o fato interessante de que já se percebia em Roma que os excessos no exercício do direito encontravam limites numa certa noção de boa-fé. Esse fato demonstra como a boa-fé, ainda que despida de suas complexidades modernas, parece carregar consigo uma ideia robusta de limitação da liberdade de atuação dos direitos. De qualquer forma, os romanos não construíram uma teoria geral que ligasse fundamentalmente a *exceptio doli* e a boa-fé, já que, como afirma Antonio Menezes Cordeiro, "[o]s casos em que o pretor acedia a colocar a fórmula da *exceptio doli* – e o sentido da sua aplicação nos *bonae fidei iudicia* – não eram objeto de enunciação abstracta o que, postulando uma sistemática de tipo moderno, não corresponderia ao espírito do *ius romanum*" (*Da Boa-Fé no Direito Civil*. Coimbra: Almedina, 2007. p. 721 e segs.).

recurso à equidade, instrumentalizada através das figuras indicadas, para vedar o exercício pretendido do direito.[9]

Na Idade Média, a partir dos fundamentos lançados pelo trabalho pretoriano, tornou-se possível a formulação de uma teoria dos atos emulativos, com atuação destacada na resolução de questões envolvendo o direito de vizinhança. A teoria dos atos emulativos, ou *emulatio*, consistia na afirmação de que deveria ser proibido o exercício de um direito que, sem gerar benefícios para o seu titular, causasse prejuízos a terceiros. Têm-se, portanto, dois elementos para a caracterização do ato emulativo: a ausência de benefício próprio e o prejuízo originado a outrem.

Os atos emulativos encontraram grande campo de reconhecimento na Idade Média pelo próprio ambiente no qual se desenvolviam as relações sociais. Se é verdade que "a rixa, a briga, a altercação são a substância da vida medieval",[10] não é de se estranhar que a vedação aos atos que buscam apenas prejudicar terceiros tenha surgido diante de tal cenário de disseminada patologia nas relações jurídicas.

O próprio brocardo que simboliza a construção da teoria dos atos emulativos ("*malitia non est indulgenda*") reproduz um comando que permite perceber que nas situações pautadas pela malícia, pelo interesse ardiloso de causar mal a terceiros (obtendo, na maior parte das vezes, vantagens para si), a vontade do titular de um direito não poderia prosperar. O brocardo teria surgido quando da consulta ao jurista Pistoia sobre a possibilidade de um vizinho abrir, na parede de seu edifício, uma janela com o único intuito de poder observar o interior de um convento de freiras.[11]

A teoria do ato emulativo, outra das supostas origens do abuso do direito, representaria uma concepção de caráter subjetivo do abuso, uma vez que a proibição do comportamento deveria estar atrelada à vontade do titular em causar dano a terceiros. Essa é, inclusive, uma das razões pelas quais a teoria dos atos emulativos foi, muito depois, superada pela construção da figura do abuso do direito.[12] Ao se compreender o abuso do direito como hoje se faz, destacado de

---

9. Ao refletir sobre a atuação dos juristas romanos, Carlos Sessarego afirma que "a sua atitude foi tópica, razão pela qual os jurisconsultos romanos não se preocuparam em agrupar e sistematizar os elementos dispersos com o deliberado propósito de elaborar uma teoria geral do abuso do direito" (*Abuso del Derecho*. Buenos Aires: Depalma, 1992. p. 98). Em sentido contrário, identificando no trabalho dos jurisconsultos romanos uma verdadeira construção teórica sobre o tema, *vide* Dantas, San Tiago: "Os grandes jurisconsultos que, nas suas respostas deram triunfo à *aequitas* sobre os princípios estritos do direito civil, todos eles, foram os primeiros teóricos do abuso do direito" (*Programa de Direito Civil*. Rio de Janeiro: Forense, 2001. v. I, p. 316).
10. Dantas, San Tiago. Op. cit., p. 316.
11. Dantas, San Tiago. Op. cit., p. 316.
12. Como lembra Thiago Rodovalho: "Em verdade, na Idade Média, vê-se mais o estudo da *aemulatio*, instituto até próximo, mas que não se confunde com o abuso de direito, posto que a emulação

uma investigação subjetiva sobre o querer do titular de um direito, permite-se que a sua aplicação seja mais efetiva, fugindo de eventuais impedimentos encontrados na análise psicológica do agente.

Um segundo motivo pelo qual a teoria dos atos emulativos perde em aplicação para a teoria do abuso do direito reside na própria peculiaridade dos eventos que motivam o seu manejo. Embora grande parte dos casos que motivaram a afirmação da teoria do abuso do direito no início do século XX tenha envolvido atos de natureza emulativa, a sua ocorrência é sem dúvida menor do que a dos atos simplesmente abusivos. Como lembra San Tiago Dantas, os exemplos de atos emulativos são "raros e pitorescos".[13]

De toda forma, a teoria dos atos emulativos desempenhou um relevante papel no apaziguamento de conflitos na Idade Média, gerando a oportunidade para os jurisconsultos desenvolverem sobre o legado romano uma verdadeira construção teórica limitadora do exercício dos direitos. Essa teoria atravessaria a Idade Média e geraria reflexões mais modernas, especialmente quando da confecção das grandes codificações de meados do século XIX.

2.1.2. O Código Civil francês e o BGB

A ausência ou a forma pela qual se deu a presença do sancionamento aos atos emulativos em alguns relevantes códigos do século XIX e início do século XX determinaram, em grande medida, os contornos da construção do abuso do direito em determinados países da família romano-germânica. Pode-se afirmar que a vinculação entre abuso e boa-fé, a identificação do abuso com o ato ilícito e outras características fundamentais da construção de sua teoria no século passado têm as suas raízes no modo pelo qual a vedação aos atos emulativos, de forma específica, e as limitações ao exercício dos direitos subjetivos, de forma geral, figuraram nas grandes codificações, com destaque para o debate sobre o tema existente na França e na Alemanha no referido período.

Tanto o Código Civil francês de 1804 como o Código Civil alemão (BGB) de 1900 são expressões do pensamento jurídico burguês, privilegiando o individualismo, os preceitos do liberalismo econômico e conferindo maior destaque às relações patrimoniais do que àquelas de caráter extrapatrimonial.

Todavia, se é certo que ambos os códigos foram elaborados a partir de um manancial ideológico comum, a forma de positivação desses preceitos diferiu

---

vem calcada no *animus* do agente, na *intenção* de prejudicar alguém. Podemos até compreender a emulação como uma ideia contida (abarcada) pelo instituto do abuso de direito (*como se disséssemos: todo ato emulativo é um abuso de direito; mas nem todo abuso de direito é um ato emulativo*), mas a recíproca não é verdadeira" (*Abuso de Direito e Direitos Subjetivos*. São Paulo: RT, 2011. p. 96).
13. Dantas, San Tiago. Op. cit., p. 317.

bastante de um para outro. Nesse sentido, o Código francês tem na figura do indivíduo o seu principal elemento, tornando a sua proteção positivada através da afirmação dos direitos subjetivos enquanto emanação da soberana vontade individual. A forma mais utilizada de garantir essa supremacia do poder individual seria a instituição de direitos inalienáveis.

Ainda que a proteção do indivíduo tenha sido também um fator preponderante na positivação de direitos no BGB, o Código alemão terminou por apresentar uma alternativa distinta daquela escolhida para o Código francês, tornando o direito objetivo o instrumento através do qual são garantidos uma série de direitos subjetivos aos seus respectivos titulares. Afirmava-se, dessa forma, o papel do Estado na concessão e na tutela dos direitos subjetivos particulares,[14] embora essa atuação estatal não tivesse, a princípio, qualquer função de redução das desigualdades, servindo apenas para assegurar os direitos então concedidos.

Na França, o Código Civil representou a positivação das conquistas alcançadas pelo movimento revolucionário, sepultando os privilégios discriminatórios do Antigo Regime e instaurando um sistema jurídico de crença na vontade individual livre e soberana, atuante em um ambiente pautado pela igualdade formal.

Os direitos garantidores desse espectro de liberdade assegurado ao indivíduo foram positivados de forma a resguardar o seu caráter absoluto, não se admitindo, em tese, a sua flexibilização. Contudo, uma série de situações práticas prontamente colocou em xeque o caráter absoluto e ilimitado de tais direitos, manejados até então com a mínima interferência estatal nos assuntos destinados ao julgo particular.

A jurisprudência francesa foi chamada a decidir sobre casos em que a vontade livre e soberana do titular de um direito subjetivo, ao ser exercida, causava danos a terceiros, titulares esses também de direitos subjetivos, cujo desempenho era prejudicado pelo exercício do direito daquele primeiro titular. Com pouco mais de um século de vigência do Código, a sua concepção de direitos subjetivos regidos pelo império da vontade livre e soberana sofreu uma revisão demandada pelos efeitos do exercício dos mesmos direitos.

As decisões que inauguraram o debate sobre uma figura que viria a ser reconhecida como o "abuso do direito", a partir de meados do século XIX, não tinham como se basear em um dispositivo do Código Civil que proibisse os atos de natureza emulativa de modo geral, pois esse artigo jamais existiu no Código francês, ao contrário da positivação ocorrida na Alemanha. Sendo assim, o fundamento para se proibir o exercício de um direito que causava danos a terceiros

---

14. Van Caenegen, R. C. *História do Direito Privado*. São Paulo: Martins Fontes, 1995, p. 143.

foi retirado do art. 1.382 do *Code*, segundo o qual: "[q]ualquer fato do homem que cause dano a outrem obriga esse, em razão de sua culpa, a repará-lo."

Como os casos iniciais julgados pela jurisprudência francesa foram típicos casos envolvendo atos emulativos, e o *Code* sobre o tema não se pronunciava expressamente, esse silêncio da legislação e o uso que a jurisprudência fez do art. 1.382 acabaram se tornando determinantes para a forma pela qual a teoria do abuso do direito veio a se constituir no direito francês.

A principal consequência desse enquadramento do tema, valendo-se de um artigo que tipicamente encerra o princípio do *neminem laedere*, consistiu na aproximação do abuso do direito ao sistema da responsabilidade civil, tornando-se o abuso uma espécie do tradicional ato ilícito. Consequentemente, ao enfocar os atos emulativos, e ao se aplicar o artigo sobre atos ilícitos, essa origem do abuso do direito na jurisprudência francesa foi pautada por uma concepção subjetiva, demandando-se a existência de culpa para a caracterização do exercício de um direito como abusivo.[15]

A elaboração do BGB, por sua vez, foi pautada por diferenças metodológicas substanciais com relação àquelas que instruíram o Código Civil francês. Buscando uma sistematização que tinha as suas raízes na racionalidade da Pandectística, o BGB visa a alcançar o ideal positivista de completude do sistema através de uma forte disciplina conceitual. Adicionalmente, distinguindo-se da forma adotada pelo *Code*, o BGB substitui o capítulo inicial que tutelava as pessoas físicas, marco do individualismo da burguesia francesa, por uma "parte geral" do direito civil, que inclui a pessoa dentro de um conjunto que também envolve a disciplina dos bens, dos negócios e dos efeitos da passagem do tempo sobre as relações.

Os efeitos das duas formas de se conduzir os debates sobre os limites ao exercício dos direitos subjetivos são claros. Enquanto na França não havia dispositivo expresso sobre atos emulativos ou algum preceito genérico sobre os limites para o exercício dos direitos, que não o preceito de *neminen laedere*, a Alemanha se viu com um novo código que não apenas dispunha expressamente sobre os atos emulativos, como ainda continha outros dispositivos que poderiam ser interpretados como formas de limitar a vontade do titular do direito subjetivo que abusa do mesmo.

---

15. Ainda assim, o entendimento de que o exercício do direito de propriedade poderia ser limitado, intervindo o juiz na forma pela qual o proprietário decide como explorar o seu bem representa um "temperamento considerável ao individualismo do Código Civil e ao egoísmo", abrindo espaço para uma percepção no sentido de que "os direitos do indivíduo não são absolutos, devendo cada um, no exercício do seu direito, levar em conta os interesses sociais em adição aos seus próprios", conforme exposto por Mazeud, Henri *et al. Leçons de Droit Civil*. Paris: Montchrestien, 2000. v. I, tomo I, p. 96, *tradução do autor*.

Sendo assim, a missão de construir a figura do abuso do direito na França coube à jurisprudência que, a partir de típicos casos de atos emulativos, criou condições para o desenvolvimento doutrinário do tema para além dos limites da análise subjetiva demandada em tais situações. Na Alemanha, por sua vez, a construção do abuso do direito nasceria de dispositivos expressos do Código sobre os próprios atos emulativos e sobre algumas limitações a serem aplicadas sobre o atuar do direito subjetivo, com destaque para o princípio da boa-fé.

O BGB dispôs expressamente sobre os atos emulativos em seu art. 226, ao determinar que: "O exercício de um direito não está autorizado quando tenha por objetivo senão causar prejuízo a outrem".[16] Por exigir o exclusivo intento de causar dano a terceiros, esse dispositivo gozou de difícil configuração prática, conforme já discutido quando da análise dos atos emulativos. De toda sorte, trata-se de uma proibição expressa aos atos emulativos a se juntar com pelo menos outros dois dispositivos do Código alemão a reforçar a existência de limites impostos ao exercício dos direitos.

Em seguida, o art. 826 traz uma redação que visa a coibir a prática de atos danosos, possuindo a particularidade de aumentar o seu espectro de atuação através da inclusão da infração aos "bons costumes". Esse detalhe será relevante para a construção futura da figura do abuso como um exercício do direito que causa dano a e/ou afronta os bons costumes preservados naquela sociedade. Diz o mencionado artigo que: "Quem causa intencionalmente a outrem um dano de modo contrário aos bons costumes está obrigado a reparar o dano."

Além de dispor sobre a vedação aos atos emulativos e àqueles que violam os bons costumes, a doutrina interpretou o art. 242 do BGB de forma a criar na figura da boa-fé um outro limite ao exercício dos direitos subjetivos em geral. Segundo o referido artigo: "o devedor está adstrito a realizar a prestação tal como exija a boa-fé, com consideração pelos costumes do tráfego."

Dessa forma, o BGB se desvincula de um matiz subjetivista na análise do abuso no exercício do direito, típica dos atos emulativos, e cria as bases para o desenvolvimento de uma figura como o abuso do direito pautado por critérios de ordem objetiva no decorrer do século XX.

Uma vez identificadas as supostas origens do abuso do direito na Idade Antiga com os trabalhos dos pretores e jurisconsultos, e na Idade Média, através do surgimento da teoria dos atos emulativos, além de sua representação nas codificações francesa e alemã, cumpre avançar para o relato e discussão das construções teóricas que se debruçaram sobre o abuso do direito propriamente dito.

---

16. San Tiago Dantas lembra que a inserção do artigo sobre atos emulatórios no BGB se deu na última votação do projeto no Parlamento (*Reichstag*), motivo pelo qual o dispositivo contrasta com toda a sistemática do Código (*Programa de Direito Civil*. Rio de Janeiro: Forense, 2001. v. I, p. 317).

Como visto, a sua primeira configuração se dá através de decisões esparsas da jurisprudência francesa a partir de meados do século XIX, afirmando-se apenas no início do século XX, refletindo então a ausência de um dispositivo expresso sobre atos emulativos ou uma cláusula geral que limitasse o exercício dos direitos ao respeito aos bons costumes ou à boa-fé, como existiu no Código Civil alemão.

Contudo, o nascimento da teoria do abuso do direito não foi isento de críticas e ceticismo com relação à nova figura que se procurava introduzir no ordenamento jurídico. Para se estabelecer as bases sobre as quais foi formada uma primeira visão do abuso do direito é preciso analisar as referidas decisões e investigar os motivos pelos quais autores renomados negavam a existência ou o proveito da nova figura.

2.1.3. O surgimento da teoria e a negação de sua autonomia científica

Na coletânea de decisões proferidas pelos tribunais franceses a partir de meados do século XIX até o início do século XX não se encontra a menção a uma "teoria do abuso do direito".[17] Essa denominação foi cunhada por Laurent que, ao se debruçar sobre as referidas decisões enfocando os limites ao exercício do direito subjetivo, nelas identificou um padrão que poderia servir de base para a criação desse novo instituto.

Uma das decisões mais notórias nesse período histórico é aquela proferida em 1853, na qual um tribunal francês obrigava o proprietário de um terreno a destruir uma chaminé que havia edificado, segundo constou do processo, apenas para fazer sombra sobre um terreno adjacente, retirando assim a luminosidade de seu vizinho.[18]

Por ser um dos episódios mais referidos desse momento de criação do abuso, vale destacar a decisão do caso Clement Bayard, decidido pela Corte de Amiens, em 1912. A referida decisão analisou a conduta do proprietário de um terreno vizinho a um campo de pouso de dirigíveis que construiu, sem maiores justificativas, uma estrutura de torres com pontiagudas extremidades de ferro, o que colocava em risco a circulação dos dirigíveis. A Corte de Cassação reconheceu que o titular do terreno estaria agindo de forma abusiva ao destinar tal uso à sua propriedade e responsabilizou o réu por sua conduta.[19]

---

17. No início da segunda década do século XX a doutrina francesa debatia qual seria o fundamento que permitiria unir todas as decisões que restringiam o exercício do direito de propriedade pelo seu titular, posicionando-se alguns autores no sentido de que aquele corpo de decisões seria melhor compreendido por meio da inovadora figura do "abuso do direito". Nessa direção, *vide* Charmont, Joseph. *Transformations du Droit Civil*. Paris: Armand Colin, 1912. p. 208.
18. Cunha de Sá, Fernando. *Abuso do Direito*. Coimbra: Almedina, 2005. p. 52.
19. Conforme sintetiza Renato Duarte Franco de Moraes: "A base para a decisão então proferida foi a constatação da intenção maliciosa decorrente da absoluta falta de utilidade da construção

Capitant relata ainda, nos domínios do direito de vizinhança, que a expansão dos aparelhos de rádio serviu para gerar um conjunto de decisões interessantes na jurisprudência francesa, especialmente nos anos 1930, limitando o exercício do direito do proprietário que perturbava o sossego alheio com o volume no qual escutava as transmissões radiofônicas.[20]

Em todos os casos mencionados da jurisprudência francesa pode-se perceber a existência de alguns elementos típicos da teoria dos atos emulativos, como a ausência de vantagem para o titular do direito e a ocorrência de prejuízos a terceiros.

De toda forma, a jurisprudência francesa original deve ser louvada por ter afirmado a existência de limites no exercício do direito subjetivo e, o que talvez seja mais sintomático, em casos envolvendo o direito de propriedade, direito subjetivo modelo das codificações oitocentistas, resultantes estas de período fortemente marcado por concepções individualistas.[21]

Todavia, grande parte desses casos apreciados no início do século passado tratava de limitações ao exercício de um direito subjetivo para que ele não prejudicasse o proveito de outro direito subjetivo. Isto é, o fator que motivava a imposição de limites não era a percepção de que aquele exercício do direito contrariava a sua função ou o valor que o ordenamento buscava preservar através de sua concessão; muito ao reverso, as decisões aqui comentadas limitavam um direito para preservar o exercício de outro, atendendo a demandas de caráter eminentemente particulares. Não existia qualquer referência ainda à função social de um determinado direito.

De toda forma, a jurisprudência francesa possui méritos por erigir um limite ao direito subjetivo não expresso na lei. Contudo, a formulação de uma teoria mais ampla somente haveria de se realizar em momento seguinte.

O Código Civil francês, como visto, não dispunha sobre o abuso do direito, e nem mesmo sobre a vedação dos atos emulativos, estando embrenhado no conceito absolutista do direito subjetivo e do senhorio de seu titular para decidir

---

realizada. Em outras palavras, a corte francesa concluiu que haveria dolo por parte do responsável pelas lanças em razão de se constatar que o único uso que poderia advir dessas construções seria o prejuízo ao proprietário do hangar de dirigíveis" (A Responsabilidade pelo Abuso de Direito – O Exercício Abusivo de Posições Jurídicas, a Boa-Fé Objetiva e o Código Civil de 2002. In: Barroso, Lucas Abreu (Org.). *Introdução Crítica ao Código Civil*. Rio de Janeiro: Forense, 2006. p. 80).
20. Capitant, Henri. *Les Grands Arrêts de la Jurisprudence Civile*. Paris: Dalloz, 1950. p. 283.
21. O entendimento de que o exercício do direito de propriedade poderia ser limitado, intervindo o juiz na forma pela qual o proprietário decide como explorar o seu bem representa um "temperamento considerável ao individualismo do Código Civil e ao egoísmo", abrindo espaço para uma percepção no sentido de que "os direitos do indivíduo não são absolutos, devendo cada um, no exercício do seu direito, levar em conta os interesses sociais em adição aos seus próprios", conforme exposto por Mazeud, Henri *et al*. Op. cit., p. 96.

como melhor dele se valer. As limitações aos direitos subjetivos deveriam constar expressamente da lei.

Baseados nessa concepção restrita das limitações impostas ao exercício do direito subjetivo, ou mesmo na inexistência da própria categoria dos direitos subjetivos, sob os quais se abusaria, diversos autores combateram a autonomia científica da figura do abuso do direito. Dentre as várias vertentes dessas teorias negativistas, pode-se mencionar aquelas que negavam o abuso do direito como resultado lógico da própria negação do conceito de direito subjetivo, como Duguit e Kelsen, ou mesmo aqueles que negavam a existência do abuso por ser o instituto uma verdadeira incongruência, conforme defendeu Planiol.

A negação do próprio conceito de direito subjetivo por Duguit leva o autor a não reconhecer a existência do abuso do direito. Contudo, algumas das linhas-mestras do pensamento do autor, de forma até mesmo paradoxal, contribuíram em muito para o fortalecimento das premissas da teoria do abuso do direito. Isso ocorre porque, se é verdade que o autor busca refutar o individualismo que seria inerente ao próprio conceito de direito subjetivo, e assim consagrar um papel para o chamado solidarismo social, mesmo sem trabalhar com a categoria em questão, Duguit constrói pontes para a crescente limitação do exercício egoísta dos direitos.

Dessa forma, o positivismo sociológico, no qual o autor baseia os seus estudos, atua como uma forma diversa, porém bastante difundida, de compreensão sobre a limitação do agir individual de acordo com a preponderância da vontade sobre quaisquer outras condicionantes.

De início, tanto para Duguit como para Kelsen não haveria uma pré-existência do indivíduo com relação ao Estado e à imposição de seu corpo de regras. Essa particularidade do pensamento positivista, presente na sua matriz sociológica por Duguit e na sua matriz normativa por Kelsen, explica em alguma medida por que o direito subjetivo ocupa um papel menor do que o direito objetivo, ou mesmo tem a sua existência negada, pelos autores que partilham dessa corrente de pensamento.

A vontade individual, criadora de direitos subjetivos, é retratada por Duguit como um conceito metafísico. Ao se ater à análise da realidade social e dela buscar compreender como surge e se impõe o Direito, o autor privilegia o fenômeno de criação do direito objetivo, sendo o direito subjetivo tomado apenas como um viés particular de análise do mesmo direito objetivo. Em outras palavras, só haveria de se falar de direito objetivo, sendo o exercício de direitos pelos indivíduos uma consequência da existência de um direito objetivo, que assim previamente lhe concedeu tal possibilidade.[22]

---

22. Pode parecer paradoxal falar em direito objetivo quando o autor em questão nega a existência de direitos subjetivos, embora discorde da existência do instituto, ele faz uso das nomenclaturas tanto de direito subjetivo como de direito objetivo em seus escritos, entendendo que, por força do uso

Adicionalmente, o exercício desses comportamentos autorizados pelo direito objetivo deveria obedecer a funções sociais, plasmadas num solidarismo que explicaria a relação entre os homens não através da afirmação de poderes individuais, mas apenas de situações jurídicas ativas ou passivas. Estas situações representariam "o efeito da aplicação do direito sobre o indivíduo".[23]

Ao negar o direito subjetivo, de imediato Duguit nega o abuso do direito, figura que, segundo o autor, comprovaria a falsidade da noção de direito subjetivo. Agir conforme o direito seria então agir conforme o direito objetivo.

As críticas que podem ser feitas ao pensamento de Duguit afirmam que negar o direito subjetivo e adotar a construção das chamadas situações jurídicas ativas representaria apenas uma mudança linguística. Embora com uma mudança de perspectiva, centrada mais no direito objetivo e na forma de seu exercício pelo indivíduo – comparativamente às teorias que enxergam no direito subjetivo uma fonte de poder da vontade individual –, a teoria do autor transforma menos a compreensão do fenômeno jurídico do que efetivamente pretendido. Nessa direção, afirma Cunha de Sá que

> estar autorizado pelo direito objetivo a pôr em movimento o mecanismo de coação por ele previsto em determinada hipótese de ataque à minha **situação jurídica**, em nada difere do meu sentimento de ter um direito e de os outros estarem obrigados a respeitar os bens, riquezas ou valores que são reconhecidos.[24]

Além disso, ao criticar de forma direta a noção de abuso do direito, é relevante perceber que o autor tinha em mente o fato de que apenas se poderia abusar de um direito subjetivo, e, se nem mesmo a essa categoria se reconhecia existência, não haveria por que se falar sobre abuso do direito. Nesse sentido, ao se compreender que o exercício abusivo pode ocorrer não apenas sobre direitos, mas também sobre uma série de outras figuras jurídicas, como as liberdades, faculdades, poderes e afins, tema esse a ser tratado mais à frente, percebe-se que eliminar a categoria dos direitos subjetivos não seria motivo suficiente para se eliminar também a figura do abuso.

Por outro lado, se o subjetivismo existente para a determinação do que seria uso regular ou exercício abusivo do direito também preocupava o autor e fazia com que ele buscasse refutar a existência de tal teoria do abuso do direito, é importante ressaltar que esse problema existe na estrutura da teoria aventada por

---

corrente nas literaturas francesa e alemã, "as expressões são adequadas e isso confere legitimidade ao respectivo emprego" (Duguit, Léon. *Fundamentos do Direito*. São Paulo: Ícone, 1996. p. 8).
23. Amaral, Francisco. *Direito Civil:* Introdução. 4. ed. Rio de Janeiro: Renovar, 2002. p. 185.
24. Cunha de Sá, Fernando. Op. cit., p. 302.

Duguit. Isto é, da mesma forma haveria entre o que o direito positivo permite e aquilo que se proíbe uma zona intermediária na qual residiria o abuso.²⁵

Em que pesem as críticas mencionadas, é interessante notar como a teoria de Duguit contribuiu para o fortalecimento dos fundamentos da teoria do abuso do direito, ainda que de forma indireta. Para defender a sua concepção de solidarismo social, e consequentemente criticar as bases individualistas sobre as quais sempre se apoiou a concepção de direito subjetivos, Duguit afirmava que as situações jurídicas desempenhavam determinadas funções no corpo social. Estas funções legitimariam as mesmas situações e o cumprimento da norma pelos indivíduos. Não se teria mais no centro da compreensão do exercício dos direitos a outorga de poderes de homens sobre homens, mas, sim, uma objetivação em torno da figura da função social.²⁶

Trata-se de uma substituição da vontade individual pelo atendimento às funções sociais como fator legitimador do exercício daquilo permitido pelo direito objetivo. Essa percepção se assemelha ao tratamento hoje dispensado ao tema no cenário de construção da teoria do abuso do direito como uma forma de limitação do exercício dos direitos individuais. A função social defendida por Duguit não seria, portanto, um obstáculo à compreensão da figura do direito subjetivo, mas, sim, um "verdadeiro pressuposto para o seu exercício".²⁷

Outra importante negação da teoria do abuso do direito, derivada do não reconhecimento do próprio direito subjetivo, pode ser encontrada na obra de Hans Kelsen. A concepção de direito a partir de sua estrutura, conforme proposto por Kelsen, levou, como já visto, a uma posição de preponderância do direito objetivo, fruto da normatização estatal. Se, em última instância, o principal foco das atenções do jurista deve recair sobre a norma, instrumento de coerção proveniente do Estado, pouco espaço é reservado para a construção de um direito

---

25. Cunha de Sá, Fernando. Op. cit., p. 298.
26. Pinheiro, Rosalice Fidalgo. *O Abuso do Direito e as Relações Contratuais*. Rio de Janeiro: Renovar, 2002. p. 71. Conforme explicita o próprio Duguit: "Estabelecido o direito objetivo na solidariedade social, o direito 'subjetivo' daí deriva, direta e logicamente. E sendo todo indivíduo obrigado pelo direito objetivo a cooperar na solidariedade social, resulta que ele tem o 'direito' de praticar todos aqueles atos com os quais coopera na solidariedade social, refutando, por outro lado, qualquer obstáculo à realização do papel social que lhe cabe. O homem em sociedade tem direitos; mas esses direitos não são prerrogativas pela sua qualidade de homem; são poderes que lhe pertencem porque, sendo homem social, tem obrigações a cumprir e precisa ter o poder de cumpri-las. Esses princípios diferem da concepção de direito individual. Não são os direitos naturais, individuais, imprescritíveis do homem que fundamentam a regra de direito imposta aos homens em sociedade. Mas, ao contrário, porque existe uma regra de direito que obriga cada homem a desempenhar determinado papel social, é que cada homem goza de direitos – direitos que têm assim, por princípio e limites, o desempenho a que estão sujeitos" (*Fundamentos do Direito*. São Paulo: Ícone, 1996. p. 27-28).
27. Cunha de Sá, Fernando. Op. cit., p. 305.

subjetivo compreendido como veículo de promoção da vontade ou mesmo como "interesse juridicamente protegido", conforme formulado por Ihering.[28]

A obra de Kelsen apresenta uma negação do direito subjetivo de forma mais tênue do que aquela defendida por Duguit. Isso porque o problema kelseniano reside na investigação do direito positivo, das normas jurídicas produzidas pelo Estado que, ao se voltar aos indivíduos, terminam por lhes atribuir uma série de encargos e prerrogativas. Essa visão do fenômeno jurídico não apenas elimina a dualidade entre direito subjetivo e objetivo, conforme tradicionalmente concebida, como também retira qualquer necessidade de se discutir sobre a existência de um eventual abuso do direito.

A principal e mais notória negação da figura do abuso do direito surgiu com os trabalhos de Marcel Planiol. O pensamento de Planiol, e de tantos outros autores que negaram a existência do abuso do direito, possui algumas linhas distintivas que devem ser demarcadas com relação à negação da figura do abuso conforme encontrado nas obras de Duguit e Kelsen.

De início, tanto Duguit como Kelsen negam a existência do abuso do direito como consequência direta de seu próprio não reconhecimento da figura do direito subjetivo. Esta particularidade, como já ressaltado, é mais presente no primeiro do que no último autor. Adicionalmente, se é verdade que Planiol reconhece a noção de direito subjetivo, o fato de seu pensamento estar inserido no contexto de forte matiz individualista e liberal pode ser apontado como uma das principais razões para a não aceitação do abuso do direito.

Segundo a conhecida afirmação de Planiol, a expressão "abuso do direito" seria uma logomaquia, constante na contradição existente entre os termos "abuso" e "direito". Para o autor, os conceitos de abuso e de direito seriam excludentes, não podendo haver abuso de direito. Nesse sentido, na ocorrência de "abuso do direito" estar-se-ia caracterizando a ausência de um direito.[29]

Josserand, ao criticar a doutrina de Planiol, atribuiu à conclusão do autor a ocorrência de um equívoco derivado da pluralidade de acepções existentes para a palavra direito. Segundo o autor, se por um lado direito pode representar apenas um poder, um direito subjetivo, ele também pode fazer referência ao "conjunto

---

28. "Nesta definição se define por forma particularmente clara o dualismo característico da jurisprudência tradicional que contrapõe o direito em sentido subjetivo ao direito em sentido objetivo. Este dualismo contém em si uma contradição insolúvel. Se o Direito em sentido objetivo é a norma, ou um sistema de normas, uma ordem normativa, e o direito subjetivo é, por sua vez, algo de inteiramente diferente, a saber: interesse, o direito subjetivo e o Direito objetivo não podem ser subsumidos a um conceito genérico comum. E esta contradição não pode ser afastada pelo fato de se admitir, entre o direito objetivo e o direito subjetivo, uma relação que consista em este ser considerado como um interesse protegido por aquele" (Kelsen, Hans. *Teoria Pura do Direito*. São Paulo: Martins Fontes, 2003. p. 148).
29. Planiol, Marcel. *Traité Élémentaire de Droit Civil*. Paris: LGDJ, 1926. t. II, p. 298 e segs.

de regras sociais", ou, melhor dizendo, ao direito objetivo. Sendo assim, a teoria negativista poderia ser refutada através da percepção de que um determinado ato pode ser conforme o direito subjetivo, mas ir contrariamente ao direito objetivo.[30]

Embora a aceitação da teoria começasse a crescer entre os autores, alguns problemas terminológicos precisavam ser superados. Nesse particular é importante perceber que a teoria se denominou abuso "do" direito e não "de" direito. Isso ocorre porque o ato abusivo em si não está se valendo do direito objetivo, do ordenamento como um todo, mas apenas do direito subjetivo, "do" direito em questão.

Outras designações foram propostas, como "excesso de direito", "desvio de direito" ou "conflito de direitos". Mais modernamente, Menezes Cordeiro sugeriu que a teoria fosse denominada "exercício inadmissível de posições jurídicas", o que, inclusive, atende à necessidade de se perceber que o direito subjetivo não é o único objeto de abuso por parte de seu titular, conforme será tratado mais à frente.

Uma vez afirmada a existência da teoria do abuso do direito na então incipiente doutrina, baseada na sua utilização gradativa pela jurisprudência, restava ainda se alcançar algum consenso sobre os fundamentos da mesma teoria. Nesse ponto, várias correntes podem ser citadas, com destaque para aqueles que enxergavam no abuso do direito (i) um reflexo da regra moral das obrigações, (ii) uma derivação do caráter finalístico dos direitos, ou (iii) uma consequência do reconhecimento do papel desempenhado pelo valor no exercício dos direitos. Os tópicos a seguir tratam dessas três interpretações para o fundamento da teoria do abuso do direito.

2.1.4. O abuso e a regra moral das obrigações

Na busca por um fundamento que explicasse o instituto do abuso do direito, ganhou notoriedade a tese, liderada por Georges Ripert, de que a essência da proibição do comportamento abusivo residira em elemento externo ao próprio direito, isto é, poderia ser encontrado, não em questões estritamente jurídicas, mas, sim, em considerações de natureza moral. A própria vinculação de sua perspectiva com aspectos predominantemente externos à análise jurídica é evidenciada pelo autor ao afirmar que "a teoria do abuso do direito é toda inspirada pela ideia moral e não penetra no domínio jurídico senão de maneira limitada".[31]

---

30. Josserand, Louis. Op. cit., p. 330 e segs.
31. Ripert, Georges. *A Regra Moral nas Obrigações*. Campinas: Bookseller, 2000. p. 168.

Sobre a regra moral, que fundamenta a sua teoria de abuso do direito, explicita o autor que ela pode ser concebida na sua **função normativa**, isto é, a utilização da moral como fator de caracterização do exercício de um direito, podendo se valer das formas jurídicas para através delas alcançar fins que são legitimados ou reprovados pela análise moral.[32]

A teoria desenvolvida por Ripert é pautada por um extremo subjetivismo, uma vez que o ato será reconhecido como abusivo na medida em que dois fatores concorrerem no seu exercício: (i) primeiramente, a **intenção** de prejudicar do titular do direito, que move o seu exercício imoral de forma a (ii) explorar a estrutura de um direito, dando a terceiros a **aparência** de que age conforme o direito, quando na verdade os motivos são outros, reprováveis pela regra moral.

Nesse sentido, o abuso como infração à regra moral se assemelha bastante à teoria dos atos emulativos, uma vez que busca uma razão subjetiva para proibir o ato abusivo, e essa razão será o intuito de prejudicar terceiro, ferindo o mandamento segundo o qual a ninguém é lícito, no exercício do próprio direito, lesar direito de outrem.

O ciclo de subjetividade da teoria seria encerrado quando o juiz, ao apreciar a abusividade de um comportamento, avaliasse a intenção do titular do direito exercido. Ripert afirma, nesse sentido, que "para apreciar o abuso é preciso que o juiz possa julgar o valor dos sentimentos que fazem agir uma pessoa."[33] Assim, o enfoque subjetivo na motivação de agir do titular do direito subjetivo, ao invés de criar um mecanismo para avaliar o abuso, criou verdadeiros obstáculos para a afirmação da teoria, demandando uma nova concepção de abuso que se mostrasse menos subjetiva e, de certa forma, mais conectada com uma análise jurídica que não tivesse as suas raízes em terreno estritamente externo ao direito, como acontece com a regra moral.[34]

---

32. Ripert, Georges. Op. cit., p. 24. Ao argumentar que a sua concepção de abuso do direito teria um forte componente social, sendo na verdade a conduta reprovada não por ser contra a moral, mas, sim, contra valores detidos pela sociedade, esclarece o autor que se pode mesmo afirmar que um ato abusivo seja antissocial, "mas não é antissocial senão numa sociedade dominada por uma moral em que o dever de não prejudicar voluntariamente o próximo está inscrito no decálogo. Porque, na aparência, o ato é perfeitamente social, visto ser praticado no círculo destinado à atividade de cada um de nós. É a intenção que o torna culpável e é pela sua infração ao dever moral que é declarado contrário ao direito" (Ripert, Georges. Op. cit., p. 187).
33. Ripert, Georges. Op. cit., p. 176.
34. Sobre a teoria da regra moral, esclarece Alexandre Guerra: "Há um conflito entre o direito positivo pertencente a uma pessoa e o dever moral que lhe incumbe. Nessa senda, sob o prisma de Ripert, são trazidos ao direito os fundamentos éticos, conquanto se possa vislumbrar problemas nessa atitude quando se pretende situar o problema do abuso puramente moral na intenção de prejudicar, assim regatando, em certo grau, a doutrina do Direito Natural e colocando a moral externa em grau superior, como impositiva ao direito constituído" (*Responsabilidade Civil por Abuso do Direito*. São Paulo: Saraiva, 2011. p. 117).

É importante notar que na teoria do abuso como infração à regra moral existe já uma preocupação de que o exercício do direito seja limitado por algum elemento que não esteja necessariamente sob o controle e à livre disposição de seu titular. Ripert vai encontrar na regra moral a trava para limitar o exercício dos direitos, ao passo que Josserand, contemporâneo de Ripert nos estudos sobre a matéria, buscou basear o abuso do direito em uma análise finalística que se vale da relatividade dos direitos.

Ao criticar as teses finalísticas, que buscam afirmar o abuso no exercício do direito contrariamente aos seus fins, Ripert se indaga qual seria o motivo de se trocar a análise moral pela análise teleológica. Segundo o autor, a explicação no sentido de que a regra moral careceria de cientificidade não procederia, pois também a busca pelo interesse protegido pela norma, seja o interesse individual, seja o interesse social, também implica juízos altamente subjetivos. Ainda que não sendo um partidário dessa tese, pergunta o autor: "não chegará um dia em que o direito considerará para que fins usamos os direitos que nos são confiados?"[35]

Curiosamente a tese esposada por Josserand sobre a finalidade dos direitos justamente faria chegar o dia indagado por Ripert. E essa nova concepção sobre o abuso do direito superou o critério da regra moral, sendo ainda hoje utilizada para a formação de uma visão contemporânea sobre o abuso do direito.

2.1.5. As concepções finalistas do abuso

O abuso do direito, uma vez superada a perspectiva que o ligava à regra moral, passou a ser analisado sob uma ótica que enfocava o exercício do direito e a eventual adequação aos seus fins. O que se deve entender por fins, ou finalidade dos direitos, é o elemento que diferencia algumas das teorias criadas a partir dessa concepção teleológica do abuso. Os dois principais autores geralmente referidos como pertencentes à concepção finalística do abuso são Josserand e Saleilles.

A compreensão do abuso como infração à regra moral gera uma percepção no sentido de que o abuso é uma patologia e que tal limite externo apenas se manifesta nesses casos extraordinários. As teorias finalísticas, ao enunciarem que todo direito tem finalidades que devem ser observadas quando do seu exercício, terminam por facilitar a compreensão de que os limites que caracterizam a fronteira entre o uso regular e o abusivo do direito são internos, e não exteriores, ao mesmo.

Igualmente importante para o desenvolvimento das teorias finalísticas foi a superação do voluntarismo em termos quase absolutos e a afirmação de que a essência dos direitos subjetivos residiria na tutela conferida pelo ordenamento

---

35. Ripert, Georges. Op. cit., p. 187.

aos interesses. Ao assumir que o direito subjetivo é protegido apenas enquanto é exercitado de acordo com determinados interesses, Ihering retirou do juízo individual a medição sobre a abusividade de um comportamento, e uma vez fora do espectro de decisão individual, restava consolidar um novo entendimento sobre o que justificaria o exercício do direito.

Para Josserand, o abuso do direito seria o exercício do mesmo contrariamente à sua função social, ou "espírito do direito". Segundo o autor, haveria em cada direito subjetivo concedido ao seu titular uma finalidade que agrega ou beneficia de alguma forma a coletividade como um todo. A destinação social dos direitos subjetivos faria com que o pensamento do autor fosse enquadrado, a princípio, como uma forma objetiva de se conceituar o abuso do direito na medida em que a abusividade não está mais presa às subjetividades de seu titular, mas, sim, ao descompasso entre o exercício do direito e a finalidade ("motivo") pela qual o mesmo foi tutelado em primeiro lugar.[36]

A existência de um motivo legítimo que anima o exercício do direito é o elemento que garante a sua regularidade. Esse "motivo" ao qual se refere Josserand não é apenas a motivação de ordem psicológica, como o dolo de prejudicar alguém, mas também "motivo" como razão pela qual o direito foi tutelado. Justamente por combinar a motivação subjetiva com uma concepção de motivo que leva em conta aspectos que estão fora do juízo individual, a teoria de Josserand é uma nítida transição entre as concepções subjetivas e objetivas de abuso do direito.[37]

A tese dos "motivos legítimos" foi amplamente utilizada pelos tribunais franceses, podendo ser lida nessa direção até a própria decisão do caso Clement-Bayard, que é anterior à popularização dos estudos de Josserand, já que ela

---

36. Josserand, Louis. Op. cit., p. 364 e segs. Criticando a ausência de respostas cruciais na teoria finalista, Jorge Manuel Coutinho de Abreu, analisando a obra de Josserand, pergunta: "qual é a finalidade dos direitos? Qual o seu espírito, de maneira a podermos dizer que, violado ele, estamos perante um abuso de direito? É esta a questão que não vemos respondida, não só em Josserand, como em muitos sequazes. Embora o autor reconheça que o referido critério apresenta um caráter 'abstrato e fugitivo', necessitado de concretização. Mas como se concretiza? Através do recurso – é ainda ele quem responde – à noção de 'motivo legítimo' – 'critério pessoal e especializado' daquele, 'sua representação necessária e infalível', existindo então um ato normal ou abusivo conforme se explique ou não por um 'motivo legítimo'. Pelo que todos deveriam colocar as suas faculdades jurídicas 'ao serviço de um motivo adequado ao seu espírito e à sua missão', caso contrário haveria, não um exercício delas, mas sim um abuso. Só que nisto, apesar do carregado otimismo, ainda a resposta não se vislumbra" (*Do Abuso do Direito:* Ensaio de um Critério em Direito Civil e nas Deliberações Sociais. Coimbra: Almedina, 1999. p. 17-18).

37. Conforme expõe Rosalice Fidalgo Pinheiro: "A tese de Josserand revela-se como um momento de transição para a determinação do ato abusivo, que se despe da exclusividade do critério subjetivo para alcançar um critério objetivo. Isso quer dizer, o abuso do direito não incide apenas na ausência da intenção de lesar, mas supera investigações dessa ordem, verificando-se também no desvio de finalidade do direito subjetivo" (Op. cit., p. 101).

questiona a existência de "motivo sério e legítimo" para a prática dos atos naquela vizinhança e confronta o comportamento do réu ao que seria esperado se a função social do direito de propriedade fosse observada.

A contribuição de Saleilles ao trabalho de Josserand procurou extirpar do conceito de abuso do direito o fator subjetivo. Segundo o autor, o abuso seria apenas o desvio da destinação econômica e social do direito, reprovado pela consciência pública. Dessa forma, o uso abusivo ganha contornos de um verdadeiro "exercício anormal do direito", que contraria o "interesse comum" presente na existência daquele mesmo direito.

Essa verbalização conceitual permanece até hoje como uma das formas mais comuns de compreensão do instituto e pode ser encontrada em textos legais de vários países, inclusive no Código Civil brasileiro, que identifica como critérios para definir o que seria o abuso do direito, além da finalidade social e econômica, os limites da boa-fé e os bons costumes.

2.1.6. As concepções axiológicas do abuso

As concepções axiológicas do abuso do direito pertencem a uma categoria que, em alguma medida, avança a partir dos estudos realizados pelos autores da corrente finalística. Se Josserand e Saleilles, em medidas distintas, contribuíram para afastar a vontade como fator definidor do que seria o uso abusivo dos direitos, substituindo-a pela investigação sobre os fins do direito, os autores que partilham da concepção axiológica do instituto também repelem qualquer papel a ser desempenhado pela vontade do titular do direito na definição da abusividade. Assim, as teorias de matriz axiológica completam a transição de uma visão subjetiva para um tratamento objetivo do abuso do direito.

As concepções axiológicas procuram superar um entrave encontrado nas teorias finalísticas, qual seja, o fato da análise dos fins desempenhados pelos direitos depender de elementos externos à conformação do direito subjetivo. Assim, para medir se um comportamento seria regular ou abusivo, seria necessário recorrer-se à investigação de elementos de natureza socioeconômicas, o que levaria o intérprete para além dos limites da investigação propriamente jurídica.[38]

Buscando justamente encontrar o fundamento do abuso do direito internamente à construção jurídica, Castanheira Neves argumenta que o limite definidor da abusividade está na infração ao elemento axiológico-normativo do direito subjetivo, que lhe é natural e ínsito. Segundo o autor, o exercício abusivo não seria um acidente, uma patologia esporádica, ou mesmo a violação

---

38. Curioso é perceber que, na visão dos autores das concepções finalísticas, os fins sociais e econômicos seriam limites muito mais próximos ao direito, e menos metafísicos, do que uma investigação que levasse em conta a moral, como pretendia Ripert.

do "espírito" do direito.[39] Afirmando que o direito possui tanto uma estrutura como um elemento axiológico-normativo, o abuso se torna uma violação de um elemento interno à conformação do próprio direito.

A partir dessa concepção, o ato abusivo não contrariaria a estrutura do direito, que apenas seria utilizada de modo a afrontar o valor (ou os valores) que informa(m) a tutela daquele direito específico. Conforme explicita Cunha de Sá, "abusa-se de determinado direito, abusa-se da estrutura formal desse direito, quando numa certa e determinada situação concreta se coloca essa estrutura ao serviço de um valor diverso ou oposto do fundamento axiológico que lhe está imanente ou que lhe é interno".[40]

Nesse particular, a ascensão das concepções axiológicas do abuso do direito encontra-se em sintonia com o reconhecimento da constitucionalização do Direito Civil. O emprego dos princípios constitucionais nas relações privadas e a presença de cláusulas gerais tanto no Código Civil como na legislação especial facilitam que essa percepção dos limites para o exercício de um direito seja implementada. Nesse sentido, o princípio da solidariedade social, presente na Constituição, e a cláusula geral sobre boa-fé objetiva, inserida no Código Civil, atuam como limites internos ao desenvolvimento de um uso abusivo do direito.[41]

O interesse meramente egoístico do titular do direito subjetivo, nessa compreensão, não pode ser exercido em detrimento do valor que se buscou tutelar através da concessão do mesmo direito. Nesse cenário, vale dizer, ganham relevo os exercícios de direitos que busquem a afirmação de valores extrapatrimoniais quando em colisão com o exercício de direitos que tenham por fundamento a afirmação de valores estritamente patrimoniais.

Essa valoração não raramente é complexa e demanda do aplicador do Direito uma sensibilidade que inova na tradição dogmática de compreensão do instituto do direito subjetivo. De qualquer forma, é importante perceber que o direito subjetivo, no Direito Civil contemporâneo, não pode ser tomado como o mecanismo de afirmação do império da vontade individual em detrimento de interesses juridicamente protegidos de uma coletividade.

Adicionalmente à percepção de que a adoção de cláusulas gerais e o reconhecimento do Direito Civil Constitucional criam um campo fértil para o

---

39. Neves, Antonio Castanheira. *Questão-de-Fato-de-Direito ou o Problema Metodológico da Juridicidade*. Coimbra: Almedina, 1967. p. 522.
40. Cunha de Sá, Fernando. Op. cit., p. 456.
41. Conforme sintetiza Vladimir Cardoso: "Numa perspectiva civil-constitucional, limitam o exercício do direito todos os interesses merecedores de tutela em jogo numa determinada situação jurídica, na qual o direito se insere, conforme a estipulação valorativa do legislador, máxime do constituinte" (O Abuso do Direito no Ordenamento Jurídico Brasileiro. In: Moraes, Maria Celina Bodin de (Org.). *Princípios do Direito Civil Contemporâneo*. Rio de Janeiro: Renovar, 2006. p. 87).

crescimento da teoria do abuso do direito, cumpre mencionar que a perspectiva valorativa do exercício dos direitos se encontra ainda alinhada à mudança do pensamento jurídico acerca da noção fundamental sobre a completude do ordenamento jurídico.

Ao se basear a limitação ao exercício dos direitos não apenas nos dispositivos previstos no ordenamento, mas na análise dos valores que o informam, a teoria do abuso do direito se conecta à compreensão de que o dogma da completude, símbolo do positivismo jurídico, deve ceder espaço na contemporaneidade à percepção de que o ordenamento jurídico opera através de princípios fundamentais constantes na Constituição Federal.

A análise das relações jurídicas de direito privado à luz da Constituição leva ao entendimento de que é o texto constitucional que harmoniza e confere juridicidade aos direitos concedidos aos particulares. Esse fenômeno, por outro lado, não implica completude formal do ordenamento, mas, sim, coerência com respeito aos valores trazidos pela Constituição e plasmados na legislação infraconstitucional.

Nesse cenário, o magistrado é chamado ao papel ativo de reconhecedor dos limites do direito não apenas através do conhecimento extensivo dos dispositivos legais, mas principalmente através da compreensão valorativa das normas e de sua sempre mutável aplicação.

É justamente nesse enquadramento que a teoria do abuso do direito se desenvolve, privilegiando a análise dos valores, a importância do texto constitucional e o papel destacado do juiz na análise do caso concreto.

As percepções axiológicas do abuso do direito estão assim em sintonia com os preceitos do Direito Civil Constitucional. Resta então verificar como os conceitos de função e de valor se relacionam, para que se possa entender o abuso como o exercício do direito fora da função.

2.1.7. Função e valor: uma bússola com dois nortes?

Existe certa confusão entre os termos função e valor como indicadores do parâmetro para medição da abusividade do comportamento. A função desempenhada por um direito pode ser reconduzida a um elemento distinto daquele referente ao valor que a sua positivação procura alcançar. Embora os dois temas estejam claramente correlacionados com o rompimento da análise estrutural e a ascensão da análise jurídica funcional, é preciso esclarecer os contatos entre os dois conceitos e a sua utilidade para o desenvolvimento de uma teoria do abuso do direito.

O principal autor a desenvolver as distinções conceituais entre função e valor no estudo do abuso do direito foi Vittorio Giorgianni. O autor diferencia os "valores finalísticos do direito" daqueles "valores ambientais-culturais" como forma de evidenciar que, embora concorram para o mesmo movimento de crescente objetivação do abuso do direito, as duas figuras apontam para concepções distintas.[42]

Segundo o autor, o intérprete deveria privilegiar conceitos ligados ao valor que inspira o direito e não à sua finalidade, porque esse fim do direito não raramente envolveria considerações extrajurídicas. Como já visto, essa é uma das principais críticas que são dirigidas contra as perspectivas finalísticas do abuso do direito. Ao investigar a finalidade do direito, o intérprete se veria às voltas com questões de origem social ou econômica, campos de investigação com metodologias próprias e com as quais o pesquisador com formação jurídica não estaria necessariamente acostumado.

Justamente para evitar essa busca por elementos externos ao direito é que se poderia afirmar que abusar do direito não seria exercê-lo em vista de um **fim** diverso daquele para o qual é reconhecido, isto é, o abuso não consistiria na desconformidade ou contrariedade entre a finalidade do ato de exercício de um direito e a finalidade própria do mesmo direito.[43] Segundo expõe Giorgianni, o valor ambiental-cultural deveria ser privilegiado na análise jurídica, perquirindo o intérprete sobre como esse valor é concebido em certa época e tutelado através das formas jurídicas. Sendo assim:

> [N]ão se trata de valores-fins do direito, de valores ético-políticos ou ideológicos, relativos a aspirações e a desejos subjetivos ou a escolhas emotivas inerentes a certos interesses: valores que o legislador ou os sujeitos singulares se colocam como objetivos a alcançar. Trata-se, pelo contrário, de valores ou interesses integrantes e constitutivos da própria forma ou específica estrutura qualificativa da norma; e precisamente de valores ou interesses sociais que num determinado ambiente histórico-cultural são conhecidos como prevalentes no confronto dos comportamentos e das situações normativamente previstas e se impõe por forma tal que os comportamentos concretos devem se conformar com eles, reconhecendo-os praticamente, isto é, atuando-os, quaisquer que sejam pois as finalidades para que tais comportamentos são previstos e disciplinados pelas normas, ou postos em ser pelos sujeitos singulares.[44]

---

42. Giorgianni, Vittorio. *L'Abuso del Diritto nella Teoria della Norma Giuridica*. Milão: Giuffrè, 1963. p. 34 e segs.
43. Cunha de Sá, Fernando. Op. cit., p. 442.
44. Giorgianni, Vittorio. Op. cit., p. 34.

Assim, o autor passa a buscar essa diferença entre o fim das normas que tutelam determinado instituto e o valor ambiental-cultural que a mesma procura preservar. Nessa medida, a finalidade das normas que definem o direito de propriedade seria a "utilidade privada no âmbito do interesse social", ao passo que os valores que se procuraria proteger seriam o "recíproco respeito" e a "coordenação da atividade dos particulares". O comodato, por exemplo, teria como fim o "incremento da solidariedade humana" e como valor indispensável para realizar tal fim "o provimento, mediante o empréstimo de uma coisa, do uso a que não se teria modo de prover no caso de vir a faltar a coisa emprestada". O direito de contratar teria como fim a obtenção de "vantagens próprias" e como valor "interesse alheio fora dos limites da legítima tutela do interesse próprio".[45]

Podem-se levantar dúvidas sobre a escolha dos fins e dos valores identificados pelo autor, mas o certo é que, depois do trabalho de identificação e distinção entre função e valor, o que a jurisprudência e a doutrina contemporânea usualmente aplicam é a chamada análise funcional, que se vale tanto de elementos finalísticos como axiológicos para evitar o uso abusivo do direito.

A relação entre o fim e o valor do direito está presente mesmo nos trabalhos dos autores partidários da segunda acepção. Ao discorrer sobre a relevância do elemento axiológico do direito subjetivo, e sua preponderância sobre os fins, Cunha de Sá menciona que a pesquisa por um pode eventualmente levar ao mesmo resultado que se obteria se a pesquisa fosse realizada com base no outro conceito, nos seguintes termos:

> É que se o valor é o que importa a respeito de certo comportamento, o valor que está no direito subjetivo é o seu próprio fundamento. Valer é traduzir-se num polo constante de atração da conduta, ao qual esta sempre se reporta e por que é orientada e no qual se revela a sua própria razão de ser e significar em termos de importância. O que vale no direito subjetivo é o que orienta o seu exercício **e se por aqui se vem a encontrar correlação entre valor e fim**, do mesmo modo se alcança como o valor é o que explica o ser do direito subjetivo e o que permanentemente o fundamenta.[46]

A vinculação entre a análise dos fins e dos valores também pode ser buscada na filosofia do direito e nos estudos sobre metodologia jurídica. Embora partindo de concepções absolutas, como o conceito de justiça, Gustav Radbruch relaciona a análise finalística com uma pesquisa valorativa ao afirmar que:

---

45. Cunha de Sá, Fernando. Op. cit., p. 446.
46. Cunha de Sá, Fernando. Op. cit., p. 460.

> Quando se coloca o problema dos fins do direito, não se pergunta sobre as finalidades empíricas que o possam ter gerado, mas sobre a ideia de finalidade, supraempírica, segundo a qual o direito deve ser medido. A resposta a esta questão só pode ser alcançada pela convicção sobre qual o valor – que se deve atribuir a mesma validade absoluta que ao valor do justo – a cujo serviço seja o direito destinado e adequado.[47]

Adicionalmente, é possível perceber que os autores da corrente axiológica buscam separar os dois conceitos para evitar eventuais confusões que o termo função pode despertar, pois ele poderia ser utilizado para justificar até mesmo análises originalistas, buscando na intenção do legislador a interpretação definitiva para uma determinada norma jurídica. Analisar a função para a qual a norma foi criada não significa que a função desempenhada pelo direito não possa se transformar, dando origem a novas práticas jurídicas e a novos estudos. Da mesma forma que o valor é, na acepção de Giorgianni, "ambiental-cultural", a função do direito também está inserida no contexto de criação, aplicação e constante transformação do direito, motivo pelo qual não se deve se apegar ao tecnicismo vocabular em detrimento de uma maior análise dos efeitos produzidos na prática pela adoção de ambos os conceitos.

Nesse sentido, a concepção de abuso do direito como exercício do mesmo fora da função não significa uma adoção da teoria finalística em detrimento dos valores que existem como elemento constitutivo do direito. A análise funcional, sobre a qual se discorreu na primeira parte deste estudo, vale-se dos valores refletidos na norma para transformar a pesquisa jurídica, facilitando a compreensão da função promocional do direito e do uso das sanções positivas.

Assim, para que se evite conferir dois nortes para a bússola de localização do abuso do direito, parece ser mais pertinente conceituar o abuso como o exercício do direito fora da função, apoiando-se na construção de uma análise funcional em oposição à análise meramente estrutural dos direitos. Se tanto o fim como o valor importam para a análise funcional, operando essa guinada qualificadora da tutela promovida pelo ordenamento jurídico, a definição proposta se mostra adequada para ser utilizada nos mais diversos campos de aplicação do Direito.

2.2. Abuso para além do direito subjetivo

Uma vez passadas em revista as teorias que buscam identificar o fundamento do abuso do direito, é ainda relevante mencionar brevemente que se, até aqui, a pesquisa se mostrou bastante focada na figura do direito subjetivo, isso se deu

---

47. Radbruch, Gustav. *Filosofia do Direito*. São Paulo: Martins Fontes, 2004. p. 78.

porque é no direito subjetivo que boa parte das teorias se apoia para defender uma ou outra concepção de abuso e, adicionalmente, é através do estudo da derrocada do voluntarismo como força motriz do direito subjetivo que se pode perceber o atual estado da análise funcional como critério de investigação jurídica.

Todavia, é importante perceber que a teoria do abuso do direito, embora construída sob a figura do direito subjetivo, ao mesmo não se restringe, alcançando a análise do exercício abusivo a outras figuras jurídicas, como os poderes jurídicos, os direitos potestativos, as faculdades e as liberdades, por exemplo.

A partir da análise funcional para a compreensão do abuso do direito, através da qual o uso será abusivo na medida em que o titular do direito atue de forma a contrariar a sua função, percebe-se que esse tipo de raciocínio não possui o condão de ser aplicado apenas para os casos de exercício do direito subjetivo. Se é certo que os princípios constitucionais são aplicáveis a todas as relações jurídicas, independentemente de sua natureza pública ou privada, não existe motivo para que eles não gerem a imputação de abusivo ao uso irregular de uma faculdade ou liberdade, por exemplo.

Nesse sentido, conforme exposto por Cunha de Sá, qualquer prerrogativa conferida pelo ordenamento jurídico ao sujeito é passível de "um exercício ativo ou negativo em contradição com o concreto valor que materialmente funda".[48]

A partir dessa percepção pode-se notar como todo o arcabouço teórico do abuso do direito passa a ser aplicado à análise de outras situações que envolvem o manejo de prerrogativas jurídicas. Pode-se citar, para tais fins, a aplicação do uso abusivo em hipóteses como a recusa de contratar, a liberdade de imprensa ou o exercício irregular do poder familiar.

A recusa abusiva em celebrar contrato é tema que vem sendo tratado em casos decididos pelos tribunais judiciais e administrativos do Brasil e do exterior. O impacto concorrencial de atitudes como essa tem levado a análise jurisprudencial não raramente para o foro do direito antitruste, o que suscita debates relevantes sobre como caracterizar determinada recusa como abusiva ou como regular.[49]

Da mesma forma, a liberdade de imprensa pode ser abusada, gerando condutas que a jurisprudência usualmente procura restringir, especialmente em ações indenizatórias, condenando o autor ao ressarcimento da vítima justamente porque no exercício de sua liberdade o mesmo contrariou a função pela qual a liberdade de imprensa é tutelada no ordenamento nacional. Decisões judiciais que analisam o teor de reportagens e a sua desvinculação com qualquer interesse

---

48. Cunha de Sá, Fernando. Op. cit., p. 589.
49. Sobre o tema da recusa de contratar e seu impacto concorrencial, *vide* Sampaio, Patrícia Regina Pinheiro. *Direito da Concorrência e Obrigação de Contratar*. Rio de Janeiro: Elsevier, 2009.

jornalístico fazem referência, não raramente, ao conceito de abuso. Trata-se aqui do abuso de uma liberdade e não de um direito.

Em síntese, pode-se perceber que o exercício do direito subjetivo não detém a exclusividade do juízo de abusividade, pois, conforme bem exposto por Heloisa Carpena, "[q]uer se trate de liberdades, faculdades, direitos potestativos ou poderes, todos constituem vantagens, cuja configuração depende, em última análise, da estrutura qualificativa da norma jurídica."[50]

Nesse sentido, em qualquer situação subjetiva poderá ser verificada a abusividade de exercício por parte do sujeito, justamente por existir, em cada situação, a possibilidade de se analisar os comportamentos envolvidos através de uma perspectiva funcional à luz das peculiaridades do caso concreto.

---

50. Carpena, Heloisa. Abuso do Direito no Código Civil de 2002. In: Tepedino, Gustavo (Org.). *Parte Geral do Novo Código Civil*. Rio de Janeiro: Renovar, 2002. p. 383.

3

Reconhecimento e aplicação do abuso no direito brasileiro

3.1. A recepção doutrinária do abuso do direito no Brasil

O instituto do abuso do direito foi inicialmente desenvolvido no Brasil através de estudos e aplicações práticas no campo do direito processual. Paradoxalmente, o Código de Processo Civil não possuía dispositivo que legitimasse a aplicação da teoria para os casos de abuso do direito de ação ou abuso na defesa realizada em processo. Dessa forma, os processualistas se valeram da disposição do art. 160 do Código Civil de 1916 para sustentar a sua aplicação.

Essa aplicação do conceito de abuso na seara processual se deu, inicialmente, em casos em que o autor de uma ação a promovia com o deliberado intuito de prejudicar terceiro, ou, mais comumente, nos casos em que o réu, quando da apresentação de sua defesa, excedia os limites de argumentação plausíveis, negando evidências e contestando situações já comprovadas cabalmente nos autos.

O Código Civil de 1916, por sua vez, também não possuía um dispositivo expresso que consagrasse a vedação ao uso abusivo do direito. *A contrario sensu* interpretava-se o art. 160, o qual dispunha que "não constituem atos ilícitos: I – os praticados em legítima defesa ou no exercício regular de um direito reconhecido." Se não é ilícito o exercício regular, o seu exercício irregular, consequentemente, ilícito seria.

Ao comentar o art. 160 do Código Civil de 1916, Clóvis Beviláqua afirma que o mesmo trouxe para o direito civil brasileiro a previsão de três figuras: a legítima defesa e o direito de necessidade, "que, embora possam parecer violações de direitos, não são atos ilícitos", e o abuso do direito, o qual, "tendo aparência legítima, importa num desvio da ordem jurídica".[1]

É interessante notar que, como o Código não faz qualquer menção sobre motivações ou outros aspectos subjetivos para a qualificação do ato, a doutrina brasileira terminou por se alinhar à concepção finalista do abuso do direito.[2] Nesse particular, ganham relevo na doutrina considerações sobre a função dos direitos e o seu desvio quando do exercício irregular ou abusivo.[3]

De outro lado, deve ser destacado que, se o Código Civil de 1916 não previu expressamente o abuso do direito, a sua interpretação *a contrario sensu* do art. 160, I, não escapa do fato de que, aplicando-se a regra geral de responsabilidade subjetiva presente no art. 159 daquele Código, seria necessária a prova da culpa do ofensor para fins de responsabilização por abuso do direito.[4]

Pedro Baptista Martins, ao tratar da aceitação da teoria do abuso do direito na doutrina brasileira, ressalta que a superação da concepção absoluta dos direitos subjetivos se corporifica na ideia de abuso, sendo a teoria, dada a evolução dos trabalhos doutrinários, indestronável. Ao se filiar à teoria finalista do abuso do direito, o autor afirma que a busca pela finalidade do direito, e o seu exercício conforme, garante o equilíbrio das atividades desempenhadas individualmente.

O abuso é o exercício antissocial do direito. Assim definiu o abuso do direito San Tiago Dantas ao confirmar a sua filiação à teoria de Saleilles, segundo a qual o exercício abusivo é aquele que não observa a finalidade econômica e social do mesmo direito.

A superação da teoria absolutista dos direitos subjetivos fica clara no dizer de San Tiago Dantas, que ressalta a importância de se atender à finalidade da norma prevista no direito objetivo, fonte do direito subjetivo concedido ao seu titular. Segundo o autor, no caso do abuso do direito, tem-se uma atividade que "está sendo exercida com um fim que não é aquele que a norma jurídica tinha em vista quando protegeu aquela atividade".[5]

O Código Civil de 2002 manteve em seus dispositivos uma norma sobre o exercício regular do direito para fins de exclusão da ilicitude do ato, tal qual havia

---

1. Beviláqua, Clóvis. *Código Civil dos Estados Unidos do Brasil*. 6. ed. Rio de Janeiro: Editora Rio, 1975. v. II, p. 426.
2. Clóvis Beviláqua menciona, ao comentar o art. 160, I, do Código Civil de 1916, que o mesmo "é a doutrina de Saleilles" (op. cit., p. 433).
3. Segundo Clóvis Beviláqua: "Se a função do direito é manter em equilíbrio os elementos sociais colidentes, desvirtuar-se-á, mentirá ao seu destino, quando se exagerar, no seu exercício, a ponto de se tornar um princípio de desarmonia" (op. cit., p. 432).
4. Franco de Moraes, Renato Duarte. A Responsabilidade pelo Abuso de Direito – O Exercício Abusivo de Posições Jurídicas, a Boa-Fé Objetiva e o Código Civil de 2002. In: Barroso, Lucas Abreu (Org.). *Introdução Crítica ao Código Civil*. Rio de Janeiro: Forense, 2006. p. 90.
5. Dantas, San Tiago. *Programa de Direito Civil*. Rio de Janeiro: Forense, 2001. p. 318-319.

no Código Civil de 1916. O art. 188, I, dispõe então que "não constituem atos ilícitos os praticados em legítima defesa ou no exercício regular de um direito reconhecido."

Todavia, a principal inovação do Código Civil de 2002 no que diz respeito à tutela do abuso do direito é o tratamento da matéria em dispositivo autônomo (art. 187), sobre o qual versa o tópico seguinte do presente estudo.

3.2. Hermenêutica do art. 187 do Código Civil

O Código Civil em vigor inovou ao dispor expressamente sobre o abuso do direito em seu art. 187. O referido artigo assim está redigido:

> *Art. 187. Também comete ato ilícito o titular de um direito que, ao exercê-lo, excede manifestamente os limites impostos pelo seu fim econômico ou social, pela boa-fé ou pelos bons costumes.*[6]

Trata-se de um dispositivo fortemente influenciado por uma análise funcionalista dos direitos, uma vez que limita o seu exercício em nome de elementos de nítida carga teleológica e valorativa, como os fins econômicos e sociais, além de vincular o instituto do abuso ao desenvolvimento da boa-fé objetiva.

José Carlos Moreira Alves, autor do anteprojeto do Código Civil de 2002 no que se refere à sua Parte Geral, onde está inserido o dispositivo mencionado, comenta que a sua inserção se deu com o ânimo de realizar mudanças fundamentais, que refletissem a concepção filosófica da nova codificação, sem que fosse preciso acrescentar diversas normas novas.[7] Nesse sentido, o autor se revela inspirado pela utilização das cláusulas gerais dadas a cabo pelo Código Civil português de 1966, podendo-se notar grande semelhança na redação do atual Código Civil com aquela apresentada pelo Código português para o tratamento do abuso do direito.[8]

De toda forma, o Código Civil brasileiro, ao positivar o abuso do direito no art. 187, parece não reconhecer a autonomia do instituto, vinculando o ato

---

6. É curioso notar que, mesmo não dispondo de um artigo específico e expresso para o abuso do direito, ao comentar o art. 160, I, do Código Civil de 1916, Clóvis Beviláqua terminou por definir o abuso do direito de forma bastante próxima àquela adotada pelo Código Civil de 2002, pelo menos no que tange à natureza dos limites impostos ao exercício dos direitos. Segundo o autor: "O exercício anormal do direito é abusivo. A consciência pública reprova o exercício do direito do indivíduo, quando contrário ao destino econômico e social do direito, em geral" (op. cit., p. 433-434).
7. Alves, José Carlos Moreira. *A Parte Geral do Projeto de Código Civil Brasileiro*. 2. ed. São Paulo: Saraiva, 2003. p. 28-29.
8. Assim dispõe o art. 334 do Código Civil português, de 1966: "É ilegítimo o exercício de um direito quando o titular exceda manifestamente os limites impostos pela boa-fé, pelos bons costumes, ou pelo fim social ou econômico desse direito."

abusivo ao conceito de ato ilícito, previsto no dispositivo legal precedente. Essa opção não apenas contraria a doutrina mais recente sobre o instituto, como ainda vincularia a aplicação da teoria do abuso do direito à prova do elemento culpa na atuação do agente.

A prova da culpa é uma questão praticamente inerente ao conceito de ilicitude. E essa comprovação de culpa poderia se tornar um obstáculo para a verificação de práticas abusivas. A caracterização de um agir como abusivo deveria ser independente de tergiversações sobre a culpa do agente, sendo apreciada de forma objetiva,[9] isto é, dependendo apenas da verificação de desconformidade entre o modo de atuação do agente na situação jurídica e os valores perseguidos pelo ordenamento jurídico.[10]

Soma-se a essa crítica o fato de que, ao vincular as hipóteses de abuso aos atos ilícitos, o Código prescinde da aplicação possível da teoria a uma diversidade de hipóteses em que se tem uma atuação lícita, mas que na valoração funcional de seu exercício seria possível perceber a abusividade.

Existe em sede doutrinária uma nítida separação entre os atos considerados como ilícitos e aqueles que se enquadram na definição de atos abusivos. Conforme explicita Guilherme Calmon, a diferença entre o ato ilícito e o abusivo reside na constatação de que, enquanto

> no ato ilícito o agente viola frontal e diretamente o comando legal que previa a conduta que deveria ser tomada, no ato abusivo há o exercício de direito aparentemente pelo titular com violação dos valores que justificam o reconhecimento e proteção desse direito pelo ordenamento jurídico em vigor.[11]

Dessa forma pode-se perceber que no ato ilícito a violação do comando legal implica a superação dos limites lógico-formais do direito, ao passo que no ato

---

9. Nesse sentido, *vide* a redação da Súmula 127 do Tribunal de Justiça do Estado do Rio de Janeiro: "Para a configuração do abuso do direito é dispensável a prova da culpa." Referência: Súmula da Jurisprudência Predominante 2006.146.00007, j. em 21/12/2006, Rel. Desembargador Antonio José Azevedo Pinto. Votação unânime.
10. Em sentido contrário, e defendendo a necessidade de existir o propósito de causar dano como elemento fundamental do abuso do direito, Caio Mário da Silva Pereira argumenta que "todas as teorias que tentam explicar e fundamentar a doutrina do abuso de direito têm a necessidade de desenhar um outro fator, que com qualquer nome que se apresente estará no propósito de causar dano, sem qualquer outra vantagem. Abusa, pois, de seu direito o titular que dele se utiliza levando um malefício a outrem, inspirado na intenção de fazer mal, e sem proveito próprio. O fundamento ético da teoria pode, pois, assentar em que a lei não deve permitir que alguém se sirva de seu direito exclusivamente para causar dano a outrem" (*Instituições de Direito Civil*. 21. ed. Rio de Janeiro: Forense, 2005. v. 1, p. 673).
11. Nogueira da Gama, Guilherme Calmon. *Direito Civil* – Parte Geral. São Paulo; Atlas, 2006. p. 197.

abusivo se tem a infração não à estrutura formal do direito, mas, sim, aos valores que o ordenamento jurídico busca alcançar com aquele determinado direito, poder ou liberdade concedida ao agente. A violação aqui atinge, portanto, a função destinada àquele instituto, sendo essa a razão pela qual se pode falar em "inobservância dos limites axiológico-materiais".[12]

Vale ressaltar, contudo, que a doutrina brasileira não é unânime no sentido de separar os conceitos de ilicitude e abusividade, embora uma grande parte dos autores tenha enveredado por esse posicionamento, mesmo, a princípio, contrariando o dispositivo do Código Civil.

A jurisprudência portuguesa, ao aplicar o artigo sobre abuso do direito inserido no Código Civil – no qual, como visto, foi inspirado o dispositivo brasileiro – consolidou entendimento no sentido de que:

> o abuso do direito apresenta recortes objetivos, não sendo necessária a consciência malévola, a consciência de se excederem os limites impostos pela boa-fé, pelos bons costumes ou pelo fim social e econômico do direito, bastando que sejam excedidos esses limites, muito embora a intenção com que o titular do direito tenha agido não deixe de contribuir para a questão de saber se há ou não abuso do direito.[13]

Para Pontes de Miranda, o "abuso de direito é ato ilícito, porque exercício irregular".[14] Essa verbalização, que liga os dois conceitos por causa do exercício, termina por igualar ilicitude e abusividade também por conta dos efeitos derivados desse exercício. Nesse sentido, o efeito tanto do ato ilícito como do ato abusivo é a responsabilidade civil do agente, existindo assim uma identidade no sancionamento previsto para o sujeito.

Contudo, importa perceber diferenças no enquadramento da responsabilidade civil derivada de atos ilícitos e de atos abusivos. Quando se trata de atos ilícitos, o ordenamento jurídico pode prever hipóteses expressas em que da sua ocorrência não resulta o dever de indenizar. Existe dano sem dever de indenizar nos casos, por exemplo, de atos praticados em legítima defesa ou através do exercício regular de um direito. O dano somente é reparável quando decorre de um ato ilícito ou injusto e, nessas hipóteses, o ordenamento jurídico expressamente retira o componente de ilicitude, impedindo a reparação.

---

12. Carpena, Heloisa. Abuso do Direito no Código Civil de 2002. In: Tepedino, Gustavo Tepedino (Org.). *Parte Geral do Novo Código Civil*. Rio de Janeiro: Renovar, 2002. p. 371.
13. Barbosa, Mafalda Miranda. *Liberdade vs. Responsabilidade:* A Precaução como Fundamento da Imputação Delitual? Coimbra: Almedina, 2006. p. 331.
14. Pontes de Miranda, F. *Tratado de Direito Privado*. São Paulo: Revista dos Tribunais, 1977. v. II, p. 311.

Assim, a ilicitude depende de uma violação de limites formais impostos pelo ordenamento. Já no abuso do direito, não existe essa definição prévia de limites que poderão ser rompidos, configurando assim a abusividade. Os limites que importam na abusividade são os próprios fundamentos do direito, os quais serão violados apenas quando do exercício empreendido pelo agente do direito concedido. Conforme explicita Heloisa Carpena,

> [p]or este mesmo motivo pode-se afirmar que o abuso supõe um direito subjetivo lícito atribuído ao seu titular, que, ao exercê-lo, o torna antijurídico. Já o ilícito, por ser contrário à disposição legal, mostra-se previamente reprovado pelo ordenamento, não comportando controle de abusividade.[15]

A verificação da ilicitude decorre de uma análise formal do ordenamento jurídico em busca de limitações ao determinado exercício do direito, o que torna a sua percepção mais direta e, de alguma medida, facilitada. No caso do abuso do direito não existe um limite expresso, colocado previamente pelo ordenamento, o que dificulta a sua percepção e análise, tornando mais complexas as hipóteses de abuso.

Como conclusão de todo o exposto, pode-se perceber que, embora constantes do conjunto de atos que podem ser remetidos ao conceito de antijuricidade, o ato ilícito e o ato abusivo não se confundem; muito ao contrário, eles se excluem.[16]

Em síntese, quando o art. 187 define o ato abusivo como ilícito, essa redação deve ser interpretada como "uma referência a uma ilicitude *lato sensu*, no sentido de contrariedade ao direito como um todo, e não como uma identificação entre a etiologia do ato ilícito e a do ato abusivo, que são claramente diversas".[17]

Uma outra crítica que pode ser acrescentada ao dispositivo do art. 187 é a utilização do termo "manifestamente" para qualificar o excesso cometido pelo sujeito que abusa do direito. A dificuldade colocada por essa expressão reside na

---

15. Carpena, Heloisa. Op. cit., p. 372.
16. Cunha de Sá ilustra esse entendimento com a hipótese de uma pessoa que transita pelas ruas de uma cidade. Esse ato pode tanto ser o exercício de sua liberdade de ação ou pode estar diretamente contrário ao exercício regular dessa faculdade. Se o personagem encontra-se na via pública, passeando livremente, mas o mesmo é foragido de uma prisão, na qual deveria estar detido pela prática de crimes, o seu agir é ilícito. De outro lado, se a pessoa enfocada caminha pelas ruas de forma a se chocar com as pessoas que caminham na direção oposta, com o único propósito de incomodar, afirma o autor que se estaria perante um caso de abuso da liberdade. Ainda que o sujeito goze da liberdade disponibilizada pelo ordenamento jurídico de ir e vir, o seu comportamento, o seu exercício, é contrário aos valores que lhe servem como fundamento, tornando-se, portanto, um ato abusivo (*Abuso do Direito*. Coimbra: Almedina, 1997. p. 618).
17. Tepedino, Gustavo; Moraes, Maria Celina Bodin de; Barboza, Heloisa Helena (Orgs). *Código Civil Interpretado conforme a Constituição da República*. Rio de Janeiro: Renovar, 2004. p. 342.

dúvida sobre a compreensão do termo como referência ao exagero (quantidade) ou à notoriedade (qualidade) do abuso.

Explica-se: caso o termo manifestamente diga respeito à quantidade do abuso, a preocupação do intérprete deverá recair sobre o grau de desproporção existente entre o uso regular e o uso abusivo. Nessa hipótese, para que a vedação do exercício do direito seja manejada, é preciso verificar se a conduta impugnada diverge muito ou pouco do agir esperado pelo agente que atua de forma devida. Se pouco, não haveria abuso do direito, hipótese apenas reservada para os casos em que o descompasso entre as condutas é sensível.

Por outro lado, caso o termo "manifestamente" diga respeito à qualidade do ato, as atenções se voltam não necessariamente para a distância que separa o agir regular do abusivo, mas, sim, à visibilidade, à evidência da abusividade do comportamento. Nesse sentido, manifestamente significa o adjetivo daquilo que pode ser facilmente distinguível. Essa facilidade de distinção e identificação do ato abusivo pode ocorrer pela própria quantidade de abuso verificada no caso (exagero), mas não necessariamente. A maior visibilidade de um ato pode se dar pelo acesso mais difundido ao seu conhecimento, como ocorre nos casos veiculados pela imprensa ou que, de tão costumeiros, passam a ser conhecidos mais amplamente.[18]

Vale lembrar que, independentemente da resposta, o que se deve procurar no ato abusivo é a desconformidade com os valores que informam aquele direito. Os indicadores sobre quantidade e qualidade do abuso poderão ser úteis para investigar a conduta pretensamente abusiva, mas não devem ser tomados como os únicos compassos disponíveis para traçar a linha entre o exercício regular e o abusivo.

Outros termos inseridos pelo art. 187 podem ser comentados criticamente ao possibilitar interpretações equivocadas sobre o seu espectro de aplicação. O primeiro diz respeito ao termo "exercê-lo", o que poderia levar o intérprete a se questionar sobre a possibilidade de o ato abusivo ocorrer em condutas omissivas. Ao se referir ao exercício do direito, devem-se compreender aplicáveis ao caso tanto a conduta comissiva como a conduta omissiva para a identificação do abuso.

O mesmo raciocínio pode ser aplicado ao termo "direito", também constante do art. 187, que poderia levar à conclusão de que o abuso apenas se aplica ao

---

18. Apoiado em ensinamento de José de Oliveira Ascensão, afirma Thiago Rodovalho que, "tendo em vista que o abuso de direito é, como vimos, um ato ilícito objetivo, prescindindo de análise acerca da intenção do agente, o advérbio 'manifestamente' passa a cumprir relevante função interpretativa, evitando-se-lhe os excessos de imputar como abuso de direito qualquer exercício de uma posição jurídica que seja aparentemente disfuncional" (*Abuso de Direito e Direitos Subjetivos*. São Paulo: RT, 2011. p. 200).

exercício dos direitos, não alcançando as liberdades, faculdades e demais prerrogativas. Conforme já visto, deve-se estender a aplicação da teoria para além dos limites do direito subjetivo e, dessa forma, sugere-se que a leitura do art. 187 seja feita da mesma forma pela qual se decidiu redigir o presente trabalho, isto é, tomando o "abuso do direito" como expressão consagrada pela prática que denota o grande número de ocorrências de práticas abusivas quando se está diante de direitos subjetivos, mas sem jamais excluir a sua aplicação em outras situações, principalmente quando se tratar do exercício de liberdades, faculdades e prerrogativas.

Por outro lado, ao adicionar à finalidade econômica ou social o respeito ao princípio da boa-fé objetiva, o Código se aproveita de um arcabouço doutrinário e jurisprudencial que se formou no direito brasileiro na última década sobre o tema. O conceito de boa-fé objetiva, com as diversas funções desempenhadas pelo princípio no ordenamento jurídico pátrio, representa um solo ao mesmo tempo seguro e promissor para o surgimento de novas aplicações do abuso do direito e de institutos correlatos.

Ao vincular a disciplina do abuso do direito ao princípio da boa-fé, o ordenamento jurídico nacional legitimou um substancial alargamento nas hipóteses de aplicação da teoria do abuso do direito. Ao se afirmar simplesmente que a boa-fé constitui um dos principais parâmetros para medir a abusividade de um ato, não se oferece detalhamentos suficientes para que se possa concretizar uma maior, e mais efetiva, atuação da figura do abuso.

Contudo, ao redor da noção de boa-fé, especialmente no que diz respeito ao princípio da boa-fé objetiva, a doutrina e a jurisprudência têm feito constar uma série de institutos periféricos que, uma vez concebidos em conjunto, propiciam um vasto cenário para atuação do princípio. É o caso do *venire contra factum proprium*, da *supressio*, do *tu quoque*, entre outros. Esses institutos foram submetidos à prova do tempo e, em maior ou em menor grau, são reconhecidos pela jurisprudência nacional e internacional. Ao se afirmar que a boa-fé direciona a interpretação e a aplicação do abuso do direito, conforme consta do art. 187 do Código Civil, a lei termina por inserir o abuso do direito nessa seara de institutos jurídicos que operam o princípio da boa-fé.

O abuso do direito, todavia, apresenta uma característica crucial na sua relação com os demais institutos acima referidos: por ser uma construção eminentemente jurisprudencial, surgida dos problemas de natureza prática, o abuso é dotado de grande maleabilidade. A sua formação não se deu por raciocínios e teoremas abstratos, mas, sim, pela necessidade de se criar respostas que dessem conta de problemas reais. Por isso, afirmar que ele se perfila ao lado dos demais institutos derivados da boa-fé seria uma perspectiva reducionista de seu efetivo campo de aplicação. Muito ao contrário, o atomismo dos institutos jurídicos derivados da boa-fé aqui cede espaço para um alargamento natural das hipóteses submetidas ao crivo do abuso do direito pela jurisprudência. Não raramente os tribunais dirão que uma certa circunstância leva à aplicação do *venire contra factum proprium* justamente por reputarem abusiva a conduta desempenhada pela parte.

Em outras palavras, o abuso do direito termina por se ocupar do espaço dos demais institutos derivados inicialmente do princípio da boa-fé, fazendo com que os mesmos sejam comumente associados à análise de regularidade ou abusividade de certo comportamento. E não há, a princípio, nada de errado com essa sobreposição de institutos, pois, conforme afirma Menezes Cordeiro, "[o] abuso do direito, é, por definição, um espaço aberto, apto à expansão para novas áreas".[19]

Sendo assim, para que melhor possa se compreender o alcance do abuso do direito, a seguir serão analisadas decisões judiciais que têm o abuso do direito como elemento determinante na fundamentação do magistrado. Tais decisões oferecem um panorama do abuso do direito em situações concretas, nas mais variadas áreas temáticas sobre as quais se debruçam os tribunais. A diversidade de situações nas quais o abuso é chamado a intervir tem sido um fator tanto de fortuna como de ruína desse instituto, pelos motivos a seguir expostos.

3.3. Aplicações do abuso do direito

A teoria do abuso do direito, por enfocar de modo agudo a passagem da análise estrutural para a análise funcional do direito, desempenha um papel de relevo para a compreensão do Direito Civil contemporâneo, podendo-se mesmo afirmar que a sua influência atravessa os mais diversos campos de estudo, desde o direito contratual, os conflitos de vizinhança, as especificidades do direito do consumidor, até alcançar questionamentos sobre o exercício do direito nas relações jurídicas extrapatrimoniais.

De modo geral, é importante destacar que uma pesquisa sobre a construção da teoria do abuso do direito não estaria completa se feita exclusivamente pela colação de posicionamentos doutrinários, uma vez que é através da leitura e análise da jurisprudência e dos projetos de lei que se pode perceber de forma integral o impacto gerado e os contornos que o instituto desenvolveu na prática. Os tribunais brasileiros têm adotado de forma crescente a teoria do abuso do direito nas mais diversas hipóteses, e projetos de lei trabalham com o conceito de exercício abusivo de direitos para restringir comportamentos indesejados.

---

19. Cordeiro, Antonio Menezes. *Tratado de Direito Civil Português*. Coimbra: Almedina, 2005. v. I, tomo IV, p. 297.

Se por um lado isso comprova a importância da figura do abuso do direito, e faz com que o seu delineamento esteja em constante modificação, por outro, e isso é especialmente verdade na jurisprudência, se não tratado com a devida profundidade, pode se tornar um argumento de mero reforço retórico, sem maior definição concreta do seu conteúdo e seus efeitos.

Pode-se perceber ao longo de um rápido panorama sobre as decisões judiciais que se valem do abuso do direito que a jurisprudência brasileira migrou de uma inicial rejeição da figura para uma utilização muito apegada ao intuito de prejudicar, ou à ausência de proveito concreto para o titular do direito, o que aproximou os julgados nacionais de um tratamento semelhante ao dado à figura da emulação.

A última década, todavia, se mostrou especialmente frutífera para a utilização do recurso ao abuso do direito como razão de decidir de vários acórdãos de relevo na jurisprudência nacional. Esse uso intensivo do abuso do direito se deu basicamente de duas formas. De início esse movimento se concretizou através de um reconhecimento do papel desempenhado pela análise funcional como critério para avaliar a conduta do titular do direito, embora muitas decisões terminem por se filiar mais a uma teoria próxima àquela desenvolvida por Josserand, explorando a inexistência de motivos legítimos no comportamento investigado. Ao mesmo tempo, com o crescente aporte doutrinário sobre o princípio da boa-fé objetiva, e posteriormente com a entrada em vigor do art. 187 do Código Civil, diversas decisões passaram a utilizar a figura do abuso em sintonia com as aplicações da boa-fé.

No que diz respeito aos projetos de lei, novos campos de aplicação do abuso passam a surgir, com destaque para a função desempenhada pelo abuso no exercício dos direitos autorais e na restrição de práticas surgidas a partir do desenvolvimento tecnológico, como a publicidade abusiva no comércio eletrônico.

A seguir serão investigadas algumas das mais frequentes ou desafiadoras aplicações do abuso do direito. Partindo-se de típicos casos envolvendo a interpretação de condutas desempenhadas por partes de um contrato, a utilização do abuso avançou para alcançar situações como o exercício da liberdade de expressão, o equilíbrio necessário na prática dos direitos autorais, bem como a restrição a práticas abusivas no crescente comércio eletrônico. Em boa parte dessas situações está presente um debate também sobre o princípio da boa-fé, motivo pelo qual se dedica também ao mesmo um item em separado.

3.3.1. Abuso e questões contratuais

Se hoje parece claro que diversas condutas abusivas podem ser desempenhadas na seara contratual, o seu reconhecimento passou pela compreensão de que o contrato não deve ser manejado apenas como instrumento de expressão da vontade das partes, devendo também desempenhar uma função que é relevante para sua interpretação e pode restringir o comportamento das partes.

A eventual recusa em se aplicar o abuso do direito na jurisprudência nacional pode ser retratada em decisões que analisam o comportamento de partes contratantes em momentos de conflito, devendo o tribunal avaliar a extensão, por exemplo, do direito de rescindir um contrato e em que medida essa rescisão não seria abusiva. Nesse sentido, veja-se a decisão, de 1938, do Tribunal de Apelação de São Paulo:

> Abuso do direito. Da sua existência na rescisão dos contratos. Compreensão da matéria. Empreitada com cláusula rescisória *ad nutum*. Aplicação do artigo 160, I, do Código Civil. É válida a rescisão de contrato, firmado a título precário, mesmo não havendo qualquer motivo legítimo que a justifique; não ocorre assim o abuso de direito em matéria contratual.[20]

No caso citado, entendeu o tribunal que, se no contrato havia sido pactuado que a rescisão poderia se dar livremente, contanto que fosse dado aviso prévio de 15 (quinze) dias, não haveria como repreender o comportamento da parte contratante que rescinde a avença "mesmo não havendo qualquer motivo legítimo que a justifique". Dessa forma, não haveria razão para qualquer intervenção judicial, pois no caso a decisão termina por fortalecer uma concepção praticamente absoluta do voluntarismo no exercício dos direitos.

Uma transição da recusa do abuso para o reconhecimento do instituto pode ser buscada nas diversas decisões proferidas nos tribunais nacionais sobre a possibilidade do locatário purgar a mora sucessivas vezes, mantendo assim a locação e evitando qualquer medida que pudesse ser tomada pelo locador para encerrar o contrato. O Supremo Tribunal Federal chegou mesmo a construir uma série de precedentes que não reconhecia como abuso do direito as reiteradas purgas da mora efetuadas pelo locatário.[21]

Esse entendimento prosperou no STF, podendo-se encontrar ainda nos anos 1970 decisões que não reconhecem a figura do abuso do direito no caso das sucessivas purgas da mora. Ao apreciar Recurso Extraordinário 80.798/GB, o Ministro Xavier de Albuquerque afirma: "não considero abuso o exercício lícito de uma faculdade oferecida pela lei, que já sanciona o seu beneficiário com o

---

20. TJSP, Ap. Civ. 1528, Rel. Des. Cunha Cintra, j. em 07/12/1938.
21. "Não comete abuso de direito o locatário, que purga a mora exercendo várias vezes a faculdade concedida no art. 15, parágrafo 1º, da Lei nº 1.300, de 28 de dezembro de 1950" (STF, RE 27.222, Rel. Min. Hahnemann Guimarães, j. em 19/04/1956).

quantum de adição, como um abuso de direito, mas o seu exercício regular, além de constituir numa causa de despejo que não está prevista em lei".[22]

No entanto, essa orientação foi sendo gradativamente alterada a partir dos anos cinquenta, com um número crescente de decisões que enfrentava o exercício irregular dos direitos e os sancionava através da figura do abuso do direito. Analisando um caso semelhante envolvendo sucessivas purgas da mora, o Tribunal de Alçada de São Paulo assim se manifestou sobre a caracterização dessa conduta como abuso do direito:

> Despejo. Falta de pagamento. Inquilino relapso. Sucessivas purgações da mora. Abuso de direito caracterizado. Ação procedente. Abuso de direito. Inquilino impontual que forçou o locador a propor oito ações de despejo. Sucessivas purgações da mora. Exercício anormal do direito. Ação procedente. A purgação da mora, em si, não constitui ato ilícito, sendo, antes, medida de equidade prevista em lei (Código Civil, art. 959). Mas, como medida de exceção, não se justifica, perante o direito e a moral, se transforme em maneira habitual para cumprir-se a obrigação.[23]

As decisões judiciais que então reconheciam a figura do abuso do direito faziam-no com base numa concepção subjetiva, buscando na intenção do titular do direito o fundamento principal para sancionar a sua conduta.

Curiosamente, a doutrina brasileira nesse mesmo período já adotava a teoria finalista do abuso, fortemente relacionada às obras de Josserand e Saleilles. É a partir dessa concepção de que o abuso deveria ser aquele exercício que contraria as finalidades do direito que a jurisprudência brasileira iria se valer preponderantemente até as duas últimas décadas, quando a vinculação do abuso com a boa-fé objetiva assume papel de destaque nas decisões dos tribunais nacionais.

Aplicando um entendimento mais ligado à concepção finalística do abuso do direito, o Supremo Tribunal Federal decidiu o seguinte caso envolvendo um contrato de locação no qual o locador era também sócio da sociedade-locatária. A peculiaridade do caso reside no fato de que o intuito de prejudicar aqui é substituído, nos fundamentos da decisão, pelo fato de que o locador busca atender às suas necessidades pessoais de forma a contrariar os interesses da sociedade, da qual o mesmo também fazia parte:

---

22. STF, RE 80798/GB, Rel. Min. Xavier de Albuquerque; j. em 07/03/1975.
23. TASP, Ap. Civ. 10736, Rel. Des. Ferraz de Sampaio; j. em 02/08/1955.

> Abuso de direito. Locação de prédio não residencial. 1) Locador que é, ao mesmo tempo, sócio da sociedade locatária. Autonomia subjetiva da sociedade em relação aos sócios. Não quebra esse princípio decisão que considerou o substrato da sociedade, para definir a posição de um dos sócios – o locador –, para verificar se este incorria em violação da norma do art. 1.363 do Código Civil, segundo o qual celebram contrato de sociedade as pessoas que mutuamente se obrigam a combinar esforços ou recursos, para lograr fins comuns. 2) Não contravém ao art. 4º, III, combinado com o art. 3º, do Decreto-Lei 4, decisão que, sem negar que o locador pode retomar o imóvel, por não lhe convir continuar com a locação, reputa, no caso, eivada de abuso de direito a ação de despejo, em que o autor é sócio da locatária, uma vez que, segundo o exame dos fatos, o despejo tinha por fim destruir a sociedade ou empobrecê-la, desmoroná-la, afligi-la economicamente. 3) Recurso extraordinário não conhecido.[24]

Segundo consta da decisão, "estaria o autor violando um mínimo dever de solidariedade para com a sociedade de que faz parte, para satisfação de seus interesses pessoais", de modo que aqui se pode notar uma valorização da figura do interesse em detrimento da vontade do titular de certo direito.

3.3.2. Abuso e liberdade de expressão

Um dos atuais campos de aplicação da teoria finalística do abuso do direito é o exercício da liberdade de expressão, mais especificamente quando relacionada às atividades de imprensa. Doutrina e jurisprudência têm apontado que, na manifestação do pensamento com o intuito de informar, diversas situações podem dar ensejo a condutas abusivas por parte do titular da liberdade. Não raramente, as decisões que reprimem o comportamento do jornalista têm em foco não a intenção do mesmo em causar um dano (como em um ato emulativo), mas, sim, nos fins da liberdade de impressa e sobre como essa liberdade foi utilizada de modo contrário ao que determinaria a sua função social de informar e esclarecer os destinatários da comunicação.

A liberdade de imprensa, considerada como especialização da liberdade de manifestação do pensamento (ou da expressão), encontra previsão no texto constitucional em diversos dispositivos, podendo-se mencionar os arts. 5º, IV e IX, e 220.[25] A proteção constitucional concedida à liberdade de expressão é ampla

---

24. STF, RE 81902/RJ, Rel. Min. Leitão de Abreu; j. em 18/11/1977.
25. Assim estão redigidos os dispositivos mencionados: "Art. 5º Todos são iguais perante a lei, sem distinção de qualquer natureza, garantindo-se aos brasileiros e aos estrangeiros residentes no País a inviolabilidade do direito à vida, à liberdade, à igualdade, à segurança e à propriedade, nos termos

e deve ser permanentemente fortalecida já que o seu exercício é fundamental para o desenvolvimento de um Estado Democrático de Direito.

A vinculação do abuso no exercício da liberdade de expressão, todavia, não é construção recente, podendo-se identificar no direito positivo a identificação da prática de abusos na liberdade de imprensa já no texto da hoje revogada Lei de Imprensa (Lei nº 5250/1967), quando a mesma dispunha, em seu art. 12 que:

> Art. 12. Aqueles que, através dos meios de informação e divulgação, praticarem abusos no exercício da liberdade de manifestação do pensamento e informação ficarão sujeitos às penas desta Lei e responderão pelos prejuízos que causarem.

Por essa redação, quando o exercício da liberdade de informar extrapolasse a função pela qual a mesma foi reconhecida no ordenamento jurídico, estar-se-ia diante de um caso de abuso da liberdade de imprensa.

Mesmo revogada a Lei de Imprensa, a expressão "abuso na liberdade de manifestação do pensamento", ou ainda a caracterização de abusos no exercício da liberdade de imprensa ou no "dever de informar" são recorrentemente usadas pela jurisprudência para identificar a eventual restrição sofrida pela liberdade de expressão quando a mesma entrar em conflito, por exemplo, com direitos da personalidade como o direito à honra, à privacidade e à imagem.

Tendo em vista que todos os enumerados direitos da personalidade são igualmente tutelados pela Constituição Federal,[26] sendo reconhecidos como direitos fundamentais, faz-se necessário o manejo de critérios que possam solucionar o conflito entre o exercício da liberdade e a proteção dos mencionados direitos.

Enéas Costa Garcia elenca um rol de critérios que têm sido utilizados pela jurisprudência para ultrapassar o conflito existente entre as normas constitucionais mencionadas, decidindo se, no caso concreto, deverá prevalecer a liberdade de imprensa ou os direitos à honra, privacidade e imagem da pessoa ofendida. Segundo o autor, seriam critérios para a solução desses conflitos: (i) o teste da "*actual malice*"; (ii) a ponderação de interesses; (iii) a veracidade da informação;

---

seguintes: IV – é livre a manifestação do pensamento, sendo vedado o anonimato; (...) IX – é livre a expressão da atividade intelectual, artística, científica e de comunicação, independentemente de censura ou licença;" e "Art. 220. A manifestação do pensamento, a criação, a expressão e a informação, sob qualquer forma, processo ou veículo não sofrerão qualquer restrição, observado o disposto nesta Constituição. § 1º Nenhuma lei conterá dispositivo que possa constituir embaraço à plena liberdade de informação jornalística em qualquer veículo de comunicação social, observado o disposto no art. 5º , IV, V, X, XIII e XIV."
26. Dispõe, nesse sentido, o art. 5º, X, da CF que: "X – são invioláveis a intimidade, a vida privada, a honra e a imagem das pessoas, assegurado o direito a indenização pelo dano material ou moral decorrente de sua violação."

(iv) o interesse público envolvido na veiculação do fato noticiado; e (v) o abuso do direito.[27]

Interessa, para os fins do presente estudo, perceber como o abuso do direito é utilizado como critério para avaliar o conflito entre liberdade de imprensa e direitos da personalidade. Segundo o citado autor, o abuso do direito representa um critério bastante utilizado em casos dessa natureza, uma vez que ele pode ser útil para desvendar não apenas a conduta do titular da liberdade de imprensa, mas também para esclarecer sobre eventual abuso do direito da personalidade do pretenso ofendido, que procura mover ação judicial para retirar a publicação de circulação, por exemplo, extrapolando os limites e a finalidade da tutela jurídica de sua honra, privacidade ou imagem.

Por um lado, o abuso do direito pode ser percebido em atuações dos profissionais dos órgãos de imprensa quando os mesmos se valem de sua liberdade para outros fins que não a informação pública. A liberdade de imprensa não pode servir a caprichos, rixas, ou ter a sua função de garantir o direito à informação reduzida a um segundo plano em nome de outros interesses ou para desempenhar outras funções.[28]

De outro lado, o abuso do direito pode também servir de instrumental para verificar se a tutela que se pretende erigir no caso concreto para o direito da personalidade também não extrapola os valores fundamentais e a finalidade social e econômica da tutela dos direitos da personalidade. A honra, a privacidade e a imagem são direitos concedidos às pessoas para que possam resguardar um conjunto de atributos que as identificam e só às mesmas interessam. Quando exercido de modo irregular, desconforme com tais finalidades, o abuso dos direitos da personalidade pode também ser percebido.

Em casos de colisão entre liberdade de imprensa e direitos da personalidade, os últimos podem ser objeto de abuso quando se vale de uma pretensa defesa da privacidade para ocultar fato de relevante interesse público, como a prática de ilícitos por autoridades públicas, ou ainda de eventual defesa da imagem para impedir veiculação de fotografia que atende aos requisitos de licitude tanto na sua coleta como em sua utilização. Não raramente a tutela dos direitos da personalidade pode ocultar uma direta motivação econômica por parte do titular

---

27. Garcia, Enéas Costa. *Responsabilidade Civil dos Meios de Comunicação*. São Paulo: Juarez de Oliveira, 2002. p. 141-142.
28. Nesse sentido poderia ser perguntado: "Agiu ele de modo leal? Adotou as cautelas necessárias para certificar-se da exatidão da notícia? Foi fiel aos fatos? Agiu com lealdade com o investigado, ouvindo--o, conferindo a sua versão? Tinha elementos suficientes para justificar sua crença na seriedade e veracidade do fato noticiado? Transmitiu a notícia de modo honesto, sem dar margens a dúvidas e insinuações? Corrigiu prontamente eventual equívoco?" (Garcia, Enéas Costa. *Responsabilidade Civil dos Meios de Comunicação*. São Paulo: Juarez de Oliveira, 2002. p. 171).

do direito que apenas busca se enriquecer às custas da liberdade de manifestação do pensamento de uns e do direito de acesso a informação de outros tantos.

Do outro lado do espectro, a jurisprudência tem reconhecido, de forma reiterada, situações em que a liberdade de imprensa é alvo de condutas abusivas. O Superior Tribunal de Justiça, por diversas vezes, condenou a empresa responsável pelo órgão de imprensa, ou o jornalista, a ressarcir a vítima por abuso na narração de fatos veiculados pelos meios de comunicação.[29]

Um caso que merece destaque na série de decisões do Superior Tribunal de Justiça aplicando o conceito de abuso na liberdade de imprensa é o julgamento do Recurso Especial 613.374/MG. Tratou-se de circunstâncias nas quais um jornal que havia noticiado a prisão de uma pessoa, valendo-se na manchete do texto jornalístico do cognome (apelido) pelo qual o detido era conhecido nos meios policiais, terminou por causar danos ao mesmo, entendendo o tribunal que essa conduta seria abusiva.

O ofendido ingressou com ação indenizatória baseada no argumento de que o referido cognome, reputadamente depreciativo, de "Hélio Bicha", não era, até então, o modo como era designado em seu círculo social. Após a veiculação da reportagem, o apelido tornou-se comum e a constância do chamamento estaria violando a sua honra e dignidade. Em contestação apresentada no referido processo, a empresa responsável pelo veículo de comunicação asseverou que se valeu de informações constantes na denúncia apresentada pelo Ministério Público e no boletim policial para redigir a matéria jornalística e que nos mencionados documentos havia referência ao ofendido através do cognome.

Embora o tribunal de origem tenha afastado a incidência de abuso no direito de informar, justamente por ter o veículo de comunicação reproduzido os termos constantes do documento, o Superior Tribunal de Justiça reformou a decisão,

---

29. Nesse sentido veja-se: "Ação de indenização por dano moral. Notícia ofensiva à honra e dignidade do autor. Lei de Imprensa. Inépcia da inicial. Decadência afastada. Lesividade e abuso do direito de informação reconhecidos pelas instâncias ordinárias. Matéria de prova. (...) IV – Afirmado pelas instâncias de origem, com supedâneo nas provas dos autos, que as notícias veiculadas ofenderam a honra e a dignidade do autor, rever esse entendimento encontra óbice no enunciado 7 da Súmula desta Corte" (STJ, REsp 473.734/AL, Rel. Min. Castro Filho, j. em 25/05/2004). Na mesma direção, enfatizando o "abuso no direito de narrar": Responsabilidade civil. Lei de Imprensa. Notícia jornalística. Revista Veja. Abuso do direito de narrar. Assertiva constante do aresto recorrido. Impossibilidade de reexame nesta instância. Matéria probatória. Enunciado 7 da Súmula/STJ. Dano moral. Responsabilidade tarifada. Inaplicabilidade. Não-recepção pela Constituição de 1988. Precedentes. *Quantum*. Exagero. Redução. Recurso provido parcialmente. I – Tendo constado do aresto que o jornal que publicou a matéria ofensiva à honra da vítima abusou do direito de narrar os fatos, não há como reexaminar a hipótese nesta instância, por envolver análise das provas, vedada nos termos do enunciado 7 da súmula/STJ" (STJ, REsp 513057/SP, Rel. Min Sálvio de Figueiredo Teixeira, j. em 18/09/2003).

concedendo o direito à indenização por abuso no exercício da liberdade de imprensa. A decisão do STJ assim dispôs sobre o caso:

> Direito civil. Indenização por danos morais. Publicação em jornal. Reprodução de cognome relatado em boletim de ocorrências. Liberdade de imprensa. Violação do direito ao segredo da vida privada. Abuso de direito.
> – A simples reprodução, por empresa jornalística, de informações constantes na denúncia feita pelo Ministério Público ou no boletim policial de ocorrência consiste em exercício do direito de informar.
> – Na espécie, contudo, a empresa jornalística, ao reproduzir na manchete do jornal o cognome – "apelido" – do autor, com manifesto proveito econômico, feriu o direito dele ao segredo da vida privada, e atuou com abuso de direito, motivo pelo qual deve reparar os consequentes danos morais.[30]

É importante ressaltar que a decisão do STJ toma por base para o dever de indenizar não o simples fato de ter o órgão de imprensa se valido de termos constantes de documentos públicos, mas, sim, a forma pela qual esses termos foram utilizados, estampando a manchete do texto jornalístico com manifesto fim econômico. Nesse sentido, conforme consta do voto da relatora:

> Com o delineamento dos fatos, ficou evidenciado que a recorrida, ao reproduzir na manchete do jornal o cognome – "apelido" – do autor, atitude que redundou em manifesto proveito econômico, feriu o direito do recorrente ao segredo de sua vida privada, divulgando desnecessariamente o "apelido" repugnado, e, portanto, atuou com abuso de direito, exsurgindo como consequência do ferimento ao direito de todo cidadão manter a vida privada distante do escrutínio público.

Uma situação que usualmente pode demandar a análise do abuso do direito na manifestação da liberdade de imprensa é a eventual colisão entre direitos de pessoa notória e a exploração de sua imagem por veículo de divulgação de notícias sobre celebridades. O Superior Tribunal de Justiça já se manifestou sobre o tema ao analisar decisão do Tribunal de Justiça do Estado do Rio de Janeiro, que havia condenado revista especializada em fofocas por publicar, com grande destaque, foto na qual famoso ator de novelas, casado, beijava uma figurante no estacionamento da locação. Reconheceu-se no caso que houve abuso por parte do veículo de imprensa.

---

30. STJ, REsp 613.374/MG, Rel. Min. Nancy Andrighi, j. em 17/05/2005 (vencido o Min. Carlos Alberto Direito).

É de se destacar nesse caso que o TJRJ já havia reduzido em oito vezes a indenização concedida em primeira instância por compreender que o ator, dada a sua notoriedade, sofre uma redução na esfera de proteção de alguns direitos da personalidade como a imagem e a privacidade. Contudo, essa redução na tutela de alguns direitos da personalidade não pode servir de pretexto para que abusos venham a ser cometidos por parte dos veículos de imprensa.

Essa ponderação constou do voto da Ministra Nancy Andrighi quando do julgamento do caso no STJ. Segundo o referido voto:

> A situação do recorrido é especial, pois se trata de pessoa pública, por isso os critérios para caracterizar violação da privacidade são distintos daqueles desenhados para uma pessoa cuja profissão não lhe expõe. Assim, o direito de informar sobre a vida íntima de uma pessoa pública é mais amplo, o que, contudo, não permite tolerar abusos.[31]

A ementa do acórdão permite perceber que o intuito de explorar a imagem da pessoa notória de modo exagerado e com o intuito de lucrar sobre essa exploração foi determinante para que o STJ decidisse pela abusividade do comportamento. Sendo assim, "restou caracterizada a abusividade do uso da imagem do recorrido na reportagem, realizado com nítido propósito de incrementar as vendas da publicação."[32]

Ao se fixar o intuito de aumentar as vendas com a exploração da imagem alheia, o STJ acaba por criar um balizamento que poderá ser aplicado em casos futuros envolvendo publicações que essencialmente veiculam histórias e fotos de pessoas notórias. Aqui é relevante perceber que essas publicações em grande parte fazem sucesso porque existe interesse em ver as respectivas fotos

---

31. REsp 1082878/RJ, Rel. Min. Nancy Andrighi; j. em 14/10/2008.
32. O referido acórdão foi assim ementado: "Responsabilidade civil e processual civil. Recurso especial. Ação indenizatória por danos morais. Existência do ilícito, comprovação do dano e obrigação de indenizar. pessoa pública. Artista de televisão. Limitação ao direito de imagem. Juros moratórios. Incidência. Honorários advocatícios e custas processuais. Repartição. – Ator de TV, casado, fotografado em local aberto, sem autorização, beijando mulher que não era sua cônjuge. Publicação em diversas edições de revista de 'fofocas'; – A existência do ato ilícito, a comprovação dos danos e a obrigação de indenizar foram decididas, nas instâncias ordinárias, com base no conteúdo fático-probatório dos autos, cuja reapreciação, em sede de recurso especial, esbarra na Súmula 7/STJ; – Por ser ator de televisão que participou de inúmeras novelas (pessoa pública e/ou notória) e estar em local aberto (estacionamento de veículos), o recorrido possui direito de imagem mais restrito, mas não afastado; – Na espécie, restou caracterizada a abusividade do uso da imagem do recorrido na reportagem, realizado com nítido propósito de incrementar as vendas da publicação; – A simples publicação da revista atinge a imagem do recorrido, artista conhecido, até porque a fotografia o retrata beijando mulher que não era sua cônjuge;"

e ler as histórias que retratam aspectos da vida das chamadas celebridades.[33] Por esse motivo, o "propósito de incrementar as vendas da publicação" existirá em praticamente toda a reportagem e/ou foto que for destacada nesse tipo de publicação. O critério elencado poderá então dificultar o filtro sobre o que é exercício regular da manifestação do pensamento e o que é um abuso do direito.

Adicionalmente, é importante desvincular o abuso de uma investigação subjetiva sobre o intuito de aumentar as vendas, que pode servir como um parâmetro, mas que não deve ser o único, nem o preponderante, para que se procure consagrar o abuso como de forma objetiva.[34]

Existem outras situações em que o abuso no exercício da liberdade de imprensa atinge o veículo que publica matéria sem o necessário apuro investigativo e de forma que possa confundir o destinatário da comunicação. Em tais casos, os tribunais já condenaram empresas jornalísticas por matérias que se mostraram tendenciosas ou nas quais não se narrou o acontecido com a exatidão que a ética jornalística demanda.[35]

Em demanda oferecida por Desembargador do Tribunal de Justiça do Rio de Janeiro contra empresa jornalística, o mesmo TJRJ decidiu que a forma pela

---

33. As celebridades "podem ser definidas como aquelas pessoas que, por suas conquistas, modo de vida, ou mesmo pela profissão ou ofício adotado, que fazem gerar interesse público sobre suas atividades, negócios e caráter, tornam-se **personalidades públicas**" (Dobbs, Dan; Keeton, Robert; Owen, David. *Prosser and Keeton on Torts*. St. Paul: WestGroup, 2004. p. 859-860). Contrariamente ao entendimento de que pessoas notórias experimentam uma redução na tutela de sua privacidade e imagem, *vide* a seguinte passagem de Anderson Schreiber: "É de se rejeitar, de plano, a qualificação de qualquer pessoa humana como 'pública'. Pessoas são privadas por definição. A expressão **pessoa pública** é empregada com o propósito de sugerir que o uso da imagem de celebridades dispensa autorização, pelo simples fato de que vivem de exposição na mídia. A rotulação de atrizes, atletas ou políticos como pessoas públicas vem normalmente acompanhada da sugestão de que o seu direito à imagem (...) é merecedor de uma proteção menos intensa do que aquela reservada às demais pessoas. Muito ao contrário, a proteção da imagem de celebridades é tão intensa quanto a de qualquer um. O fato de viverem de sua imagem na mídia só reforça a importância que a representação física assume em relação àquelas pessoas" (*Direitos da Personalidade*. São Paulo: Atlas, 2011. p. 107-108).
34. Até porque o abuso dispensa a análise sobre eventual dolo do agente. Conforme esclarece a Ministra Nancy Andrighi: "Salvo raras hipóteses previstas de maneira expressa na Lei (v.g., CC/2002, arts. 180, 392, 400, entre outros), o dolo não é pressuposto do ilícito gerador da responsabilidade civil. Com efeito, a regra é de que, excluídas as crescentes hipóteses em que há responsabilidade civil objetiva (CC/2002, arts. 927, parágrafo único, 931, 933, 936 etc.), ou as hipóteses de abuso de direito (CC/2002, art. 187), o ato ilícito *stricto sensu*, em seu aspecto subjetivo, pressupõe, não o dolo, mas a simples culpa do agente para se caracterizar (art. 186 do CC/2002)" (STJ, REsp 885119/RJ, Rel. Min. Nancy Andrighi, j. em 14/09/2010).
35. Nesse sentido, *vide* STJ, Agr. Reg. Em Agr. Instr. 1029932/RJ, Min. Fernando Gonçalves, j. em 21/08/2008. Seguinda consta da ementa do referido acórdão: "Apelação. Publicação de matéria jornalística imputando ao autor a prática de crime. Informação destorcida e incompatível com a verdade dos fatos. Dano moral configurado. 1. A natural diminuição dos limites da privacidade de homens e vida pública não autoriza o abuso de direito, consubstanciado na divulgação tendenciosa ou manipulada de fatos que não reflitam com exatidão os acontecimentos e, muito menos, permite a divulgação de versões truncadas de fatos sem relação direta com a realidade (...)."

qual o autor foi retratado, como magistrado pouco cauteloso no ato de decidir, representava abuso do direito e ofendia a sua honra e imagem. Segundo consta do acórdão:

> A leitura do teor da matéria demonstra, de forma insofismável, que a parte ré distorceu os fatos ao afirmar que o magistrado concedeu liminar às canhas, "em sentença de próprio punho, escrita em casa, sem estar totalmente seguro". As palavras empregadas, à guisa de informar, deram conotação à notícia sem amparo nos fatos ocorridos, imputando ao demandante, magistrado deste Tribunal, conduta irresponsável e até mesmo inescrupulosa.
>
> (...) A imprensa tem o dever de noticiar os fatos tal como ocorreram e não deformar a notícia, a pretexto de informar, e com isso, subliminarmente, formar a conclusão dos leitores a respeito do noticiado, de forma distorcida.
>
> Evidente, portanto, o excesso e o abuso do direito de informar, pela inverdade contida na notícia, capaz de gerar abalo que extrapola o mero aborrecimento.[36]

Procurando traçar padrões para o exercício regular da liberdade de imprensa que possam ser utilizados por julgados futuros, evitando assim subjetivismos na restrição à liberdade de expressão, o STJ assim já decidiu sobre um suposto caso de abuso na manifestação do pensamento:

> Direito civil. Imprensa televisiva. Responsabilidade civil. Necessidade de demonstrar a falsidade da notícia ou inexistência de interesse público. Ausência de culpa. Liberdade de imprensa exercida de modo regular, sem abusos ou excessos.
>
> (...) A liberdade de informação deve estar atenta ao dever de veracidade, pois a falsidade dos dados divulgados manipula em vez de formar a opinião pública, bem como ao interesse público, pois nem toda informação verdadeira é relevante para o convívio em sociedade.
>
> A honra e a imagem dos cidadãos não são violadas quando se divulgam informações verdadeiras e fidedignas a seu respeito e que, além disso, são do interesse público.
>
> O veículo de comunicação exime-se de culpa quando busca fontes fidedignas, quando exerce atividade investigativa, ouve as diversas partes interessadas e afasta quaisquer dúvidas sérias quanto à veracidade do que divulgará.

---

36. TJRJ, Apelação Cível 0147852-11.2009.8.19.0001, Rel. Des. Fernando Cerqueira Chagas, j. em 23/02/2012.

O jornalista tem um dever de investigar os fatos que deseja publicar. Isso não significa que sua cognição deva ser plena e exauriente à semelhança daquilo que ocorre em juízo. A elaboração de reportagens pode durar horas ou meses, dependendo de sua complexidade, mas não se pode exigir que a mídia só divulgue fatos após ter certeza plena de sua veracidade. Isso se dá, em primeiro lugar, porque os meios de comunicação, como qualquer outro particular, não detêm poderes estatais para empreender tal cognição. Ademais, impor tal exigência à imprensa significaria engessá-la e condená-la à morte. O processo de divulgação de informações satisfaz verdadeiro interesse público, devendo ser célere e eficaz, razão pela qual não se coaduna com rigorismos próprios de um procedimento judicial. (...) A suspeita que recaía sobre o recorrido, por mais dolorosa que lhe seja, de fato, existia e era, à época, fidedigna. Se hoje já não pesam sobre o recorrido essas suspeitas, isso não faz com que o passado se altere. Pensar de modo contrário seria impor indenização a todo veículo de imprensa que divulgue investigação ou ação penal que, ao final, se mostre improcedente. Recurso especial provido.[37]

O abuso da liberdade de expressão, por óbvio, não é restrição exclusiva das atividades de órgãos mais facilmente identificáveis como "imprensa". O exercício abusivo dessa liberdade pode se dar nas mais distintas formas de manifestação do pensamento. No caso específico da internet, a facilidade com a qual se pode publicar um texto, um comentário, uma foto ou um vídeo, multiplicam as hipóteses potencialmente abusivas.

Nesse sentido, o Tribunal de Justiça do Estado do Rio de Janeiro já decidiu que a publicação de um artigo na internet com críticas que se mostraram infundadas ao comportamento de um médico pode ser enquadrada como abuso no

---

37. STJ, REsp 984.803/ES, Rel. Min. Nancy Andrighi, j. em 26/05/2009. Em caso decidido de forma similar, o TJRJ entendeu que a editora que divulgou fatos ocorridos durante uma festa de casamento não deveria ser responsabilizada por abuso do direito porque a "publicação restringiu-se a narrar fato público e notório, de forma objetiva, sem expressões pejorativas, devendo-se ressaltar que outros veículos de imprensa publicaram a mesma notícia" (TJRJ, Apelação Cível nº 0100151-83.2011.8.19.0001, Rel. Des. André Ribeiro, j. em 07/03/2012). Em outra situação, envolvendo nota em *blog* publicado por jornalista que fazia críticas à atuação da Confederação Brasileira de Futebol (CBF), assim entendeu o TJRJ: "Nota jornalística que apenas limitou-se a narrar fatos verídicos e a emitir juízo valorativo crítico, mas não negativo. Conduta que não possui lesividade. Apelado que não se excedeu nas informações veiculadas, não extrapolou a intenção de narrar os fatos e não emitiu juízo de valor negativo acerca da honra da apelante. Impossibilidade de se negar ao jornalista, no exercício regular de sua profissão, o direito de divulgar fatos e até de emitir juízo de valor sobre a conduta de alguém, com a finalidade de informar a coletividade, ainda mais em se tratando de assunto do mais alto interesse público (...) Não configuração, na hipótese, de abuso da liberdade de informação ou de ataque à honra objetiva da apelante" (Apelação Cível n. 0008184-51.2007.8.19.0209, Rel. Des. Ismenio Pereira de Castro, j. em 04/03/2010).

exercício da liberdade de expressão. Conforme consta da ementa do referido acórdão:

> Responsabilidade civil. Dano moral. Publicação. Artigo. Internet. Difamação. Dano à honra e à imagem profissional do autor. Abuso de direito. Dano moral.
> (...) Conflito entre dois direitos fundamentais igualmente garantidos pela Carta Magna: o direito à honra e à imagem do Autor (art. 5º, incisos V e X) e o direito à liberdade de expressão do Réu (art. 5º , incisos IV e IX). Necessidade de ponderação.
> Não há duvida de que a liberdade de expressão deve ser não só protegida como promovida pelo Estado e pela sociedade civil, mas seu regular exercício pressupõe a observância de limites orientados pela ética e pelos princípios da função social e da boa-fé objetiva, esquecidos pelo Réu.
> Clara difamação da imagem profissional do Autor. Configuração do abuso de direito na conduta do Réu, que dispensa a configuração do elemento culpa. Súmula 127 deste Eg. Tribunal de Justiça.
> Existência do dano moral. Valor da indenização mantido, porque fixado com razoabilidade.[38]

A realização de campanhas eleitorais, por sua vez, é um momento no qual o exercício da liberdade de expressão é constantemente confrontado com a possibilidade de se abusar quando uma crítica ou uma acusação é feita durante os debates ou na propaganda eleitoral. Um caso bastante curioso levou o STJ a apreciar situação em que dois políticos trocaram exaltadas manifestações em época eleitoral e a indenização terminou por recair inclusive sobre aquele que, uma vez atacado e obtendo direito de resposta, abusou desse direito e proferiu, de sua própria parte, ofensas contra o agressor original.[39]

---

38. TJRJ, Apelação Cível, Processo nº 0411661-54.2010.8.19.0001, Des. Caetano da Fonseca Costa, j. em 01/08/2012.
39. Transcreve-se, para fins ilustrativos, trecho do voto que narra as ofensas trocadas e a respectiva aplicação do abuso do direito: "Posto seja livre a manifestação do pensamento – mormente em épocas eleitorais, em que as críticas e os debates relativos a programas políticos e problemas sociais são de suma importância, até para a formação da convicção do eleitorado –, tal direito não é absoluto. Ao contrário, encontra rédeas tão robustas e profícuas para a consolidação do Estado Democrático de Direito quanto o direito à livre manifestação do pensamento: trata-se dos direitos à honra e à imagem, ambos condensados na máxima constitucional da dignidade da pessoa humana. 3. Na espécie, é incontroverso que o ora recorrente imputou ao recorrido a criação, no Estado do Rio de Janeiro, de associação alcunhada 'fetranscoca', que consistiria em suposta ligação entre o recorrente e seus copartidários com o tráfico ilícito de entorpecentes, com o escopo de 'manipular e influenciar as eleições, inclusive financiando e elegendo candidatos, tudo com o dinheiro circulante no tráfico de drogas'. Salta aos olhos, portanto, que não se trata de '**simples manifestação do seu pensamento e do exercício de seu legítimo direito de crítica**', como pretende demonstrar o recorrente. Ao reverso,

Os limites entre imagem e liberdade de expressão podem ser encontrados na proibição do abuso de ambos os lados. Conforme explicitado pelo Ministro Jorge Scartezzini em acórdão sobre a matéria:

> A responsabilidade civil decorrente de abusos perpetrados por meio da imprensa abrange a colisão de dois direitos fundamentais: a liberdade de informação e a tutela dos direitos da personalidade (honra, imagem e vida privada). A atividade jornalística deve ser livre para informar a sociedade acerca de fatos cotidianos de interesse público, em observância ao princípio constitucional do Estado Democrático de Direito; contudo, o direito de informação não é absoluto, vedando-se a divulgação de notícias falaciosas, que exponham indevidamente a intimidade ou acarretem danos à honra e à imagem dos indivíduos, em ofensa ao fundamento constitucional da dignidade da pessoa humana.[40]

Dessa forma, percebe-se como o abuso do direito, partindo da previsão expressa da antiga lei de imprensa, ganhou novos fóruns e se tornou um critério bastante utilizado para solucionar conflitos envolvendo a liberdade de imprensa e a tutela dos direitos da personalidade na jurisprudência, especialmente observando os tribunais se o exercício dessa liberdade se deu dentro das funções esperadas, ou se a mesma foi utilizada para atender a interesses particulares e em detrimento de sua função original.[41]

---

as afirmações de que o recorrido teria se associado ao tráfico de drogas carioca, com vistas a obter proveito eleitoral, revela ofensa direta à sua pessoa, pois se trata de prática cuja reprovabilidade é evidente. (...) 4. O pedido reconvencional, por outro lado, também deve ser julgado procedente. Isso porque as declarações verberadas pelo ora recorrido, segundo as quais o recorrente seria 'pessoa sem caráter, que foi puxada pelos fundilhos das calças, um 'desequilibrado', 'traidor' e 'fascista' transbordam os limites dos direitos de resposta e manifestação do pensamento, igualmente, garantidos constitucionalmente. Isso decorre do fato de que os predicados irrogados à pessoa do recorrente não revelam qualquer intuito de resposta à acusação anterior – de que haveria uma 'fetranscoca' arquitetada pelo recorrido. Em realidade, a pretexto de responder às agressões anteriormente sofridas, utiliza-se do mesmo instrumento de que fez uso seu adversário político: ofensas diretas à honra do ora recorrente. 5. Não se há confundir direito de resposta com direito de vingança, porquanto aquele não constitui crédito ao ofendido para que possa injuriar ou difamar o seu ofensor" (STJ, REsp 296391/RJ, Min. Luis Felipe Salomão, j. em 19/02/2009).
40. REsp 818764/ES, Min. Jorge Scartezzini, j. em 15/02/2007.
41. Enéas Garcia Costa menciona que nos conflitos envolvendo liberdade de imprensa e direitos da personalidade, em especial quando se está diante de casos envolvendo privacidade e imagem, os critérios do interesse público e do abuso do direito são os mais utilizados pelos tribunais, possuindo, na prática, "grande influência na solução do conflito" (*Responsabilidade Civil dos Meios de Comunicação*. São Paulo: Juarez de Oliveira, 2002. p. 173).

3.3.3. Abuso e direito autoral[42]

O abuso do direito é um instituto em permanente construção. Dotado de natural abertura, que permite ao intérprete se valer do mesmo para restringir o exercício de direitos fora de suas funções socioeconômicas, ou em desacordo com a boa-fé e os costumes, conforme dispõe o art. 187 do Código Civil, ele tem encontrado um campo vasto de aplicação nas relações jurídicas envolvendo a criação intelectual.

A conceituação do abuso do direito como o exercício do mesmo fora de suas funções reclama a definição, ainda que propositiva, de quais funções deveria cada direito exercer. Nesse particular, não existe concordância na doutrina nacional sobre quais e quantas seriam as funções desempenhadas pelo direito autoral, mas, para os fins do presente estudo, pode-se trabalhar com a identificação de apenas duas funções, de modo a reproduzir os dois principais interesses envolvidos na tutela autoral.

A primeira função a ser apontada é a função promocional do direito autoral, consubstanciada na existência de uma exclusividade temporária que se concede ao autor para exploração da obra. A exclusividade concedida ao autor tem em vista o estímulo para que o mesmo possa continuar a criar, aumentando assim o patrimônio cultural nacional, enriquecendo o acervo de obras produzidas e contribuindo para o desenvolvimento do país.

Esse estímulo obtido através da concessão da exclusividade não raramente é absorvido pelo conceito de remuneração, de pagamento pelo uso autorizado da obra, embora essa associação não seja inteiramente procedente. Pode-se chamar essa função desempenhada pelo direito autoral de "promocional" justamente porque, para alcançar um fim, o ordenamento se vale não de sanções negativas, mas, sim, de sanções positivas, oferecendo vantagens para aquele que cria e incentivando determinados comportamentos na sociedade.

A segunda função que pode ser aqui apontada é a chamada função social do direito autoral, identificada como a viabilização do acesso ao conhecimento. A tutela autoral não existe apenas para incentivar autores a criar através da concessão de exclusividades, mas também para garantir os meios pelos quais terceiros poderão ter acesso às obras criadas, com um grau maior ou menor de liberdade. Conforme explicita Pedro Mizukami:

> De forma geral, é possível dizer que a função social da propriedade intelectual é uma disposição constitucional que vincula o exercício dos direitos de propriedade

---

42. Parte desse item é uma versão ampliada e atualizada de trecho do nosso artigo Abuso do Direito Autoral e Relações Contratuais, publicado em Marcos Wachowicz e Carol Proner. *Inclusão Tecnológica e Direito à Cultura*. Florianópolis: Fundação Boiteux, 2012. p. 123-160.

intelectual a um regime **amplo** de limitações, derivadas de um número de direitos individuais e sociais previstos na CF/1988, como educação, cultura e liberdade de expressão, e de uma série de objetivos estatais, como livre concorrência, difusão de bens culturais e defesa do consumidor.[43]

As demandas públicas por acesso ao conhecimento e à informação definem a função social do direito autoral não porque somente essa verbalização pode incluir outros direitos fundamentais ligados com a tutela autoral, como o direito à educação, à cultura e à liberdade de expressão, mas principalmente porque, nos últimos anos, tem crescido internacionalmente um movimento de limitação dos direitos autorais que se vale da sigla A2K (*"access to knowledge"*, em inglês, ou "acesso ao conhecimento", em português) para construir um arcabouço legal de combate ao exercício abusivo dos direitos autorais e valorização do interesse público.[44]

O cerne dessa função social do direito autoral reside na garantia de que o acesso ao conhecimento e à educação será instrumentalizado através de um sistema que, se por um lado estimula a criação com a outorga de uma exclusividade, por outro cria já na própria tutela determinadas restrições ao exercício do direito autoral, garantindo certos usos da obra sem que seja necessária a autorização ou qualquer pagamento ao seu autor, e ainda limita a referida exclusividade a determinado período de tempo, findo o qual todos podem utilizar a obra para os mais diversos fins.[45]

---

43. Mizukami, Pedro Nicoletti. *Função Social da Propriedade Intelectual:* Compartilhamento de Arquivos e Direitos Autorais na CF/88. Dissertação apresentada ao programa de pós-graduação da Pontifícia Universidade Católica de São Paulo, 2007 (mimeo). p. 471.
44. Nessa direção um Tratado sobre Acesso ao Conhecimento foi proposto no âmbito da Organização Mundial de Propriedade Intelectual (OMPI) e suas negociações visam à aprovação de um texto global sobre acesso ao conhecimento, ou ao desenvolvimento de normatizações sobre assuntos correlatos, como limitações e exceções no plano internacional. A minuta do Tratado sobre Acesso ao Conhecimento pode ser encontrada em: http://www.cptech.org/a2k/a2k_treaty_may9.pdf. Acessado em 30/01/2012. Para maiores informações sobre o movimento A2K *vide* http://a2kbrasil.org.br/--WeBlog-. Acessado em 30/01/2012.
45. Quanto mais equilibrada for a balança na qual são pesados os interesses privados e públicos, melhor ambas as funções, promocional e social, serão desempenhadas pelo direito autoral, evitando-se assim o seu uso abusivo. Nessa direção, é importante desde logo não se identificar a função promocional como sempre estando relacionada aos interesses privados de autores e dos titulares do direito autoral, assim como a função social não é apenas a representação de interesses públicos. Embora essa qualificação possa ser feita de forma preliminar, apenas para identificar os interesses primordialmente enfocados quando se for abordar cada uma das funções, vale destacar que há interesses públicos na função promocional, assim como podem existir interesses privados na função social. Nesse sentido, o estímulo à criação autoral representa um interesse privado bastante evidente na remuneração, mas o seu principal efeito é o incremento do patrimônio cultural de um povo, e esse é um interesse de natureza evidentemente pública. De outro lado, na função de promoção ao acesso ao conhecimento, o interesse público evidente é a educação e o progresso intelectual daqueles que têm acesso às obras

Como todo instituto que recebe uma nova aplicação, os seus efeitos, o impacto que irá causar, e a longevidade de seu reconhecimento ainda são incógnitos para quem o investiga em momento que se pode dizer ainda próximo de seu surgimento, especialmente no que diz respeito à sua utilização pela doutrina e jurisprudência brasileiras.

Isso não significa dizer que as fontes sobre o abuso do direito autoral sejam insuficientes para a partir delas se buscar uma definição da figura e do papel que a mesma pode representar na busca por um maior equilíbrio na tutela conferida pela legislação às criações intelectuais. Existem autores que já dedicaram parte de seus estudos, com maior ou menor fôlego, à aplicação do abuso do direito autoral e decisões de tribunais, sobretudo estrangeiros, que contribuem para identificar o campo de aplicação dessa modalidade de abuso, aproximando a figura daquelas pertinentes ao direito da concorrência.[46]

Além disso, o projeto para reforma da Lei de Direitos Autorais, conforme hoje apresentado pelo Ministério da Cultura, prevê expressamente mecanismos de repressão a condutas abusivas que se valem da proteção autoral.

Para que se possa compreender como o abuso do direito autoral atua na limitação ao exercício de tais direitos em contradição com as funções que direcionam a proteção autoral, é preciso inicialmente passar em revista um pouco da experiência norte-americana na criação do conceito de *copyright misuse*, em seguida investigando a sua recepção no Brasil e o futuro dessa aplicação do abuso no processo de reforma da legislação.

3.3.3.1. A doutrina do *copyright misuse* e a experiência norte-americana na limitação do exercício dos direitos autorais

Existe na doutrina e na jurisprudência norte-americanas uma expressão bastante aproximada, em termos semânticos, do "abuso de direito autoral". A expressão *"copyright abuse"* é geralmente aplicada em situações nas quais o titular do direito autoral termina por exercê-lo de forma a extrapolar os limites desse mesmo direito, atingindo terceiros.

---

autorais, mas, da mesma forma, existem interesses privados na função social, como o interesse de outros autores de se valer de obra alheia para criar obras próprias.

46. Dentre os vários casos decididos na Comissão Europeia sobre exercícios abusivos de direitos autorais e seus consequentes impactos concorrenciais podem-se destacar os casos IMS Health Incorporated (Comissão Europeia, Processo COMP D3/38.044, j. em 03/07/2001) sobre a recusa de licenciamento de uma base de dados e o caso Magill (Casos 241/91 P e C-242/91 P. Radio Telefis Eireann (RTE) and Independent Television Publications Ltd. (ITP) v. Commission of the European Communities), envolvendo a recusa por parte de dois canais de televisão irlandeses, com base no direito autoral, em fornecer as suas programações para uma editora interessada em produzir uma revista contendo programação dos respectivos canais.

Em termos processuais, todavia, a expressão mais utilizada para se referir a situações como as aqui estudadas não é "*copyright abuse*", mas sim "*copyright misuse*". A utilização da expressão *copyright misuse* é amplamente reconhecida pela doutrina e pelos tribunais, podendo-se mesmo falar na existência de uma teoria do *copyright misuse*, ou do "mau uso do direito autoral".

Essa teoria equivaleria, no direito norte-americano, à aplicação da teoria do abuso do direito nas relações jurídicas envolvendo direitos autorais. Todavia, algumas características da teoria do *copyright misuse* precisam ser comentadas, uma vez que a sua construção eminentemente processual lhe confere alguns contornos distintos daqueles encontrados na teoria do abuso do direito autoral que se procura reconhecer no direito pátrio.

De forma geral, a origem processual da teoria do *copyright misuse* está diretamente relacionada à construção, pela jurisprudência norte-americana, do entendimento de que deve existir um parâmetro de honestidade na condução e na produção de provas em um processo judicial. Essa exigência de comportamento imposta às partes processuais geralmente é designada pelo brocardo "*equity must come with clean hands*".[47]

Os tribunais, dessa forma, não deveriam prestigiar condutas ou reconhecer provas que foram trazidas aos autos a partir de comportamentos antiéticos. Justamente para evitar a falsificação de provas, ou demais comportamentos fraudulentos, os tribunais passaram a reconhecer a teoria chamada de "*unclean hands*" como argumento de defesa levantado pela parte prejudicada por um comportamento antiético de seu *ex adverso*.

A noção de que o exercício abusivo do direito autoral não pode obrigar terceiros ao seu cumprimento e observância deriva justamente da construção da teoria processual das "*unclean hands*". Nesse sentido, tal qual a produção de provas falsificadas fere a equidade que se espera de um processo judicial, a tentativa de fazer valer-se um exercício abusivo do direito autoral também seria uma hipótese de comportamento a ser rechaçado pelos tribunais.

Em termos mais específicos, além estar relacionada à afirmação de um parâmetro de honestidade esperado das partes em um processo judicial, a doutrina do *copyright misuse* guarda uma origem mais próxima com relação à defesa, frequente em processos sobre a violação de direitos protegidos por patentes, conhecida como *patent misuse*.

A teoria do *patent misuse* foi criada pelos tribunais norte-americanos para impedir que o exercício do monopólio gerado pela concessão de uma patente se desse de forma a causar impactos anticoncorrenciais. Essa teoria surgiu como

---

47. Leaffer, Marshall. *Understanding Copyright Law*. Newark: Lexis Nexis, 2005. p. 518.

um argumento de defesa a ser utilizado pela parte que, em um contrato de licenciamento de patente, deixa de pagar os *royalties* devidos.

A evolução do direito industrial norte-americano assimilou a teoria do *patent misuse* como forma de impedir que o titular de uma patente usasse o seu poder econômico para restringir a concorrência em outros mercados não cobertos originalmente pela extensão da patente concedida. Esse efeito poderia ser alcançado, por exemplo, através de restrições impostas em contratos de licenciamento.

Embora a prática tenha consagrado a doutrina do *misuse* como um argumento de defesa válido e muito utilizado no campo do direito da concorrência, vale lembrar que, no direito norte-americano, o réu em ações indenizatórias por violação de patentes pode se valer do argumento sem que seja preciso demonstrar qualquer restrição à concorrência pelo uso abusivo, ou ainda que o réu tenha sofrido qualquer dano individualmente considerado.

A doutrina do *patent misuse* tem sofrido ultimamente uma série de críticas baseadas no fato de que a ampliação de sua utilização levará a certo desestímulo à inovação, uma vez que ela termina por restringir o espectro de atuação do titular do direito de patente.

Uma alteração na legislação norte-americana, em 1998, reduziu sensivelmente a amplitude de utilização do argumento do *patent misuse*, ao determinar que um tribunal apenas pode reconhecer que houve mau uso da patente quando "o titular da patente tiver poder de mercado para a patente ou produto patenteado sobre o qual o licenciamento ou venda é condicionado".[48]

Embora a doutrina da má utilização de uma patente tenha uma longa trajetória no campo do direito industrial, até recentemente a sua aplicação para o campo do direito autoral ainda não havia sido legitimada por decisões judiciais. Com isso, pode-se dizer que a noção de abuso no exercício da propriedade intelectual surgiu, e ainda hoje é mais forte no direito norte-americano, no que se refere as patentes em comparação com direitos autorais.

Tanto na patente como no direito autoral existe a necessidade de atendimento de um interesse público que fundamenta a concessão de um uso exclusivo por parte do ordenamento jurídico ao titular da patente ou do direito autoral. Esse interesse público reside no desenvolvimento de um patrimônio intelectual, constantemente incrementado por novas criações artísticas, científicas, culturais e industriais. A esse interesse público corresponderia, grosso modo, a chamada função social da propriedade intelectual.

Mas para garantir esse constante fluxo de criação, o ordenamento jurídico cria meios de incentivar os autores a continuarem a criar, geralmente expresso

---

48. 35 USC par. 271 (d).

através de uma exclusividade espacial e temporal de utilização de seus frutos. Trata-se então da função promocional da propriedade intelectual.[49]

Uma decisão bastante citada sobre o tema, que reconheceu inclusive a vinculação entre as doutrinas do *patent* e do *copyright misuse*, é aquela proferida em 1990 no caso *Lasercomb America, Inc v. Reynolds*, apreciado pelo Tribunal Federal de Apelações do Quarto Circuito.[50]

No referido caso, o réu desenvolveu um *software* baseado em ideia constante em programa de computador ao qual o mesmo teve acesso através de um contrato de licenciamento. A empresa Lasercomb (licenciante) havia feito constar nos termos do contrato de licenciamento que o licenciado estaria proibido de criar qualquer programa de computador que se valesse das ideias implementadas pela empresa no software contratado. Essa cláusula, segundo reconheceu o tribunal, constituiria um verdadeiro abuso no exercício do direito autoral por parte da empresa licenciante, pois estaria ampliando o espectro de proteção conferido pela legislação sobre direito autoral para esferas que terminariam por restringir de forma abusiva a criatividade alheia. Seria esse um caso de abuso do direito autoral.

A partir da decisão no caso Lasercomb, a doutrina e os tribunais passaram a se utilizar de forma mais ampla da doutrina do *copyright misuse*. Com o surgimento de novos casos[51] e com o apoio favorável de diversos autores, a defesa baseada em *copyright misuse* se tornou um instrumento fundamental para réus em ações de violação de direitos autorais.

Embora a doutrina do *copyright misuse* guarde semelhanças com a doutrina do *patent misuse*, a primeira se encontra mais distante de valorações sobre os impactos concorrenciais do exercício do direito de propriedade intelectual. Essa separação entre direito concorrencial e direito autoral, para fins de avaliação do abuso do direito autoral, foi objeto de comentário da decisão do caso Lasercomb. Conforme consta da referida decisão:

---

49. Embora existam diferenças nos fundamentos e especialmente na aplicação do regime de tutela relativa aos direitos autorais de um lado, e à propriedade industrial de outro, a determinação das duas referidas funções parece apontar para um desenho claro dos interesses envolvidos na criação intelectual e para uma tentativa de melhor equilibrá-los no exercício desses direitos.
50. Tribunal Federal de Apelações do Quarto Circuito, *Lasercomb America Inc. v. Reynolds*; j. em 16/08/1990.
51. Pode-se citar, nesse sentido, a decisão do caso Assessment Techs of WI. LLC v. WIREdata Inc (350 F.3d 640, 2003 – Tribunal Federal de Apelações do Sétimo Circuito): "O argumento pela aplicação da teoria do abuso do direito autoral para além de indagações sobre direito concorrencial, além do fato de que se ficasse restrita ao campo antitruste a teoria seria redundante, faz perceber que o titular de um direito autoral pode buscar em sede de ações indenizatórias uma proteção típica de propriedade, o que a legislação autoral não o concede, esperando forçar um acordo ou mesmo a obtenção de uma vitória injusta sobre um adversário que não possui os recursos econômicos ou a sofisticação legal para resistir, constituindo um abuso do processo."

Embora seja verdade que a tentativa de se usar o direito autoral para violar a legislação concorrencial possa dar origem a uma defesa baseada no abuso do direito autoral, a relação não é necessariamente verdadeira – o abuso não precisa ser uma violação da legislação concorrencial para permitir a utilização de uma defesa em ações indenizatórias. A questão não é se o direito autoral está sendo utilizado de uma forma que viola a legislação concorrencial (como no caso de se perquirir se o contrato de licenciamento é razoável), mas se o direito autoral está sendo usado de forma a violar os interesses públicos envolvidos na concessão desse direito.[52]

Outros casos podem ser citados como exemplos de aplicação da doutrina do *copyright misuse* sem análise de implicações sobre direito concorrencial. Nesse sentido, vale destacar o caso *Practice Management Information Corp. v. American Medical Association* (AMA), no qual o Tribunal reconheceu a procedência do pleito por *copyright misuse* relativamente ao licenciamento pela American Medical Association de um sistema de codificação de procedimentos médicos que permitia aos profissionais de medicina identificar certos problemas de saúde com precisão.[53]

Ao contratar o licenciamento do sistema com a Federal Health Care Financial Administration, a AMA exigiu que o seu sistema de codificação fosse utilizado com exclusividade pela agência, não sendo permitido o uso de qualquer outro sistema concorrente. A agência obrigou todos os seus conveniados a utilizar o sistema licenciado para receber o reembolso por despesas médicas. O tribunal reconheceu que a empresa Pratice Medical, que gostaria de publicar o sistema de codificação sem ter que contratar o seu licenciamento, poderia fazê-lo baseada no fato de que a AMA havia abusado do direito autoral sobre o seu sistema de codificação. Essa decisão, é importante mencionar, não requereu qualquer comprovação sobre impactos concorrenciais por parte da empresa-autora.

A utilização do *copyright misuse* como argumento pelo autor de certa ação judicial representa a minoria das situações em que o *copyright misuse* é reconhecido pelos tribunais. A teoria, na maior parte das vezes, é invocada como argumento de defesa em ações indenizatórias.

Mais recentemente outro caso ganhou notoriedade por utilizar a teoria do *copyright misuse* como argumento em prol do autor da ação judicial. Trata-se de caso envolvendo a empresa Diebold, especializada na fabricação de caixas eletrônicos tipo ATM e urnas eletrônicas utilizadas em processos eleitorais nos

---

52. Tribunal Federal de Apelações do Quarto Circuito, *Lasercomb America Inc. v. Reynolds*, j. em 16/08/1990.
53. Tribunal Federal de Apelações do Nono Circuito, *Practice Management Information Corp. v. American Medical Association*, j. em 06/08/;1997.

Estados Unidos. Ao descobrir que documentos elaborados por seus funcionários demonstrando falhas em urnas eletrônicas já vendidas foram disponibilizados na Internet, a empresa encaminhou uma série de notificações a pessoas e provedores envolvidos com a divulgação do material. A Diebold alegava que possuía direito autoral sobre aquela documentação e que, com o pleito de infração ao direito autoral, poderia se valer das disposições do *Digital Millenium Copyright Act* e demandar a retirada do conteúdo do ar.

Como algumas pessoas não cederam às notificações, o caso ganhou repercussão, principalmente porque, alegavam alguns dos notificados, as informações ali contidas eram de interesse público e o direito autoral da empresa não poderia ser utilizado para cercear a liberdade de expressão.[54] Após desistir de processar os destinatários das notificações, dois alunos do Swarthmore College e o provedor notificado Online Policy Group ingressaram com uma ação judicial indenizatória contra a empresa alegando que a mesma havia abusado do seu direito autoral sobre os documentos para constranger terceiros e censurar o debate público sobre segurança das urnas eletrônicas.

Três circunstâncias tornam esse caso peculiar: (i) de início, o caso representa uma utilização do argumento de abuso do direito autoral como instrumento de reforço ao pleito autoral e não como um argumento de defesa; (ii) os autores se valem da até então pouco utilizada seção 512(f) do DMCA, que prevê a possibilidade de a pessoa prejudicada por qualquer uso abusivo das disposições do DMCA buscar a compensação pelos danos sofridos; e (iii) a linguagem das petições e da cobertura da imprensa[55] sobre o caso não se centrou na expressão *copyright misuse*, mas, sim, na expressão *copyright abuse*, o que torna as discussões mais próximas à verbalização alcançada no direito continental sobre o tema. A decisão da corte distrital da Califórnia[56] reconheceu o pleito autoral e declarou haver uso abusivo do direito autoral por parte da empresa.[57]

Embora a aplicação da teoria do *copyright misuse* venha ganhando terreno e seja gradativamente utilizada pelos tribunais norte-americanos, a doutrina

---

54. Para um relato do caso Diebold e outras situações em que o DMCA é utilizado de forma abusiva, *vide* Lasica, J. D. *Darknet:* Hollywood's War against the Digital Generation. Hoboken: Wiley, 2005. p. 141 e segs. Para uma perspectiva do caso como um exemplo de democracia participativa na esfera pública, *vide* Durante, Massimo. *Il Futuro del Web* – Etica, Diritto, Decentramento: Dalla Sussidiarietà Digitale all'Economia dell'Informazione in Rete. Turim: G. Giappichelli, 2007. p. 256 e ss.
55. *Vide*: http://www.technewsworld.com/story/32812.html. Acessado em 30/09/2012.
56. Corte Distrital da Califórnia, Divisão de San José, *Online Privacy Group et al. vs. Diebold Inc.*; j. em 30/09/2004. Disponível em: http://www.internetlibrary.com/pdf/Online-Policy-Diebold-9-30-04.pdf. Acessado em 30/08/2012.
57. O *press release* da Electronic Frontier Foundation sobre o caso pode ser acessado no seguinte endereço: http://www.eff.org/news/archives/2004_09.php#001961. Acessado em 30/08/2012.

encontra alguns questionamentos sobre a sua viabilidade a longo prazo. Marshall Leaffer lembra que essa crescente aplicação da teoria do *copyright misuse* nos últimos anos não deixa de representar certo paradoxo, uma vez que a teoria que lhe deu origem, ou seja, a teoria do *patent misuse*, passa por uma fase de redução do seu espectro por força de alterações legislativas que restringiram a sua aplicação.[58]

O mesmo autor afirma que esse paradoxo é ainda reforçado pela constatação de que existiriam menos motivos para se criar uma teoria sobre o exercício abusivo dos direitos no campo do *copyright* com relação a patentes e à propriedade industrial como um todo. Esse argumento, segundo o autor, derivaria da constatação de que, enquanto o monopólio concedido pela patente possui fortes traços econômicos, a exclusividade proporcionada pela legislação autoral não contaria com esse apoio na análise econômica.

Dito de outra forma, a exclusividade da propriedade industrial teria mais razões para ser flexibilizada por uma teoria do uso abusivo, pois a sua concessão causaria um maior impacto no mercado relevante. Por outro lado, os bens protegidos por direito autoral são mais facilmente substituíveis do que aqueles protegidos por patentes. Diferentes filmes, músicas e *softwares* podem competir livremente no mercado, tendo cada qual o seu respectivo titular. Assim, a proibição de cópia da obra criada não levaria a exclusividade gerada pelo direito autoral a formar, de imediato, a confirmação de um poder econômico que poderia levar a um abuso de poder de mercado.

A opinião de Marshall Leaffer parece criar a dependência de uma análise de natureza econômica para determinar se o exercício de um direito é ou não abusivo. Os elementos econômicos podem ser de extrema valia para a caracterização do comportamento abusivo, mas não se devem criar vínculos no sentido de que só existe abuso do direito autoral se esse exercício criar efeitos negativos em certo mercado. A análise da abusividade é estritamente funcional, observando o desempenho do direito autoral fora das suas funções e desatendendo aos valores que inspiram a sua proteção pelo ordenamento jurídico.

Todavia, a importância da análise econômica não deve ser desprestigiada; ela apenas não está no cerne da teoria do abuso do direito. A investigação sobre o impacto do monopólio legal sobre o bem intelectual em certo mercado poderá, por outro lado, auxiliar na percepção da abusividade. Nesta direção, considerações sobre o direito concorrencial poderão se juntar à análise funcional para diagnosticar o abuso e seus impactos.

---

58. Leaffer, Marshall. Op. cit., p. 520.

No Brasil, a importância da contribuição trazida pelo direito da concorrência para a verificação do abuso no exercício do direito autoral pode ser percebida através de uma simples constatação: se os tribunais de justiça ainda não fizeram uso da teoria do abuso do direito autoral para impedir tais condutas, o CADE, e demais órgãos do sistema brasileiro de concorrência, já o fizeram, apreciando casos em que o abuso de poder econômico foi efetivado através do direito de exclusividade concedido pelo ordenamento ao autor ou titular do direito autoral.[59] Em casos envolvendo a recusa de contratar, a exclusividade da tutela autoral foi o instrumento utilizado pelos titulares do direito autoral para abusar de uma posição dominante em certo mercado relevante.

Por isso, o abuso do poder econômico não deve ser confundido com o abuso do direito autoral propriamente dito.[60] Nem sempre o abuso da tutela autoral terá repercussão concorrencial, sendo essa uma das principais contribuições que se pode buscar da experiência norte-americana com a doutrina do *copyright misuse*.

A partir do caso Diebold, referido anteriormente, pode-se esperar que o *copyright misuse* receba maior destaque por parte da doutrina e jurisprudência norte-americana, contribuindo para o reequilíbrio dos interesses na proteção autoral que, assim como no Brasil, encontra-se predominantemente voltada para a afirmação de uma perspectiva privada sobre o regime que deve orientar a produção e o acesso às obras intelectuais.

3.3.3.2. O reconhecimento do abuso do direito autoral no Brasil

A aplicação da teoria do abuso do direito autoral no Brasil certamente ainda está aquém de todo o seu potencial. Se o abuso do direito propriamente dito tem recebido uma aplicação cada vez mais constante por parte da jurisprudência nacional, a sua utilização como ferramenta de limitação do exercício do direito autoral ainda necessita de um tratamento mais aprofundado.

A pouca literatura encontrada sobre abuso do direito autoral é, todavia, contrastada com o maior destaque que se confere no âmbito da propriedade industrial ao exercício abusivo do direito conferido especialmente às invenções

---

59. A matéria foi discutida nos autos do Processo Administrativo nº 53500.000359/99, j. em 07/03/2001, que envolvia a discussão sobre a recusa de contratar, pela TV Globo, quando solicitada pela TVA a ceder o direito de transmissão de sua programação por operadoras de televisão por assinatura via satélite. Outro caso a tratar do tema foi o Processo Administrativo nº 08012.000172/98-42, j. em 26/03/2003, envolvendo Power-Tech Teleinformática Ltda. (Power-Tech) contra Matel Tecnologia de Informática Ltda. – Matec, tendo por objeto a recusa de fornecimento de peças e *software* para a prestação de serviços de manutenção de centrais telefônicas.
60. Conforme explicita Denis Borges Barbosa: "Diversamente do que ocorre com a doutrina do abuso de direitos de exclusiva, a noção de abuso de poder econômico presume uma análise de uma situação de mercado e de poder de mercado" (Abuso de Direitos e Abuso de Poder Econômico. Disponível em: www.denisbarbosa.addr.com/abuso.doc. Acessado em 04/10/2012).

através das patentes.⁶¹ Dentre os motivos que podem ser apontados para esse maior desenvolvimento de uma análise sobre o abuso no campo da propriedade industrial pode-se mencionar o fato de que a própria disposição constitucional sobre os direitos derivados da propriedade industrial aponta para a necessidade de uma análise funcional ao estipular que a proteção concedida deve ter por fim atender ao interesse social e ao desenvolvimento tecnológico e econômico do país.⁶²

Dessa forma, compreendendo o abuso como o exercício do direito fora de suas funções, nada mais natural do que uma teoria sobre o abuso no direito industrial ter surgido e se consolidado justamente para apreciar as condutas que se valem da proteção outorgada pelo ordenamento jurídico para utilizações que violem as diretrizes impostas pelas funções constitucionais do instituto.

No caso do direito autoral, a percepção de que a tutela conferida ao autor poderia ser exercida de modo a prejudicar interesses extra-autorais tardou para se estabelecer. Contudo, antes mesmo da edição do art. 187 do Código Civil já se podem encontrar menções ao abuso do direito autoral.

Nessa direção cabe destacar o voto vencido do Ministro Rodrigues de Alckmin no julgamento proferido pelo Supremo Tribunal Federal quando se analisou a possibilidade de publicação de antologia que continha a reprodução de longos trechos de obras do escritor Autran Dourado. Segundo o Ministro:

> É claro que o abuso no exercício do direito deverá sempre ser reprimido. Se, a pretexto de compilação para fins de ensino, se reproduzem obras alheias, com prejuízo econômico (prejuízo que não será, eventualmente, somente do autor, mas também do editor das obras que se reproduzem) decorrente de ilegítima concorrência, será devida indenização pelo abuso, que configura ato ilícito. (...) No caso dos autos, entretanto, se não assentou a demanda (e seria obviamente incabível) em que, pela reprodução de certo número de páginas de uma obra, se deu conhecimento dela aos leitores da compilação, com prejuízo para a venda da obra reproduzida.⁶³

---

61. Vale lembrar que a legislação em vigor já trata da possibilidade de abuso de patentes, sancionando o seu exercício com a possibilidade de licenciamento compulsório. O art. 68 da Lei nº 9.279/1996 dispõe que: "O titular ficará sujeito a ter a patente licenciada compulsoriamente se exercer os direitos dela decorrentes de forma abusiva, ou por meio dela praticar abuso de poder econômico, comprovado nos termos da lei, por decisão administrativa ou judicial."
62. Assim está redigido o art. 5º, XXIX, da Constituição Federal: "XXIX – a lei assegurará aos autores de inventos industriais privilégio temporário para sua utilização, bem como proteção às criações industriais, à propriedade das marcas, aos nomes de empresas e a outros signos distintivos, tendo em vista o interesse social e o desenvolvimento tecnológico e econômico do País".
63. STF, Recurso Extraordinário 75.889-RJ, Rel. Min. Antonio Néder, j. em 31/05/1977.

A referida decisão aborda o abuso do direito autoral sob a perspectiva do ato ilícito. Opondo-se à expansão da figura do abuso do direito autoral no ordenamento brasileiro, José de Oliveira Ascensão encontra justamente na confusão entre ato ilícito e ato abusivo um dos principais motivos para defender a sua tese da desnecessidade de se criar um abuso da tutela autoral. Segundo o autor:

> Tenho pessoalmente dificuldade em atribuir um grande papel ao abuso do direito neste domínio [dos direitos intelectuais]. Escrevi artigos no Brasil procurando demonstrar que este está fundamentalmente centrado nos atos emulativos. Falar em abuso do direito no sentido de atuação sem ou contra direito só confunde, porque então há um ilícito puro e simples. Alcunhar "abuso do direito" uma vaga irregularidade é trocar sem vantagem uma expressão técnica por coisa nenhuma.[64]

A doutrina brasileira sobre o abuso da tutela autoral que se apoia no art. 187 do Código Civil ainda explora o fato de que o abuso poderá ser considerado na atuação do titular de qualquer espécie de direito. Ao se referir ao "titular de direito" o artigo abriria espaço para que o abuso fosse reconhecido nas mais diversas situações, incluindo-se assim a sua aplicação no exercício irregular do direito autoral.

Os autores brasileiros que fazem menção ao abuso na tutela autoral, talvez por filiação ao texto do mesmo art. 187, usualmente o relacionam como espécie de ato ilícito. Além dessa particularidade, é importante perceber que para a doutrina nacional que trabalha com o conceito de abuso do direito autoral, esse instituto parte da noção de que os interesses do autor e dos titulares do direito autoral não podem ser os únicos guias para o exercício desses direitos e, assim sendo, o abuso se tornaria um vetor, ou mesmo uma aplicação, da função social dos direitos autorais. É nesse sentido que se manifesta Guilherme Carboni:

> O exercício abusivo do direito de autor fere a ordem jurídica, pois constitui um desvirtuamento da sua finalidade social. De fato, o titular de direitos autorais sobre uma obra que, na utilização desse direito, vem a causar dano a outrem, contraria o espírito do próprio instituto, caracterizando ato ilícito, passível de indenização.[65]

Eliane Y. Abrão também faz uma construção funcional do abuso do direito autoral. Partindo da percepção de que a "função das leis autorais é não só coibir o uso ilícito dos direitos e obra, mas, e principalmente, a de garantir a

---

64. Entrevista concedida no *website* http://www.rodrigomoraes.adv.br/entrevistas.php?cod_ent=29. Acessado em 03/02/2012.
65. Carboni, Guilherme. *Função Social do Direito de Autor*. Curitiba: Juruá, 2006. p. 188.

proteção ao seu uso lícito",[66] a autora gera uma perspectiva positiva da tutela autoral, desprendida de uma análise que apenas observa o momento patológico da ocorrência de danos. O uso da função como guia para se descobrir o papel do abuso leva naturalmente à indagação sobre o que acontece quando o autor ou o titular de direitos autorais sobre obra intelectual exerce o seu direito em desconformidade com a função que o qualifica e legitima. Esses seriam os casos em que seriam percebidos verdadeiros abusos do direito autoral.

Na exemplificação proposta por Eliane Y. Abrão, seriam hipóteses de abuso do direito autoral, dentre outros: (a) pleitear a proteção para métodos, sistemas, formatos, ideias e todos os demais elementos que não se encontram tutelados pelo regime do direito autoral (justamente por não se enquadrarem no conceito de "obra protegida"); (b) restringir as limitações ao direito autoral consistentes nos chamados usos legítimos, como o direito de crítica; (c) promover a arrecadação de direitos autorais em execução musical realizada gratuitamente para fins didáticos ou no ambiente doméstico;[67] (d) investir contra paródia ou caricatura alegando ofensa inexistente; (e) abusar da superioridade econômica ou política através da celebração de contratos com cláusulas leoninas que impedem todas as formas de utilização da obra por terceiros, quando essa obra for necessária como matéria-prima para a consecução de atividade profissional; e (f) impor ônus excessivos aos usos normais e à circulação do bem intelectual depois da morte de seu autor, sendo tais restrições impostas por seus herdeiros.[68]

É importante destacar que o papel desempenhado pelo abuso do direito no entendimento sobre a proteção conferida pelo ordenamento ao autor ou titular do direito autoral é complexo, recebendo matizes interpretativas que alteram a própria percepção da tutela autoral no direito brasileiro. Dessa forma, a simples afirmação da existência do instituto já deveria ser argumento suficiente para

---

66. Abrão, Eliane Y. *Direitos de Autor e Conexos*. São Paulo: Editora Brasil, 2002. p. 217.
67. O Projeto de Lei nº 6.226/2005, de autoria do Deputado Hidekazu Takayama, busca alterar a redação do art. 46, VI, da LDA, justamente porque, conforme consta de sua exposição de motivos, as entidades arrecadadoras de direitos autorais estariam abusando do seu direito ao requerer pagamento nos mais variados casos de representações teatrais e execuções musicais, quando, no entendimento do projeto, não deveriam as situações mencionadas estar sujeitas a esse regime. A redação proposta pelo projeto criaria uma limitação aos direitos autorais em casos de "representação teatral e a execução musical, quando realizadas no recesso familiar ou social, em clubes ou associações para comemoração de aniversários ou fins recreativos, ou ainda eventos promovidos por estabelecimentos de ensino, igrejas, associações beneficentes ou sem fins lucrativos ou, para fins exclusivamente didáticos, não havendo em qualquer caso intuito de lucro."
68. Abrão, Eliane Y. Op. cit., p. 218-219. Complementa então a autora no sentido de que "como ato ilícito que é, o ato abusivo acarreta o dever de indenizar os danos causados ao terceiro, fruto da responsabilidade decorrente do irregular exercício de um direito".

romper com a tese de que as limitações ao direito autoral estão elencadas de modo taxativo nos arts. 46, 47 e 48 da LDA.[69]

Existe uma verdadeira contradição entre admitir que o exercício do direito autoral pode ser abusado – ou seja, que ele pode ir contra os vetores da análise funcional, atendendo a interesses que não são legitimados por uma ponderação entre princípios constitucionais – e defender a taxatividade do rol das limitações e exceções constante da LDA. Ou bem a Constituição Federal cria as condições de se desenvolver uma análise funcional que se aplica a todos os direitos, relativizando a vontade de seus titulares como elemento motriz principal, quando não absoluto, para o seu exercício, ou então se compreende que a legislação autoral é um microssistema que não sofre os efeitos do texto constitucional, permitindo que situações que claramente violam princípios constitucionais prosperem, em nome dos interesses na exploração privada da obra com a menor interferência possível de demandas de natureza pública.

Parece evidente que essa segunda percepção não se adapta ao sistema jurídico contemporâneo, que possui na Constituição o seu vértice axiológico e que conta com a análise funcional para flexibilizar o papel da vontade no exercício dos direitos. Contudo, é essa situação paradoxal que se pode perceber hoje em dia no discurso daqueles que, se não negam a supremacia do texto constitucional, ao mesmo tempo afirmam que as limitações são taxativas em nome de brocardos interpretativos que levam a soluções contrárias à ponderação de interesses existente na análise funcional derivada da Constituição.

Uma eventual saída para os que defendem a taxatividade das limitações da Lei de Direitos Autorais ("LDA") é afirmar que esse entendimento se baseia na função promocional da tutela autoral, prevista no art. 5º, XXVII, da Constituição Federal, ao garantir o exercício do direito de exclusividade ao autor e ao titular dos direitos autorais. Para se refutar esse argumento, basta fazer-se referência à discussão sobre como a função promocional precisa conviver com as demandas de natureza pública da função social do direito autoral, constante, dentre outros dispositivos, do art. 215 do texto constitucional, possibilitando o acesso ao conhecimento e à informação.

---

69. As exceções e limitações ao direito autoral (aqui denominadas conjuntamente apenas "limitações") constituem um contraponto ao exercício normal dos direitos patrimoniais derivados da exclusividade que o ordenamento concede ao autor e ao titular do direito autoral. Elas geralmente identificam circunstâncias nas quais poderá um terceiro se valer da obra autoral sem que seja devida qualquer espécie de autorização ou remuneração pelo pretendido uso. A positivação das limitações ao direito autoral no Brasil, constantes dos arts. 46, 47 e 48 da Lei de Direitos Autorais (Lei nº 9.610/1998), adotou a metodologia de enunciação de circunstâncias específicas nas quais o exercício do direito patrimonial do autor ou do titular de direitos autorais será restringido em nome de diversas demandas de natureza pública.

Em sua aplicação no campo de estudo dos direitos autorais, como afirma Bruno Lewicki, o abuso do direito se torna "a mais evidente face do movimento de perda do caráter absoluto dos direitos".[70] Nesse sentido, a sua utilização pela doutrina autoralista brasileira tende a crescer na mesma velocidade com que cresce o discurso sobre a função social da propriedade intelectual, e dos direitos autorais por consequência, ganha espaço na literatura nacional.

Aqui é importante que o abuso não seja tomado como mero argumento de reforço, ou elemento secundário na tentativa de se reequilibrar a proteção autoral. O aumento no número de estudos que se valem do termo "função social do direito autoral"[71] pode, em alguma medida, atender a objetivos idênticos ou semelhantes àqueles buscados com a afirmação de uma teoria do abuso do direito autoral. Todavia, o abuso possui a particularidade de instrumentalizar a análise funcional, aportando ainda para as considerações sobre a tutela autoral as orientações no sentido de atendimento de finalidades sociais e econômicas, além de contar ainda com o parâmetro de correção de condutas que é a boa-fé objetiva, conforme decorre do art. 187 do Código Civil.

Por esses motivos, pode-se compreender como o abuso do direito autoral possui um vasto e complexo campo de atuação no direito brasileiro, o que é comprovado por sua inserção no texto do Anteprojeto de Lei de Direitos Autorais, conforme constante de versão apresentada pelo Ministério da Cultura.[72]

O abuso do direito autoral figura no referido anteprojeto em três situações bastante específicas: (i) como filtro para verificar a licitude de **notificações visando à retirada de conteúdo da internet** (art. 105-A, § 7º); (ii) como elemento constituinte de **infração à ordem econômica** (art. 110-A); e (iii) no manejo de **tecnologias para a proteção de direitos** (art. 107).

No que diz respeito às notificações para a retirada de conteúdo na internet que viole os direitos autorais, o abuso exerce uma função de grande relevo para evitar sérias restrições a direitos fundamentais. O art. 105-A assim está redigido no Anteprojeto:

Art. 105-A. Os responsáveis pela hospedagem de conteúdos na Internet poderão ser responsabilizados solidariamente, nos termos do art. 105, por danos decorrentes da

---

70. Lewicki, Bruno. *Limitações aos Direitos do Autor:* Releitura na Perspectiva do Direito Civil Contemporâneo. Tese apresentada ao programa de pós-graduação da Faculdade de Direito da Universidade do Estado do Rio de Janeiro, 2007 (*mimeo*). p. 222.
71. *Vide*, dentre outros: Carboni, Guilherme. Op. cit.; e Rocha de Souza, Allan. *A Função Social dos Direitos Autorais*. Campos dos Goytacazes: Editora da Faculdade de Direito de Campos, 2006.
72. A versão aqui comentada foi divulgada pelo Ministério da Cultura em março de 2011 e pode ser encontrada no *website*: http://www.cultura.gov.br/site/wp-content/uploads/2011/03/Anteprojeto_Revis%C3%A3o_Lei_Direito_Autoral.pdf. Acessado em 03/10/2012.

colocação à disposição do público de obras e fonogramas por terceiros, sem autorização de seus titulares, se notificados pelo titular ofendido e não tomarem as providências para, no âmbito do seu serviço e dentro de prazo razoável, tornar indisponível o conteúdo apontado como infringente. (...)

§ 7º Tanto o notificante quanto o contranotificante respondem, nos termos da lei, por informações falsas, errôneas e pelo abuso ou má-fé.

Segundo o sistema proposto pelo anteprojeto, os provedores de hospedagem de conteúdos na internet poderão se tornar responsáveis pelo mencionado conteúdo, mesmo tendo sido ele criado e enviado para a rede por um terceiro, caso, recebendo uma notificação do titular dos direitos autorais, não tornem o material indisponível.

Esse sistema garantiria, portanto, que uma vez identificada a violação a direito autoral, pudessem os titulares desse direito obter a retirada do conteúdo do ar mediante notificação encaminhada ao provedor de hospedagem. Se por um lado essa dinâmica parece tutelar de forma eficaz o direito autoral, por outro, ela pode impor severas restrições a outros direitos fundamentais, tendo em vista que o conteúdo supostamente infringente deverá ser removido pelo provedor que, receoso de eventualmente ser responsabilizado, procurará fazê-lo sem maiores restrições.

Ocorre, como se pode imaginar, que o juízo sobre o que constitui uma violação ao direito autoral e quais usos de obras alheias estariam enquadrados em hipóteses de limitações ao mesmo direito autoral pode ser subjetivo. No sistema, conforme proposto pelo anteprojeto, ainda que o uso de certa obra intelectual possa ser reconhecido como um "uso justo", protegido pelas limitações dos arts. 46, 47 e 48, o provedor agiria para removê-lo sob o risco de atrair para si uma eventual responsabilização.

É verdade que o referido dispositivo cria mecanismos para que o conteúdo possa voltar à exibição, como quando o provedor informa ao usuário as razões da remoção e o mesmo, assumindo a responsabilidade por sua exibição, solicita a manutenção do material no ar ou terceiro resolve, também se responsabilizando pelo fato, solicitar que o conteúdo volte a ser exibido. Essa é a redação dos §§ 3º, 5º e 6º do art. 105-A, conforme proposto no Anteprojeto:

Art. 105-A. (...)

§ 3º Ao tornar indisponível o acesso ao conteúdo, caberá aos responsáveis pela hospedagem de conteúdos na Internet informar o fato ao responsável pela colocação à disposição do público, comunicando-lhe o teor da notificação de remoção e fixando prazo razoável para a eliminação definitiva do conteúdo infringente. (...)

> § 5º É facultado ao responsável pela colocação à disposição do público, observados os requisitos do § 2º, contranotificar os responsáveis pela hospedagem de conteúdos na Internet, requerendo a manutenção do conteúdo e assumindo a responsabilidade exclusiva pelos eventuais danos causados a terceiros, caso em que caberá aos responsáveis pela hospedagem de conteúdos na Internet o dever de restabelecer o acesso ao conteúdo indisponibilizado e informar ao notificante o restabelecimento.
>
> § 6º Qualquer outra pessoa interessada, física ou jurídica, observados os requisitos do § 2º, poderá contranotificar os responsáveis pela hospedagem de conteúdos na Internet, assumindo a responsabilidade pela manutenção do conteúdo.

Contudo, o efeito imediato de aplicação desse dispositivo é a retirada do conteúdo do ar. Ainda que o usuário que tenha enviado o material (ou mesmo um terceiro) opte por defender a manutenção do conteúdo, o mesmo já foi retirado de exibição como um efeito direto da notificação, prejudicando assim o exercício de direitos fundamentais como a liberdade de expressão, o acesso à educação e ao conhecimento, além de poder interferir seriamente na aplicação das limitações ao próprio direito autoral.

Justamente como forma de evitar que a dinâmica de notificações venha a causar danos para além da tutela que se pretende afirmar dos direitos autorais, o § 7º determina que, "tanto o notificante quanto o contranotificante respondem, nos termos da lei, por informações falsas, errôneas e pelo abuso ou má-fé."

Ainda que esse dispositivo prestigie o abuso como filtro para a regularidade das notificações enviadas por supostas violações ao direito autoral, parece que o custo de se retirar um conteúdo do ar sem qualquer apreciação gera um desequilíbrio no balanceamento entre direitos fundamentais, com clara prevalência dos interesses dos titulares de direitos autorais sobre aqueles que procuram ter o exercício de seus direitos escorados na proteção de outros direitos fundamentais.

O Anteprojeto, além de se valer do abuso como mecanismo para filtrar a regularidade das notificações para a retirada de conteúdo na internet, ainda faz menção ao abuso no exercício do direito autoral quando o mesmo vier a gerar infrações à ordem econômica. Nesse sentido, expressa o art. 110-A:

> Art. 110-A. O titular de direito autoral, ou seu mandatário, que, ao exercer seu direito de forma abusiva, praticar infração da ordem econômica sujeitar-se-á, no que couber, às disposições da Lei nº 8.884, de 11 de junho de 1994, sem prejuízo das demais sanções cabíveis.[73]

---

73. Vale lembrar que, caso aprovado, o Anteprojeto de reforma da Lei de Direitos Autorais precisará ser atualizado para fazer referência não mais à Lei nº 8.884/1994, uma vez que a mesma foi revogada,

Essa vinculação entre abuso do direito autoral e infrações à ordem econômica, como já visto, tem gerado decisões administrativas no exterior e no direito brasileiro, com atuação do CADE para reprimir condutas anticompetitivas que possam valer-se do direito autoral.

Uma última função desempenhada pelo abuso do direito autoral no mencionado Anteprojeto de Lei é o manejo das chamadas medidas tecnológicas de proteção. Por ser tema de grande especificidade, e se relacionar de forma muito próxima à fronteira entre direito autoral e tutela do consumidor, se dedica ao mesmo o subitem a seguir.

3.3.3.3. Abuso do direito autoral e medidas tecnológicas de proteção

A inserção de um mecanismo para gestão ou proteção dos direitos intelectuais relacionados a certa obra autoral não representa uma situação abusiva em sentido próprio, sendo necessário aqui perceber quando a fronteira entre o uso da tecnologia a favor de autores e da indústria cultural se transforma de modelo legítimo de exploração da obra em exercício dos direitos conferidos pelo ordenamento jurídico em descompasso com as suas funções.

A relevância da investigação sobre as medidas tecnológicas de proteção do direito autoral é diretamente proporcional ao crescimento do número de obras que são disponibilizadas através de suportes eletrônicos ou que dependam para sua reprodução de aparelho eletrônico, como um DVD player ou console de videogame.[74] À medida que mais obras são disponibilizadas em formato digital, mais necessário se torna o estudo das formas legítimas de tutela e dos usos abusivos que podem ser cometidos através da inserção de tais medidas.

Para se compreender a direção para a qual se move a legislação brasileira, e como o abuso de direito autoral é aplicado nessas situações no Anteprojeto de reforma da Lei de Direito Autoral, é importante diferenciar duas expressões bastante referidas no debate sobre a utilização da tecnologia para o controle dos direitos autorais. Chama-se de DRM (*digital rights management* ou gerenciamento de direitos digitais) a gestão dos direitos intelectuais relacionados a bens culturais realizadas através de mecanismos inseridos geralmente no suporte ou forma de comunicação desses bens. Não necessariamente a inserção de DRM em certa obra autoral é uma medida que prejudica os direitos do usuário, constitui

---

sendo o Sistema Brasileiro de Defesa da Concorrência e prevenção e repressão às infrações contra a ordem econômica hoje tratadas na Lei nº 12.529/2011.
74. Para Michael Spence, o próprio futuro da propriedade intelectual e da indústria criativa depende da forma como serão tratadas as medidas tecnológicas de proteção, analisando-se a sua eficácia e a forma pela qual os ordenamentos jurídicos vão legitimá-la como ferramenta contra os usos indevidos de obras intelectuais (*Intellectual Property*. Oxford: Oxford University Press, 2007. p. 136).

prática abusiva ou gera um problema que precise ser resolvido pelo direito do consumidor. O DRM pode apenas controlar informações sobre conteúdos, o que inclui o autor da obra, intérprete, ano de gravação e até o número de execuções de uma dada música, além de outras informações processadas por programas de computador.

A inserção de mecanismos de DRM é geralmente realizada para garantir que os termos contratuais para a utilização da obra autoral sejam respeitados.[75] Evidentemente, sendo abusivos os termos contratuais para utilização da obra, abusivos também serão os mecanismos de aplicação dessas disposições contratuais.

Outra forma de inserção de mecanismos tecnológicos para o controle dos usos de obras autorais é referido como TPMs (*Technological Protection Measures* ou medidas tecnológicas de proteção). Essas travas tecnológicas englobam todo método de controle de acesso à obra ou a funcionalidades da mesma.

Segundo Lucie Guibault e Natali Helberger, a diferença fundamental entre os dois métodos residiria no fato de que as TPMs são geralmente elaboradas para impedir o acesso ou a cópia, enquanto os mecanismos de DRM não impedem o acesso ou a cópia por si próprios. O DRM criaria um ambiente no qual vários tipos de utilização da obra, incluindo a cópia, são apenas possíveis de acordo com os termos definidos pelos titulares dos direitos autorais.[76]

O uso de ambas as formas de controle tecnológico pode ser desempenhado de forma abusiva, resultando em restrição a usos e monitoramento que viole as liberdades garantidas pelos limites aos direitos autorais, além de gerar controvérsias sobre a invasão da privacidade do usuário e a aplicação do direito do consumidor para impor uma série de sanções ao fornecedor.[77]

As restrições tecnológicas usualmente funcionam por meio de "chaves criptográficas", já programadas de fábrica, e podem afetar praticamente qualquer conteúdo digital. As implicações dessas restrições para o consumidor incluem impedir que uma música legitimamente adquirida possa ser executada em tocador de música digital (MP3 player), ou que um DVD adquirido em determinado país toque em aparelho de outra região.

Nem os livros seguem imunes a restrições: esses dispositivos chegam a limitar ou mesmo eliminar o uso de tecnologias para leitura de textos em voz alta,

---

75. Guibault, Lucie; Helberger, Natali. Copyright Law and Consumer Protection. Disponível em: http://www.ivir.nl/publications/other/copyrightlawconsumerprotection.pdf, p. 09. Acessado em 30/10/2012.
76. *Idem, ibidem.*
77. Não raramente os termos DRM e TPM são confundidos, ou mesmo se utiliza o termo DRM para se referir tanto ao uso legítimo como à utilização danosa desses mecanismos de gestão tecnológica de direitos.

afetando o acesso de obras literárias por portadores de deficiências visuais, ou ainda registram os hábitos de leitura dos seus usuários, formando uma base de dados potencialmente lesiva ao direito de privacidade.

Entender o significado dessas medidas tecnológicas e a sua operacionalização é fundamental para que o consumidor, no ato de adquirir bens ou serviços digitais, seja capaz de fazer escolhas que não impliquem lesão a seus direitos, nem contribuam com a expansão de condutas abusivas de autores e titulares de direitos autorais que exploram esses mecanismos.

A relação entre as lojas que vendem arquivos de música digitais e a inserção de DRMs e TPMs é um assunto que demonstra com clareza como esse debate ainda carece de maior desenvolvimento no Brasil e que a desinformação do consumidor é agravada através de um discurso que legitima tais mecanismos como sendo uma "proteção" ao próprio consumidor.[78]

A inserção de mecanismos de gestão e controle dos direitos autorais já gerou polêmicas na imprensa nacional. Em 2006, quando a gravadora EMI lançou dois CDs da cantora Marisa Monte com medidas tecnológicas de restrição, o debate se tornou público, pois uma vez inseridos os CDs em computador, ao usuário era exibido um contrato que, dentre outras disposições, previa a instalação de mecanismo de DRM. Esse mecanismo, segundo consta de reportagens da época, não poderia ser apagado do computador pessoal, além do próprio mecanismo de proteção apresentar incompatibilidades com rádios automotivos ou aparelhos portáteis (como iPods).[79]

---

78. Pode-se tomar como exemplo o tutorial do *website* MusIG, que assim se manifesta sobre o uso de DRM: "As músicas que você encontra gratuitamente na internet são ilegais. Ao baixar uma música que não segue o padrão de DRM você está colaborando com a pirataria. Já as músicas do Musig seguem o DRM e por isso são legais protegendo os direitos autorais dos artistas, gravadoras e editoras". Disponível em: http://musig.ig.com.br/templates/Tutorial.aspx?channel=15#9. Acessado em 30/01/2012. Segundo a lógica desse tutorial, não seria possível encontrar na Internet músicas que fossem gratuitamente disponibilizadas por seus autores, o que reforça a identificação da função promocional com a remuneração patrimonial pelo uso da obra, além de identificar o DRM como uma garantia ao usuário.

79. Nesse sentido, *vide* matéria no jornal *O Estado de S.Paulo* ressaltando as incompatibilidades do mecanismo de DRM utilizado pela gravadora: http://www.link.estadao.com.br/index.cfm?id_conteudo=6950. Acessado em 30/01/2012; no mesmo sentido *vide* http://rraurl.uol.com.br/cena/2448/, acessado em 30/01/2012 e a repercussão do caso no famoso *blog* Boing Boing, publicando carta de Ronaldo Lemos que relata os termos do contrato exibido para o consumidor: http://www.boingboing.net/2006/03/24/emi-releases-brazil.html. Acessado em 30/01/2008. A gravadora EMI desistiu, pouco tempo depois, de lançar obras de seus artistas com DRM. É curioso perceber que, em matéria do *website* The Register, em 26/02/2007, a empresa afirmava que manteria a distribuição de música digital com DRM, seguindo a tendência das demais gravadoras (http://www.theregister.co.uk/2007/02/26/emi_drm_talks_breakup/. Acessado em 30/10/2008). Todavia, em 02/04/2007, talvez pressionada pelos problemas ocasionados pelas tentativas frustradas de inserção de tais mecanismos, a empresa divulgou *press release* anunciando a eliminação de mecanismos de

O equilíbrio entre a proteção buscada pela inserção da medida tecnológica e o uso de obras autorais dentro dos contornos das limitações e exceções é um assunto controvertido, uma vez que não raramente os sistemas de DRM impendem o exercício de condutas tratadas pela legislação como limites à tutela autoral. De outro lado, autores e titulares de direitos autorais buscam por meio das travas tecnológicas proteger o seu bem intelectual da chamada pirataria. Nesta direção, o item 37 do Preâmbulo da Directiva 2001/29/CE, da Comunidade Europeia, demonstra como o equacionamento entre os dois interesses pode ser complexo:

> Ao aplicarem a excepção ou limitação relativa à cópia privada, os Estados-Membros devem ter em devida consideração a evolução tecnológica e económica, em especial no que se refere à cópia digital privada e aos sistemas de remuneração, quando existam medidas adequadas de carácter tecnológico destinadas à protecção. Tais excepções ou limitações não devem inibir nem a utilização de medidas de carácter tecnológico nem repressão dos actos destinados a neutralizá-las.[80]

A inserção abusiva de uma medida tecnológica de controle se caracteriza quando esses dispositivos impedem a utilização legítima e esperada da obra autoral, como o CD que não pode ser tocado em determinados CD players (geralmente de rádios automotivos) justamente por existir uma incompatibilidade entre o mecanismo de DRM e o aparelho, ou quando o sistema de DRM foi construído para operar em determinado sistema operacional para computadores, tornando o CD inútil se o consumidor tivesse como objetivo escutar o CD, mas não dispusesse do sistema operacional exigido para tanto. Todos esses casos passam por um maior esclarecimento por parte dos titulares do direito autoral sobre as eventuais restrições na utilização da obra para que se evite a frustração do usuário.

Todavia, esse problema está longe de ser encerrado com o mero desempenho do mais amplo dever de informação por parte do fornecedor. A própria razão pela qual esses mecanismos são inseridos em obras intelectuais pode ser questionada, pois se está reduzindo a utilidade de uma obra para proteger os direitos autorais. Essa medida, de certa forma, parte do pressuposto de que os direitos autorais estão ameaçados no momento em que a obra é tornada pública e divulgada através de suporte, possibilitando que os chamados piratas possam explorá-la sem que qualquer remuneração ao autor seja feita.

DRM no seu repertório de obras musicais (http://www.emigroup.com/Press/2007/press18.htm). Acessado em 30/01/2012).
80. *Vide*: http://eur-lex.europa.eu/LexUriServ/LexUriServ.do?uri=OJ:L:2001:167:0010:0019:PT:PDF. Acessado em 30/10/2012.

Esse entendimento não apenas trata o usuário comum de obras autorais com receio (como se todos fossem potenciais infratores), como ainda, no atual estado da arte do desenvolvimento tecnológico, acaba não garantindo a proteção em nome da qual se restringem direitos do consumidor. A maioria dos mecanismos de proteção utilizados pela indústria cultural são facilmente "quebrados" ou inutilizados por toda uma comunidade que se vale da tecnologia para suplantar os meios tecnológicos de controle de cópia e outras restrições impostas sobre o suporte da obra.

O resultado dessa equação é que apenas o consumidor dotado de notória "boa-fé", ou que não tenha maiores conhecimentos sobre tecnologia, será prejudicado: justamente aquele que, por não conhecer ou não se interessar por formas de quebrar o controle tecnológico, não atentaria contra a integridade do mecanismo de gestão dos direitos autorais. Curiosamente, aquele usuário que deveria ser o preferido das indústrias de conteúdo, por repudiar as formas de acesso ilegal a obras autorais ou a utilização de meios tecnológicos para romper as formas de proteção dos direitos autorais, será o único a dispor de uma obra que possui notórias limitações nas suas possibilidades de utilização.

Refletindo em prol dos direitos do consumidor, pode-se dizer que a inserção de medidas tecnológicas de proteção que avançam sobre as limitações do direito autoral geram um produto verdadeiramente defeituoso, pois ele não se presta às funções que qualquer obra intelectual, legitimamente utilizada, deveria permitir.

Em termos gerais, pode-se argumentar que a adoção de medidas tecnológicas de proteção que prejudiquem o consumidor poderiam ser enquadradas no art. 51, I e IV, do Código de Defesa do Consumidor,[81] por impor ao mesmo cláusulas abusivas que implicam renúncia de direitos, além de estabelecer obrigações iníquas, abusivas e que colocam o consumidor em desvantagem exagerada, sendo incompatíveis com a boa-fé objetiva.

Nessa direção, a utilização do instituto do abuso se faz pertinente, pois a sua vinculação à boa-fé objetiva no art. 187 do Código Civil é reforçada pelo dispositivo específico do art. 51, IV, do Código de Defesa do Consumidor, evidenciando o desvio funcional do comportamento desempenhado pelo fornecedor.

Alterações recentes na legislação brasileira e internacional trataram de criar dispositivos que responsabilizam o acesso e a quebra desses mecanismos de

---

81. Essa é a redação dos mencionados artigos da Lei nº 8.078/1990: "Art. 51. São nulas de pleno direito, entre outras, as cláusulas contratuais relativas ao fornecimento de produtos e serviços que: I – impossibilitem, exonerem ou atenuem a responsabilidade do fornecedor por vícios de qualquer natureza dos produtos e serviços ou impliquem renúncia ou disposição de direitos. (...) IV – estabeleçam obrigações consideradas iníquas, abusivas, que coloquem o consumidor em desvantagem exagerada, ou sejam incompatíveis com a boa-fé ou a equidade."

proteção dos direitos autorais. No Brasil, a própria LDA trata de casos em que a tentativa de quebra dos mecanismos tecnológicos de proteção pode resultar em uma série de sancionamentos para o agente, de acordo com a leitura do art. 107:

> *Art. 107. Independentemente da perda dos equipamentos utilizados, responderá por perdas e danos, nunca inferiores ao valor que resultaria da aplicação do disposto no art. 103 e seu parágrafo único, quem:*
>
> *I – alterar, suprimir, modificar ou inutilizar, de qualquer maneira, dispositivos técnicos introduzidos nos exemplares das obras e produções protegidas para evitar ou restringir sua cópia;*
>
> *II – alterar, suprimir ou inutilizar, de qualquer maneira, os sinais codificados destinados a restringir a comunicação ao público de obras, produções ou emissões protegidas ou a evitar a sua cópia;*
>
> *III – suprimir ou alterar, sem autorização, qualquer informação sobre a gestão de direitos;*
>
> *IV – distribuir, importar para distribuição, emitir, comunicar ou puser à disposição do público, sem autorização, obras, interpretações ou execuções, exemplares de interpretações fixadas em fonogramas e emissões, sabendo que a informação sobre a gestão de direitos, sinais codificados e dispositivos técnicos foram suprimidos ou alterados sem autorização.*

Existe claramente uma diferença entre a legislação autoral, basicamente restritiva das liberdades do usuário de obra, e a legislação sobre direitos dos consumidores, em especial o próprio Código de Defesa do Consumidor (Lei nº 8.078/1990), que lhe garante proteção contra condutas abusivas como aquelas que são propiciadas por uma legislação como a autoral. Neste sentido, refletindo sobre as duas legislações, explicita Helenara Braga Avancini que na lei autoral:

> O que está nítido é o interesse de garantir o exclusivo às grandes indústrias culturais em detrimento do direito de acesso às obras pelos usuários. Para que isso ocorra, a lei dá amparo para limitar ou até impedir a cópia privada, impõe medidas tecnológicas de proteção e cláusulas abusivas, sem falar nos contratos adesivos, absolutamente unilaterais, em ambiente digital e sem a devida informação ao consumidor.[82]

---

82. Avancini, Helenara Braga. O Direito Autoral e sua Interface com o Direito do Consumidor. In: *Revista da ABPI* n.97, p. 41, nov.-dez.2008.

O equilíbrio nesse debate parece requerer uma análise funcional do exercício dos direitos autorais por aqueles que inserem mecanismos tecnológicos de gestão e controle no suporte de obras intelectuais.

Um caso ocorrido nos Estados Unidos, em 2001, demonstrou como a inserção de medidas tecnológicas de proteção e sua regulamentação naquele país através do *Digital Millenium Copyright Act* (DMCA) podem dar vazão a condutas abusivas. A *Recording Industry Association of America* (RIAA), visando ao melhor desenvolvimento de formatos de DRM para afirmação da autoria sobre obras digitais, lançou um desafio à comunidade de desenvolvedores e pesquisadores, disponibilizando uma nova ferramenta de "marca d'água" para que os eventuais desafiantes pudessem criar formas de quebrá-la.

A equipe do professor Edward Felten, da Universidade de Princeton, conseguiu vencer o desafio e, após ter participado do evento, manifestou a intenção de apresentar um relatório detalhando a técnica empreendida para superar as travas de proteção do mecanismo da RIAA em seminário sobre segurança da informação. A RIAA enviou então uma notificação ao professor na qual argumentava que aquela divulgação não apenas significaria um rompimento nos termos do desafio público, como também sujeitava o seu destinatário às sanções previstas no DMCA para quem divulga informações que permitem a quebra de mecanismos de DRM.[83] A associação não chegou a ingressar com qualquer ação judicial, mas a sua conduta demonstrou com clareza os limites que a tutela dos direitos autorais, aplicada sobre as medidas tecnológicas, pode representar para o exercício de outros direitos fundamentais.[84]

---

83. A íntegra da notificação enviada pela RIAA, sobre a futura apresentação dos resultados da pesquisa, pode ser encontrada em: http://w2.eff.org/IP/DMCA/Felten_v_RIAA/20010409_riaa_sdmi_letter.html. Acessado em 30/01/2012. Para uma avaliação sobre os impactos do caso, e a difícil relação entre direito autoral e tecnologia, *vide* Smiers, Joost. *Artes sob Pressão: Promovendo a Diversidade Cultural na Era da Globalização*. São Paulo: Pensarte, 2006. p. 103 e segs.
84. É interessante perceber como na Europa, a Diretiva 2001/29/CE fez constar do seu preâmbulo, no item 48, uma ponderação entre os interesses envolvidos no desenvolvimento de DRMs, esclarecendo que a proteção buscada não poderá servir de argumento para impedir pesquisas e estudos sobre criptografia. Essa é a redação do mencionado dispositivo: "Tal protecção jurídica deve incidir sobre as medidas de carácter tecnológico que restrinjam efectivamente actos não autorizados pelos titulares de direitos de autor ou dos direitos conexos ou do direito *sui generis* em bases de dados, sem no entanto impedir o funcionamento normal dos equipamentos electrónicos e o seu desenvolvimento tecnológico. Tal protecção jurídica não implica nenhuma obrigação de adequação dos produtos, componentes ou serviços a essas medidas de carácter tecnológico, sempre que esses produtos, componentes ou serviços não se encontrem abrangidos pela proibição prevista no artigo 6º. Tal protecção jurídica deve ser proporcionada e não deve proibir os dispositivos ou actividades que têm uma finalidade comercial significativa ou cuja utilização prossiga objectivos diferentes da neutralização da protecção técnica. E esta protecção não deverá, nomeadamente, causar obstáculos à investigação sobre criptografia". Disponível em: http://eur-lex.europa.eu/LexUriServ/LexUriServ.do?uri=OJ:L:2001:167:0010:0019:PT:PDF. Acessado em 30/01/2012.

Dentre outros casos relevantes sobre restrição tecnológica, pode-se mencionar o episódio ocorrido em 2005, quando a gravadora Sony-BMG distribuiu CDs de cerca de vinte artistas com dois tipos de restrições tecnológicas – MediaMax e Extended Copy Protection (XCP) –, com o objetivo de bloquear a cópia dos arquivos. O efeito acabou sendo diferente do esperado, pois tais mecanismos acabaram por diminuir a velocidade de processamento do computador, rastrear ações dos usuários e criar uma área oculta (*rootkit*) no sistema operacional Windows, tornando a máquina mais vulnerável a vírus. Os consumidores foram obrigados a apagar os arquivos e a Sony-BMG foi acionada judicialmente, tendo resolvido o caso com o compromisso de pagar US$ 1,5 milhão em indenizações pelos danos causados.[85]

Outros exemplos sempre referidos sobre a inserção de medidas tecnológicas para o controle do direito autoral envolvem condutas da Apple. A empresa se reserva o direito de alterar a qualquer momento como podem ser utilizadas as músicas legitimamente adquiridas na loja digital iTunes. Em abril de 2004, por exemplo, a empresa decidiu modificar sua restrição tecnológica chamada *FairPlay*, diminuindo de 10 (dez) para 7 (sete) o número de vezes que um usuário poderia gravar CDs com uma determinada lista de músicas. O mecanismo de restrição tecnológica da Apple pode ainda limitar de outras formas a utilização de uma música, e outros *sites* de música *online* têm optado por impor restrições similares, que incluem: (i) limitar o número de cópias de *backup*, fazendo com que uma música somente possa ser copiada para até cinco computadores; (ii) restringir a conversão de áudio para outros formatos, na medida em que as músicas são vendidas apenas no formato AAC com a TPM da Apple (*FairPlay*); (iii) limitar a compatibilidade com tocadores portáteis, restringindo somente ao iPod e aos equipamentos vinculados à Apple; e (iv) proibir remixagem, pois não é permitido editar, extrair trechos ou manipular as músicas de qualquer forma.[86]

Para responder às críticas recebidas sobre a forma de utilização do seu mecanismo de DRM, Steve Jobs, então diretor-executivo da Apple, escreveu um artigo intitulado "Reflexões sobre Música" (*Thoughts on Music*), no qual o autor menciona que a inserção de DRM seria, na verdade, uma imposição das gravadoras que licenciam as suas obras musicais através da loja da Apple, e que a empresa estaria disposta a vender músicas sem DRM se isso fosse aceito nas

---

85. *Vide*: http://en.wikipedia.org/wiki/2005_Sony_BMG_CD_copy_protection_scandal. Acessado em 30/01/2012. Sobre o caso envolvendo o DRM da Sony BMG, vide o artigo de Halderman, J. Alex; Felten, Edward. Lessons from the Sony CD DRM Episode. Disponível em: http://www.copyright.gov/1201/2006/hearings/sonydrm-ext.pdf. Acessado em 30/01/2012.
86. *Vide*: http://www.idec.org.br/restricoestecnologicas/tpmMus.html#apple. Acessado em 30/01/2012.

negociações com as quatro maiores gravadoras (Universal, Sony BMG, Warner e EMI). Segundo o autor:

> O problema se originou nas músicas que a Apple vende em sua loja *online* iTunes. Como a Apple não é a proprietária nem controla os direitos sobre qualquer música em si, ela deve buscar o licenciamento dos direitos para distribuir músicas com terceiros, principalmente com as quatro grandes gravadoras: Universal, Sony BMG, Warner e EMI. Essas quatro grandes gravadoras controlam a distribuição de mais de 70% (setenta por cento) da música no mundo. Quando a Apple procurou essas empresas interessada no licenciamento de suas obras musicais legalmente pela Internet, elas foram extremamente cautelosas e impuseram à Apple a adoção de medidas que evitassem que as suas músicas fossem copiadas ilegalmente. A solução foi criar um sistema de DRM, que se acopla a cada música comprada no iTunes através de um *software* secreto e especial de modo que ela não possa ser tocada em aparelhos não autorizados.[87]

A situação descrita se repete em faixas musicais com a medida de proteção da Microsoft para o seu tocador de arquivos de áudio, o Windows Media DRM, presente em arquivos de formato WMA (*Windows Media Audio*). Esse dispositivo igualmente restringe a utilização de músicas legitimamente adquiridas em *sites online*, já que nem todo tocador de arquivos MP3 suporta o formato WMA. As consequências são sentidas novamente pelo consumidor: caso decida trocar o seu tocador de música digital por outro não compatível com tal formato (p.ex., o iPod, que roda apenas MP3 e ACC, exclusivo da Apple), ou por equipamento superior não licenciado pela Microsoft, será obrigado, por exemplo, a comprar pela segunda vez toda a sua coleção musical. Do mesmo modo, caso queira trocar de loja *online*, o consumidor terá que mudar de equipamento.[88]

As inovações tecnológicas têm permitido muitas comodidades: gravar certo programa de TV para assisti-lo mais tarde e passá-lo para um DVD ou copiá--lo para um tocador de vídeo portátil, fazer *backup* de vídeos, enviar um vídeo por *e-mail* etc. Contudo, essa realidade, cada vez mais comum no Brasil e em diversos países do mundo, vem sendo limitada por meio das restrições tecnológicas, que acabam por impedir o desenvolvimento de novas tecnologias e novos serviços para os consumidores. Sob o pretexto de combate à pirataria, tais mecanismos fazem com que a nova geração de produtos atenda não aos

---

87. *Vide*: http://www.apple.com/hotnews/thoughtsonmusic/. Acessado em 30/01/2012.
88. *Vide*: http://en.wikipedia.org/wiki/Windows_Media_DRM. Acessado em 30/01/2012.

interesses dos consumidores, mas apenas às demandas privadas por uma mais lucrativa exploração da obra intelectual.

Se, por um lado, o princípio da autonomia da vontade garantiria ao autor ou ao titular do direito autoral a liberdade para inserir tais medidas tecnológicas de proteção no suporte ou meio que torna a obra disponível, o aperfeiçoamento dessas práticas tem importado, não raramente, em restrições indevidas sobre o grau de liberdade com o qual pode o usuário, o leitor e o ouvinte desfrutar da obra autoral. Mais preocupante ainda é a restrição imposta por tais medidas sobre o exercício legítimo de limitações e exceções ao direito autoral, devidamente previstas em lei, ou sobre utilizações reputadas como legítimas pela jurisprudência (especialmente no caso da experiência norte-americana com o conceito de "*fair use*").[89]

Procurando responder a essas questões, o já mencionado art. 107 da LDA foi acrescido de parágrafos que tratam da relação entre a inserção de uma restrição tecnológica e o exercício das limitações legítimas ao direito autoral. E justamente para fazer esse equilíbrio a nova proposta de redação se vale do instituto do abuso do direito autoral, da forma a seguir:

> *Art. 107. (...)*
> *§ 1º Constitui ato ilícito, por abuso e exercício irregular de direito, sem prejuízo de outras penalidades previstas em lei, quem por qualquer meio:*
> *a) dificultar ou impedir os usos permitidos pelos incisos do art. 46 desta Lei; ou*
> *b) dificultar ou impedir a livre utilização de obras, emissões de radiodifusão e fonogramas caídos em domínio público.*
> *§ 2º No caso da conduta prevista no § 1º decorrer de obrigação contratual, responde pela conduta o licenciante.*

---

89. Defendendo a posição de que o uso extensivo de medidas tecnológicas de proteção terminará por reduzir o espaço destinado ao *fair use* no direito norte-americano, transformando-o em um verdadeiro *fare use* (trocadilho em inglês para "uso pago"), *vide* Bell, Tom W. Fair Use vs. Fared Use: The Impact of Automated Rights Management on Copyright's Fair Use Doctrine. In: *North Carolina Law Review* nº 76, p. 558-619, jan. 1998. O autor entende que esses sistemas de contratação em particular, nos quais o consumidor paga para utilizar a obra autoral em situações cuja adaptação à regra do *fair use* seria controvertida, poderia ser mais eficaz do que a submissão às regras previstas na legislação. Por isso, o autor recomenda que não se deva tentar adequar as existentes tecnologias de DRM aos preceitos do *fair use*, mas, sim, aguardar o desenvolvimento de novas práticas propiciadas pelas tecnologias de gestão de direitos autorais para só assim se possa apurar o sistema legal para o melhor exercício da tutela autoral. Essa percepção certamente confere respaldo acentuado aos mecanismos de DRM e, para alcançar experimentações práticas sobre novas formas de negócio, deixa de proteger outras tantas demandas públicas, como os direitos do consumidor que podem ser restringidos de forma abusiva pelas medidas tecnológicas.

§ 3º O disposto no § 1º não se aplica quando a utilização, pelo titular, de sinais codificados e dispositivos técnicos mencionados neste artigo forem essenciais para a compra ou o licenciamento de obras em meio digital.

§ 4º O disposto no caput não se aplica quando as condutas previstas nos incisos I, II e IV relativas aos sinais codificados e dispositivos técnicos forem realizadas para permitir as utilizações previstas no art. 46 desta Lei ou quando findo o prazo dos direitos patrimoniais sobre a obra, interpretação, execução, fonograma ou emissão.

§ 5º Os sinais codificados e dispositivos técnicos mencionados nos incisos I, II e IV devem ter efeito limitado no tempo, correspondente ao prazo dos direitos patrimoniais sobre a obra, interpretação, execução, fonograma ou emissão. (NR)

O § 1º do art. 107, embora de forma pouco técnica, identifica como ilícita a inserção de restrições tecnológicas que possam "dificultar ou impedir" tanto o exercício das limitações ao direito autoral como o acesso e a utilização de obras em domínio público. Embora a expressão "por abuso e exercício irregular de direito" seja pouco clara e pareça remeter ao mesmo conjunto de situações, contar com um dispositivo na lei autoral que pondere a inserção de medidas de proteção com o desempenho de outros direitos fundamentais, seja através das limitações ou do domínio público, é uma iniciativa que em muito acrescenta ao direito positivo nacional.

Todavia, se a presença do abuso do direito autoral parece abrir caminho para futuras aplicações, o § 3º anula grande parte da pretendida utilização do instituto ao afirmar que o mesmo não se aplica quando a inserção de restrições tecnológicas for essencial para a compra ou o licenciamento de obras em meio digital. Prestigia-se assim um interesse comercial em detrimento do desempenho de direitos fundamentais como a liberdade de expressão e o acesso ao conhecimento, instrumentalizados esses pelas limitações ao direito autoral e pelo domínio público.

Quando a inserção de uma medida tecnológica é essencial para a compra de uma obra no meio digital? No atual estado do debate sobre pirataria e a imposição de regimes cada vez mais fechados para a utilização de obras intelectuais, parece esperado que a inserção de um mecanismo de controle da obra digital venha a ser legitimado, por parte dos titulares de direitos autorais, justamente como forma de se evitar infrações aos seus direitos, tornando inócuo assim o dispositivo que consagrou o abuso no § 1º.[90]

---

90. Nesse sentido *vide* os comentários sobre a proposta da redação do art. 107 realizados em Centro de Tecnologia e Sociedade (CTS/FGV). *Diretos Autorais em Reforma*. Rio de Janeiro: FGV Direito Rio, 2011. p. 78 e segs. Disponível em: http://bibliotecadigital.fgv.br/dspace/bitstream/handle/10438/8789/CTS%20-%20Direitos%20Autorais%20em%20Reforma.pdf?sequence=1. Acessado em 03/10/2012.

As discussões enfrentadas sobre a inserção de restrições tecnológicas e a afirmação do abuso do direito autoral refletem a atualidade do instituto e a sua pertinência em questões jurídicas de grande complexidade e cuja aplicação prática ainda gerará muitos desafios para o discurso sobre a funcionalização dos direitos intelectuais no Brasil. Todavia, apoiado na consolidação do art. 187 do Código Civil e a expansão do princípio da boa-fé objetiva, o cenário futuro parece ser promissor para uma maior aplicação do abuso.

3.3.4. Abuso, boa-fé objetiva e relações de consumo

As duas últimas décadas, com a entrada em vigor do Código Civil e a afirmação do Código de Defesa do Consumidor, trataram de estabelecer uma concepção de abuso do direito na jurisprudência que fundamenta a sua aplicação com base, ou em reforço, do princípio da boa-fé objetiva. Essas aplicações se tornaram recorrentes em decisões judiciais envolvendo litígios contratuais, tanto de direito comum como aqueles relativos a contratos de consumo.

Dessa forma, no que diz respeito ao Código Civil, a vinculação entre o abuso do direito e a boa-fé objetiva é expressa no art. 187, já analisado, além de o mesmo artigo poder ser utilizado como suporte para a afirmação de deveres contratuais ativos, tipicamente reconhecidos a partir da disposição do art. 422.

Ao dispor no sentido de que as partes devem guardar os princípios de probidade e boa-fé na dinâmica do contrato, o texto legal determina o marco de criação de uma série de deveres aplicáveis a todas as relações contratuais. A doutrina enumera um conjunto cada vez mais vasto de deveres, podendo-se, contudo, reduzir os deveres apontados pelos autores e pelos tribunais a pelo menos quatro: dever de cooperação (ou lealdade); dever de informação (ou esclarecimento), dever de proteção (ou cuidado) e dever de sigilo (ou confidencialidade).[91]

Se é certo que todas as partes devem observar os referidos deveres, a prática fez notar que em muitos dos casos em que algum dos mencionados deveres era descumprido, havia presente nas circunstâncias um verdadeiro abuso do direito conferido pelo regime contratual.

Essa constatação decorre do fato de que, de acordo com os termos de um contrato, ao ser concedida ao indivíduo a possibilidade de intervir na esfera jurídica da outra parte, podem ocorrer certos abusos, consubstanciados em um agir desmesurado da parte em busca do adimplemento das obrigações pactuadas.[92]

---

91. Para uma enumeração mais extensa de deveres derivados da boa-fé objetiva, *vide* Martins-Costa, Judith. *A Boa-Fé no Direito Privado*. São Paulo: Revista dos Tribunais, 1999. p. 439 e segs.
92. Embora a vinculação entre abuso do direito e boa-fé objetiva seja recorrente, é importante atentar para o fato de que não é a boa-fé objetiva o único fundamento para a aplicação da teoria do abuso em sede contratual. Com o reconhecimento de uma série de novos princípios contratuais

O Código Civil delimita três funções distintas a serem exercidas pela boa-fé objetiva. De início, o art. 113 trata da boa-fé objetiva como regra de hermenêutica aplicável aos negócios jurídicos. O art. 422, como visto, impõe às partes contratantes a observância de seus preceitos na forma de deveres construídos pela doutrina e pela jurisprudência, aplicáveis nas fases que precedem a contratação, durante o desenrolar do contrato e mesmo após o seu encerramento. O art. 187, de maior relevo para o presente estudo, vincula expressamente a boa-fé objetiva e o abuso do direito, tornando clara a função limitadora do exercício de direitos desempenhada pela teoria do abuso.

Em caso apreciado no STJ, a ligação entre o princípio da boa-fé objetiva e o abuso do direito foi reconhecida, apontando-se para a complementariedade que os dois mecanismos desempenham na restrição de comportamentos que vão contra a função que deve ser prestigiada quando do exercício dos direitos. Segundo o voto do Ministro Luiz Fux:

> (...)12. Deveras, o princípio da confiança decorre da cláusula geral de boa-fé objetiva, dever geral de lealdade e confiança recíproca entre as partes, sendo certo que o ordenamento jurídico prevê, implicitamente, deveres de conduta a serem obrigatoriamente observados por ambas as partes da relação obrigacional, os quais se traduzem na ordem genérica de cooperação, proteção e informação mútuos, tutelando-se a dignidade do devedor e o crédito do titular ativo, sem prejuízo da solidariedade que deve existir entre ambos.
> 13. Assim é que o titular do direito subjetivo que se desvia do sentido teleológico (finalidade ou função social) da norma que lhe ampara (excedendo aos limites do razoável) e, após ter produzido em outrem uma determinada expectativa, contradiz seu próprio comportamento, incorre em abuso de direito encartado na máxima *nemo potest venire contra factum proprium*.[93]

As relações de consumo, por sua vez, constituem uma importante fonte de estudos sobre a aplicação da teoria do abuso do direito e sua vinculação com a boa-fé objetiva, que deve existir nas relações entre consumidores e fornecedores.

A boa-fé objetiva ganha destaque em dois momentos distintos na positivação do Código de Defesa do Consumidor. De início, a boa-fé figura como princípio

---

pelo Código Civil e pela doutrina, destacadamente o princípio da função social dos contratos, e as limitações impostas à autonomia da vontade, o abuso do direito pode ser compreendido a partir de situações em que a boa-fé objetiva não é o único princípio aplicável. Dessa forma, por mais que se reconheça a vinculação entre os dois institutos, é relevante apontar que a boa-fé objetiva não goza de exclusividade quando se trata de expor os fundamentos da aplicação da teoria do abuso do direito em sede contratual.

93. STJ, REsp 1143216/RS, Rel. Min. Luiz Fux, j. em 24/03/2010.

das relações de consumo, presente no art. 4º do Código, devendo ser observado e perseguido pela Política Nacional de Relações de Consumo. Mais à frente, quando dispõe sobre as cláusulas contratuais abusivas, no art. 51, IV, o Código termina por relacionar diretamente o princípio da boa-fé objetiva com a repressão a práticas abusivas. O referido dispositivo elenca no rol de cláusulas abusivas aquelas que sejam incompatíveis com a boa-fé.

A doutrina consumerista tende a afirmar que a disciplina relativa às cláusulas abusivas é uma derivação, ou uma especialização, da teoria do abuso do direito. Alguns autores, como Luis Renato Ferreira da Silva, divergem dessa aproximação entre as cláusulas abusivas e a teoria do abuso do direito. Segundo o autor, essa suposta derivação entre as duas figuras seria improcedente na medida em que o abuso do direito seria relacionado ao exercício de um direito subjetivo, o que não poderia ser vislumbrado na aposição de cláusulas abusivas.[94]

Nessa direção, o abuso que adjetiva as cláusulas que se visa a proibir não seria um "abuso do direito", mas, sim, um abuso de poder econômico por parte do fornecedor, ou seja, de um fator externo ao elemento jurídico. Sendo assim, entende o autor que o fundamento da repressão às cláusulas abusivas residira no princípio da boa-fé objetiva.

O pensamento exposto pelo autor parece estar vinculado a uma concepção de abuso do direito que enxerga a sua aplicação apenas quando relacionada ao exercício irregular de um direito subjetivo. Como já visto, o comportamento abusivo não é passível apenas de observação no atuar de um direito subjetivo, mas também no exercício de quaisquer prerrogativas, liberdades, faculdades e direitos potestativos que são possibilitados aos seus titulares.

Adicionalmente, a vinculação da disciplina das cláusulas abusivas ao princípio da boa-fé objetiva não exclui a sua filiação à teoria do abuso do direito. Como bem observa Vladimir Cardoso, ao se afirmar que as cláusulas abusivas derivam da teoria do abuso do direito já se está pressupondo a vinculação ao princípio da boa-fé objetiva.[95]

Dado que a boa-fé objetiva desempenha, dentro de suas diversas funções, a atividade de controle do exercício dos direitos, prevista no art. 187 do Código Civil, somado ao fato de que esse mesmo artigo prevê que a boa-fé será medida para avaliar o eventual abuso do direito, não existem motivos para se vincular

---

94. Silva, Luis Renato Ferreira da. Cláusulas Abusivas: Natureza do Vício e Decretação de Ofício. In: *Revista Direito do Consumidor*, n. 23/24, p. 123-125, 1997.
95. Cardoso, Vladimir. O Abuso do Direito no Ordenamento Jurídico Brasileiro. In: Moraes, Maria Celina Bodin de (Org.). *Princípios do Direito Civil Contemporâneo*. Rio de Janeiro: Renovar, 2006. p. 107.

a disciplina das cláusulas abusivas à boa-fé e negar a sua filiação à teoria do abuso do direito.

A própria jurisprudência tem se valido dos dois fundamentos (boa-fé objetiva e abuso do direito) para legitimar a vedação de cláusulas abusivas em contratos de consumo. Nessa direção, o Superior Tribunal de Justiça assim se pronunciou ao analisar distrato de contrato de compra e venda no qual, para devolução dos valores acertados, o adquirente se valeria de duas cartas de crédito, vinculadas à aquisição de outro imóvel da mesma construtora. Entendeu o STJ que nessas circunstâncias não haveria devolução alguma de valor, já que o consumidor-adquirente permaneceria vinculado à construtora através da obrigação de adquirir uma outra unidade imobiliária da mesma. A junção dos dois referidos fundamentos constou da ementa, que assim foi redigida:

> Recurso especial. Código de Defesa do Consumidor. Compra e venda de imóvel. Distrato. Devolução dos valores na forma de carta de crédito. Utilização para a aquisição de outro imóvel na mesma construtora. Art. 53, *caput*, c/c art. 51, II, do CDC. Recurso não conhecido.
>
> 1. A análise da abusividade da cláusula de decaimento "é feita tanto frente ao direito tradicional e suas noções de abuso de direito e enriquecimento ilícito quanto frente ao direito atual, posterior à entrada em vigor do CDC, tendo em vista a natureza especial dos contratos perante os consumidores e a imposição de um novo paradigma de boa-fé objetiva, equidade contratual e proibição da vantagem excessiva nos contratos de consumo (art. 51, IV) e a expressa proibição de tal tipo de cláusula no art. 53 do CDC".[96]

Outras práticas abusivas podem ser localizadas no art. 51 do Código de Defesa do Consumidor, como aquelas constantes dos incisos IX e XI, os quais dispõem, respectivamente, sobre cláusulas que facultem ao fornecedor concluir ou não o contrato, ao passo que o consumidor à formação do contrato permanece vinculado, além daquelas cláusulas que autorizem o fornecedor a cancelar unilateralmente o contrato, não sendo a mesma faculdade estendida ao consumidor.

Outra relevante hipótese da aplicação da teoria do abuso do direito no Código de Defesa do Consumidor pode ser encontrada nas circunstâncias autorizadoras da desconsideração da personalidade jurídica, previstas no art. 28.[97] Quando o

---

96. STJ, REsp 437.607/PR, Rel. Min. Hélio Quaglia Barbosa, j. em 15/05/2007.
97. Vale destacar que o abuso figura como circunstância que possibilita a desconsideração da personalidade jurídica tanto no regime geral, estabelecido no art. 50 do Código Civil como no regime específico das relações de consumo, previsto no art. 28 do CDC. O art. 50 do Código Civil dispõe: "Art. 50. Em caso de abuso da personalidade jurídica, caracterizado pelo desvio de finalidade, ou

sócio da empresa fornecedora abusa da personalidade distinta conferida à pessoa jurídica, de forma a impossibilitar o ressarcimento ou indenização ao consumidor, o Código possibilita a suspensão dos efeitos da separação patrimonial gerada pela personalidade jurídica e o atingimento direto do patrimônio do sócio.

Uma espécie de situação que tem gerado um grande número de decisões judiciais que se valem do abuso do direito ao analisar relações de consumo é a aquela decorrente do corte no fornecimento de luz, água, gás e outros serviços públicos.

Os tribunais não raramente decidem no sentido de que o corte no fornecimento de serviços públicos dessa natureza, quando feito sem o atendimento de requisitos impostos pelas normas setoriais,[98] implica a ocorrência de abuso do direito.

É importante perceber que, para essas decisões, o corte indevido no fornecimento constitui, de início, uma conduta ilícita desempenhada pelo fornecedor. Em apoio à tese de condenação do fornecedor pelo corte indevido, até mesmo como agravante ou forma de majorar a eventual indenização, os tribunais se valem da figura do abuso do direito.

É justamente esse o caso do seguinte acórdão do Tribunal de Justiça do Estado do Rio de Janeiro que, ao analisar um caso de corte indevido de energia elétrica, utiliza o abuso do direito como um argumento adicional para legitimar o dever de indenizar que, por si só, já existiria com base na ocorrência do ilícito:

> Faturas de energia elétrica adimplidas no vencimento. CONTAS PAGAS Apresentadas ao preposto da ré. Suspensão do fornecimento de energia elétrica. Abuso de direito. Ato ilícito. Danos morais configurados. *Quantum* reparatório exacerbado.
>
> (...) O conjunto probatório dos autos demonstra que a autora nunca esteve inadimplente ou sequer em mora, pagando suas contas sempre na data do vencimento. Afigura-se a responsabilidade civil objetiva da ré, por evidente defeito na prestação de serviço, fundada no art. 14, *caput*, e § 1º, da Lei nº 8.078/1990 e na teoria do risco empresarial. É plausível a mácula da honra objetiva da primeira ré perante

---

pela confusão patrimonial, pode o juiz decidir, a requerimento da parte, ou do Ministério Público quando lhe couber intervir no processo, que os efeitos de certas e determinadas relações de obrigações sejam estendidos aos bens particulares dos administradores ou sócios da pessoa jurídica." E assim está redigido o *caput* do art. 28 do CDC: "Art. 28. O juiz poderá desconsiderar a personalidade jurídica da sociedade quando, em detrimento do consumidor, houver abuso de direito, excesso de poder, infração da lei, fato ou ato ilícito ou violação dos estatutos ou contrato social. A desconsideração também será efetivada quando houver falência, estado de insolvência, encerramento ou inatividade da pessoa jurídica provocados por má administração."
98. No que se refere ao fornecimento de energia elétrica, por exemplo, o art. 173 da Resolução n. 414/2010, da ANEEL, determina que para a suspensão do fornecimento de energia, por conta do atraso no pagamento de faturas, deve a distribuidora realizar comunicação prévia de 15 dias antes do efetivo corte.

seus clientes ao se depararem com o Posto de Gasolina fechado durante 48 horas. A conduta do preposto da ré que insistiu em interromper o fornecimento de energia elétrica mesmo diante da apresentação das faturas quitadas consubstancia o abuso do direito, o que reforça o dever de reparação.[99]

Outra situação na qual a teoria do abuso do direito tem sido bastante utilizada, em sede de relações de consumo, é a apresentação antes do prazo convencionado de cheques pré-datados. O Superior Tribunal de Justiça e os Tribunais de Justiça dos Estados têm entendido que esse tipo de comportamento por parte do fornecedor, que pode levar à inscrição do nome do consumidor nos serviços de proteção ao crédito caso o mesmo não possua fundos para arcar com o valor de face do cheque na data de apresentação, seria uma conduta abusiva.

O fundamento da abusividade residira aqui no fato de que consumidor e fornecedor, quando concordam com o pagamento através de cheques pré-datados, celebram um acordo pelo qual o consumidor fica obrigado a dispor dos fundos nas datas indicadas e o fornecedor se compromete a depositar o cheque apenas nessas mesmas datas. Como o cheque é, no direito brasileiro, ordem de pagamento à vista, poderia o fornecedor, em tese, apresentar o cheque para desconto a qualquer momento. Todavia, como o mesmo se obrigou a não proceder assim, a sua conduta de apresentação do cheque, embora lícita frente à legislação, viola o pacto celebrado *in casu* com o consumidor.

Nesse sentido se pronunciou o Tribunal de Justiça do Estado do Rio de Janeiro:

> Ação de indenização. Cheque pré-datado. Apresentação antes do prazo. (...) O cheque pós-datado, mais conhecido como pré-datado, é usualmente utilizado nas relações negociais entre fornecedores e consumidores de produtos e serviços como substituto da nota promissória e instrumento popular e informal de concessão de crédito, cuja contratação se dá normalmente de forma verbal e vincula ambas as partes, assumindo o consumidor a obrigação de prover os fundos necessários na data aprazada para compensação do crédito, enquanto o fornecedor do produto/serviço assume o compromisso de não apresentá-lo antes deste prazo, a despeito de sua natureza de ordem de pagamento à vista. Assim, o depósito antecipado do cheque viola a boa-fé objetiva e o dever de probidade que regem os contratos,

---

99. TJRJ, 9ª Câmara Cível, Apelação Cível nº 2007.001.24999, Rel. Des. Roberto de Abreu e Silva, j. em 31/07/2007. O mesmo tribunal se valeu do abuso do direito para justificar a indenização devida por conta de corte realizado pelo fornecedor sob o fundamento de ter o consumidor realizado fraude – não comprovada – no aparelho medidor (TJRJ, 8ª Câmara Cível, Apelação Cível nº 207.001.39588, Rel. Des. Orlando Secco, j. em 01/08/2007).

evidenciando-se o abuso de direito (art. 187 do Código Civil). Precedentes do Superior Tribunal de Justiça e desta Corte Estadual, no mesmo sentido.[100]

O acórdão citado possui a peculiaridade de fundamentar o dever de indenização tanto no abuso do direito como na violação de deveres contratuais que emanam do princípio da boa-fé objetiva, com base no art. 187 do Código Civil.

Do panorama das decisões judiciais aqui colecionadas, pode-se concluir que os tribunais brasileiros têm majoritariamente aplicado o instituto do abuso em ações que visam a restringir o exercício irregular do direito, seja porque o mesmo viola a sua função, ou porque infringe os deveres inerentes ao princípio da boa-fé objetiva. Esse uso intensivo da figura do abuso claramente demonstra a relevância do instituto no cenário do direito civil contemporâneo.

3.3.4.1. Práticas abusivas no comércio eletrônico

Como um desenvolvimento da aplicação da figura do abuso em conjunto com o princípio da boa-fé objetiva, pode-se destacar a sua utilização recorrente em relações de consumo realizadas através da internet. Nesse particular destacam-se as formas de publicidade desenvolvidas na rede e como elas podem levar o consumidor a adquirir produtos e serviços a partir de uma comunicação que representa um verdadeiro abuso do direito.

Se é verdade que hoje em dia já não pairam mais dúvidas sobre a aplicação das normas de proteção ao consumidor às contratações concluídas através da rede,[101] o espectro de situações nas quais o abuso pode informar o modo mais adequado de se tutelar o consumidor (e ao mesmo tempo ordenar a atividade do fornecedor) ainda é um trabalho em andamento.

O Código de Defesa do Consumidor não tratou especificamente das relações de consumo travadas pela internet já que a exploração comercial da rede mundial de computadores no Brasil teve o seu início em 1995. Nos últimos anos, todavia, a expansão do comércio eletrônico e a necessidade de se expandir a tutela do consumidor para atender às peculiaridades apresentadas pela internet impulsionaram a criação de uma comissão especial, designada pelo Senado Federal, para a apresentação de um anteprojeto para reforma do Código de Defesa do Consumidor enfocando as práticas do comércio eletrônico.[102]

---

100. TJRJ, 8ª Câmara Cível, Apelação Cível nº 2007.001.35823, Rel. Des. Orlando Secco, j. em 31/07/2007.
101. Lorenzetti, Ricardo L. *Comércio Eletrônico*. São Paulo: RT, 2004. p. 163 e segs.
102. O anteprojeto de lei, conforme apresentado pela comissão ao Senado Federal, pode ser encontrado em: http://www.senado.gov.br/senado/codconsumidor/pdf/Anteprojetos_finais_14_mar.pdf.

Esse anteprojeto, o trabalho da doutrina especializada e as diversas decisões judiciais sobre questões relacionadas ao consumo na internet evidenciam a relevância do tema e, de forma particular, oferecem um cenário propício para a aplicação do abuso do direito em conjunto com o princípio da boa-fé objetiva em várias situações.

O referido anteprojeto lança as bases para a tutela das relações de consumo na internet na redação proposta para o art. 45-A, que assim dispõe:

> *Art. 45-A. Esta seção dispõe sobre normas gerais de proteção do consumidor no comércio eletrônico, visando a fortalecer a sua confiança e assegurar tutela efetiva, com a diminuição da assimetria de informações, a preservação da segurança nas transações, a proteção da autodeterminação e da privacidade dos dados pessoais.*

Um ponto de destaque da redação conforme proposta é a menção expressa na lei ao fato de que o comércio eletrônico e a proteção do consumidor devem ser orientados pelo fortalecimento da segurança e a diminuição da assimetria de informações. Nesse sentido, a publicidade na internet assumiu contornos inesperados nas últimas décadas que desafiaram a reflexão jurídica e o abuso do direito, como um instrumento apto a captar essas transformações e servir de ferramenta para traçar os limites de atuação das partes contratantes, fez-se bastante presente na compreensão de questões que vão do desenvolvimento de publicidade comportamental ao envio de mensagens eletrônicas não solicitadas (*spam*).

Uma peculiaridade da aplicação do abuso à publicidade na internet é o entendimento que precisa ser compartilhado sobre o grau de vulnerabilidade do consumidor. Se o consumidor é tutelado no Código de Defesa do Consumidor de modo a evitar que a sua hipossuficiência seja explorada pelo fornecedor, a internet apresenta novos desafios para essa proteção ao radicalizar a ausência de entendimento, por parte do consumidor, sobre aspectos técnicos básicos da contratação eletrônica.

De qualquer forma, mesmo não sabendo como a sua manifestação de vontade sai de seu dispositivo conectado à rede e chega ao fornecedor, o

---

Acessado em 03/10/2012. Segundo consta de sua Justificação: "Se, à época da promulgação do Código de Defesa do Consumidor, o comércio eletrônico nem sequer existia, atualmente é o meio de fornecimento a distância mais utilizado, alcançando sucessivos recordes de faturamento. Porém, ao mesmo tempo ocorre o aumento exponencial do número de demandas dos consumidores. As normas projetadas atualizam a lei de proteção do consumidor a esta nova realidade, reforçando, a exemplo do que já foi feito na Europa e nos Estados Unidos, os direitos de informação, transparência, lealdade, autodeterminação, cooperação e segurança nas relações de consumo estabelecidas através do comércio eletrônico."

consumidor precisa ser protegido para que novas formas de exploração da atividade publicitária não atinjam interesses que vão além daqueles desejados pelo indivíduo.[103]

Nessa direção o anteprojeto para reforma do Código de Defesa do Consumidor sugeriu a inserção no art. 6º, dentre os direitos assegurados ao consumidor, da "liberdade de escolha, em especial frente a novas tecnologias e redes de dados, sendo vedada qualquer forma de discriminação e assédio de consumo."[104]

Será considerada como oferta toda publicidade em meios eletrônicos que trouxer informações suficientes para a decisão de compra de um produto e serviço, vinculando assim os fornecedores de acordo com o art. 30 do CDC, que assim está redigido:

> Art. 30. Toda informação ou publicidade, suficientemente precisa, veiculada por qualquer forma ou meio de comunicação com relação a produtos e serviços oferecidos ou apresentados, obriga o fornecedor que a fizer veicular ou dela se utilizar e integra o contrato que vier a ser celebrado.

Cabe ao fornecedor o dever de prestar informações claras e transparentes, informar sobre as condições e riscos do produto e do serviço (arts. 30 e 31 do CDC), possibilitar o acesso aos textos contratuais (arts. 46, 48 e 54 do CDC), confirmar o recebimento da aceitação por parte do consumidor, entre outros. A informação é uma condição para formação do contrato.

Nesse particular, é importante destacar como diversas atividades comerciais têm sido desenvolvidas recentemente com base na coleta e no tratamento de dados pessoais dos consumidores, podendo aqui dar ensejo a práticas abusivas. Trata-se da chamada publicidade comportamental, ou seja, da mensagem publicitária que é gerada a partir de supostas preferências do consumidor. Essas preferências, por sua vez, são desenvolvidas a partir de um extenso tratamento de dados pessoais do consumidor, como o seu sexo, idade, localização, histórico de páginas visitadas na internet etc.[105]

Ao mesmo tempo em que a rede proporciona formas de coleta e de tratamento de dados pessoais de modo inédito, é importante que a relação travada com o consumidor seja baseada em critérios de transparência de modo a informar amplamente como esses dados serão coletados, como serão tratados

---

103. Oliveira, Elsa Dias. *A Protecção dos Consumidores nos Contratos Celebrados através da Internet*: Contributo para uma Análise numa Perspectiva Material e Internacional Privatista. Coimbra: Livraria Almedina, 2002. p. 65.
104. Trata-se da redação proposta para o art. 6º, XII.
105. *Vide*: http://en.wikipedia.org/wiki/Behavioral_targeting. Acessado em 03/10/2012.

e armazenados, esclarecendo-se ainda como o resultado desse tratamento será utilizado. A premissa da publicidade comportamental é oferecimento de uma experiência mais personalizada de navegação e consumo. Todavia, essa eventual facilidade oferecida ao consumidor não pode ser imposta ou ocultada por práticas empresariais que dificultam a compreensão de características básicas da relação mantida com o fornecedor.

O Brasil não possui uma legislação específica sobre dados pessoais, mas está em andamento o debate para a criação de uma lei geral sobre o tema. O Ministério da Justiça lançou em 2010 uma iniciativa de debate público sobre os contornos desse futuro projeto de lei, e conforme consta do anteprojeto colocado em discussão, o tema da publicidade comportamental (e o seu eventual abuso) seria abordado.

Conforme determina a minuta do anteprojeto em seu art. 14, os dados pessoais que foram objeto de tratamento deverão ser "I – tratados de forma lícita e com boa-fé; e II – coletados e armazenados para finalidades determinadas, explícitas e legítimas".[106] Dessa forma, o princípio de informação ao consumidor seria atendido, buscando-se evitar que dados sejam tratados para finalidades não comunicadas e potencialmente lesivas ao próprio consumidor.

Outro tema ligado à atividade publicitária que invoca a discussão sobre o abuso nas relações de consumo travadas na internet é o envio dos chamados *spams*. Entende-se por *spam* a mensagem, de conteúdo praticamente uniforme, enviada de forma indiscriminada para um conjunto de remetentes sem a sua prévia solicitação.[107] Embora tenha recebido grande parte das atenções quando desenvolvido através do envio de *e-mails*, o termo pode ser utilizado para outras formas de comunicação como mensagens de texto para celulares ou em redes sociais.

Na ausência de regulação específica, a doutrina tem buscado censurar a prática do envio de *spams* através do abuso do direito, o que reforça a caracterização do abuso como instituto apto a antecipar eventuais transformações legislativas e sendo acionado sempre que o exercício de direitos parece romper a barreira da regularidade.

Fazendo justamente a ligação entre o envio de mensagens não solicitadas e a aplicação do abuso do direito e o princípio da boa-fé, afirma Guilherme Martins que o *spam*

---

106. *Vide*: http://culturadigital.br/dadospessoais/. Acessado em 03/10/2012.
107. Para definição, características e perspectiva histórica do *spam vide* http://en.wikipedia.org/wiki/Spam_(electronic). Acessado em 03/10/2012.

configura abuso de direito (art. 187 do CC), considerando que o *e-mail* sofreu um desvio de função, ultrapassando os limites gizados por sua função econômico-social, pela boa-fé e pelos bons costumes, à medida que não serve só para a comunicação desejada, mas também para a propaganda não solicitada, afora os já aludidos danos decorrentes do seu envio."[108]

No mesmo sentido, defende Flavio Tartuce que o envio de *spam*

constitui abuso do direito – assemelhado ao ato ilícito pelas naturais consequências, eis que o usuário da internet não solicita, não fornece seu endereço virtual, e, mesmo assim, recebe em sua caixa de correio eletrônico verdadeiros convites a aderir aos mais variados planos, produtos, grupos, jogos, serviços, entre outros.[109]

Com base na redação do art. 187, o autor esclarece que o ato seria abusivo por violar a finalidade econômico-social do direito ao prejudicar o fluxo de informações na rede[110] e atentaria contra os bons costumes ao atingir a privacidade dos destinatários.[111]

O anteprojeto de reforma do Código de Defesa do Consumidor trata da questão em dispositivo específico, conforme a redação assim proposta para o art. 45-E:

Art. 45-E. É vedado enviar mensagem eletrônica não solicitada a destinatário que:
I – não possua relação de consumo anterior com o fornecedor e não tenha manifestado consentimento prévio em recebê-la;
II – esteja inscrito em cadastro de bloqueio de oferta; ou
III – tenha manifestado diretamente ao fornecedor a opção de não recebê-la.
§ 1º Se houver prévia relação de consumo entre o remetente e o destinatário, admite-se o envio de mensagem não solicitada, desde que o consumidor tenha tido oportunidade de recusá-la.

---

108. Martins, Guilherme Magalhães. *Responsabilidade Civil por Acidente de Consumo na Internet*. São Paulo: RT, 2008. p. 220.
109. Tartuce, Flávio. Considerações sobre o Abuso do Direito e o Ato Emulativo Civil. In: Delgado, Mario Luiz; Alves, Jones Figueirêdo (Coords.). *Novo Código Civil*: Questões Controvertidas. São Paulo: Método, 2004. v. 2, p. 110. *Vide* ainda Guerra, Alexandre. *Responsabilidade Civil por Abuso do Direito*. São Paulo: Saraiva, 2011. p. 363-366.
110. Embora o volume de *spam* e seu impacto no tráfego de dados na rede sempre sejam um tema abordado quando se discute os efeitos do envio de *spams*, relatórios recentes dão conta de que o número de mensagens que poderiam ser classificadas como *spam* tem diminuído nos últimos anos. Segundo relatório elaborado pela CISCO, o volume de *spams* caiu de mais de 379 bilhões de mensagens diárias para cerca de 124 bilhões entre agosto de 2010 e novembro de 2011: http://www.cisco.com/en/US/prod/collateral/vpndevc/security_annual_report_2011.pdf. Acessado em 03/10/2012.
111. Tartuce, Flávio. Op. cit., p. 110.

§ 2º O fornecedor deve informar ao destinatário, em cada mensagem enviada:
I – o meio adequado, simplificado, seguro e eficaz que lhe permita, a qualquer momento, recusar, sem ônus, o envio de novas mensagens eletrônicas não solicitadas; e
II – o modo como obteve os dados do consumidor.
§ 3º O fornecedor deve cessar imediatamente o envio de ofertas e comunicações eletrônicas ou de dados a consumidor que manifestou a sua recusa em recebê-las.
§ 4º Para os fins desta seção, entende-se por mensagem eletrônica não solicitada a relacionada a oferta ou publicidade de produto ou serviço e enviada por correio eletrônico ou meio similar.
§ 5º É também vedado:
I – remeter mensagem que oculte, dissimule ou não permita de forma imediata e fácil a identificação da pessoa em nome de quem é efetuada a comunicação e a sua natureza publicitária.
II – veicular, hospedar, exibir, licenciar, alienar, utilizar, compartilhar, doar ou de qualquer forma ceder ou transferir dados, informações ou identificadores pessoais, sem expressa autorização e consentimento informado do seu titular, salvo exceções legais.

O dispositivo veda o encaminhamento de mensagens de forma indiscriminada, restringindo a comunicação que venha a ser direcionada a consumidor com o qual o fornecedor não possui qualquer relação prévia (e nem tenha o consumidor manifestado o interesse de receber mensagens), que esteja inscrito em cadastro de bloqueios ou que tenha expressamente manifestada a intenção de não receber publicidade.

Vale ainda destacar que a redação do § 5º impõe sérias restrições à utilização dos dados pessoais do consumidor sem o seu consentimento informado. Esse dispositivo vem a complementar a tutela dos dados pessoais do consumidor constante do art. 43 do CDC, que já determina que toda abertura de ficha, cadastro ou base com os dados do consumidor seja objeto de comunicação, sendo ainda providenciadas formas de acesso e alteração dos dados uma vez armazenados. Assim, procura-se proteger de forma ampla o consumidor contra condutas abusivas tanto na coleta dos dados pessoais como em seu armazenamento e eventual utilização.

Outra peculiaridade da oferta de bens e serviços *online* é a facilidade com a qual pode o consumidor, ao se deparar com uma oferta evidentemente divulgada de forma errônea (seja no que diz respeito a características do produto ou, mais comumente, com preço bastante inferior ao usualmente praticado), concluir a contratação, chegando até mesmo a receber os produtos dada a velocidade típica do comércio eletrônico.

Esses casos despertam a necessidade de se refletir sobre o abuso do direito e o princípio da boa-fé objetiva porque, se por um lado eles podem ser caracterizados como erro do fornecedor, não raramente julgados identificam a ocorrência de abuso por parte do consumidor que, ciente de que o preço anunciado é equivocado, adquire grande quantidade de produtos.

O Conselho Recursal Cível dos Juizados Especiais do Rio de Janeiro decidiu favoravelmente ao fornecedor em caso no qual o consumidor havia adquirido um notebook pelo valor de 100 (cem) reais após visualizar oferta veiculada erroneamente na internet. Segundo consta da referida decisão:

> É incontroverso que o produto foi anunciado, para venda no sítio eletrônico da ré, pelo preço de R$ 100,00 (cem reais). Ora, não pode o consumidor, realmente, considerar que o preço do notebook era de meros cem reais. O engano na digitação do preço é patente, sem o condão de levar qualquer pessoa a imaginar que o produto seria vendido por esse preço irrisório. (...) Outrossim, viola o princípio da boa-fé objetiva (aplicável tanto aos fornecedores como aos consumidores), pretender a aquisição de produto por preço absolutamente vil, quando é visível o equívoco na propaganda.[112]

O mesmo Conselho Recursal enfrentou em outra decisão caso em que restou evidenciado o abuso por parte do consumidor que comprou uma série de bens ao perceber que a oferta veiculada em *site* apresentava preços irrisórios para vários produtos eletrônicos. Em tais circunstâncias, o efeito vinculante da oferta cederia espaço para a proibição do comportamento desempenhado pelo consumidor em afronta ao princípio da boa-fé objetiva.

> A publicidade vincula o fornecedor, podendo o consumidor exigir o cumprimento da oferta, na forma do disposto nos arts. 30 e 35 do CDC. Entretanto, no presente caso merece aplicação a interpretação lógico-sistêmica do estatuto consumerista, que prevê, como princípio da política nacional de relações de consumo, a harmonização dos interesses dos participantes das relações de consumo, com base na boa-fé e no equilíbrio nas relações entre consumidores e fornecedores, além da coibição e repressão eficientes de todos os abusos praticados no mercado de consumo (art. 4º, III e VI).[113]

---

112. Processo nº 2009.700.070625-5, Juiz Fabiano Reis dos Santos, j. em 28/10/2009.
113. Processo nº 2009.700.073271-0, Juíza Christiane Jannuzzi Magdalena; j. em 05/11/2009. Acrescentando ainda a proibição do enriquecimento sem causa aos argumentos que impediriam a vinculação da oferta, *vide* decisão do TJRS, Recurso Cível 7100065705; Rel. Maria José Schmitt Sant Anna; j. em 31/05/2005.

Em casos como esse mais uma vez o princípio da boa-fé e o abuso desempenham um papel relevante para esclarecer o desfecho da relação de consumo celebrada através da internet, sendo o mesmo utilizado pelos tribunais para compreender se o consumidor, sabendo do claro equívoco, abusou do seu direito, ou se o fornecedor deveria arcar com o ônus, uma vez que a oferta vincularia o mesmo ao seu cumprimento.

Pode-se afirmar, portanto, que o abuso do direito vem recebendo um destaque cada vez maior pela doutrina e pela jurisprudência brasileiras, sendo ainda possível encontrar no direito projetado hipóteses que, se vierem a ser aprovadas em lei, gerarão um cenário propício ao aprofundamento da utilização do abuso como mecanismo de restrição ao exercício irregular dos direitos nos mais variados campos de aplicação do direito.

4

Crise e afirmação do abuso do direito

Nunca se produziu tanta literatura sobre o abuso do direito no Brasil. E justamente nesse momento pode parecer estranho o argumento de que paira sobre a figura do abuso a sombra de uma suposta crise. Uma série de fatores pode ser levantada para justificar esse cenário de derrocada de um instituto que, se por um lado tem sido cada vez mais referido, estaria simultaneamente passando por um momento de grande esvaziamento do papel historicamente desempenhado no direito brasileiro.

Poder-se-ia então identificar três fatores responsáveis pela pretensa crise do abuso do direito: (i) as incertezas derivadas da falta de positivação específica; (ii) o seu englobamento pelo conceito de boa-fé objetiva; e (iii) a ascensão da metodologia civil-constitucional. Esses fatores e o diagnóstico da suposta crise ocupam o próximo item.

Todavia, cumpre discordar da percepção de que o tempo do abuso passou e que atualmente outras figuras ocupam e desempenham de forma mais eficiente o seu papel. Nessa direção, o último item deste capítulo procurará evidenciar os papéis desempenhados pelo abuso no direito civil contemporâneo, afirmando que o mesmo não é ainda apenas útil, mas, sim, extremamente necessário para empreender as suas funções típicas de restrição ao exercício irregular de direitos.

4.1. As razões da suposta crise do abuso do direito

O instituto do abuso do direito guarda já na sua própria concepção um retrato do que significa aplicar e interpretar o Direito Civil nos tempos atuais. Isso porque o instituto nasceu a partir de um intenso trabalho de revisão jurisprudencial empreendido da segunda metade do século

XIX em diante. Esse estreito atrelamento com a atuação jurisprudencial ajudou a afirmar o instituto ao longo do século passado como um instituto relevante para a compreensão do exercício dos direitos e de suas limitações.

Ao mesmo tempo em que o abuso nutria uma estável continuidade a partir de decisões judiciais durante o século XX, a doutrina que se formou sobre o instituto apresentou uma multiplicidade de entendimentos sobre o conceito, os fundamentos e os efeitos do abuso. Uma série longa e complexa de entendimentos atravessou o referido século, afastando-se ou se comunicando com a sua aplicação jurisprudencial dependendo do ordenamento jurídico e da época analisada.

No caso específico do Brasil, o abuso do direito só veio a ser positivado como uma cláusula geral, que traçasse os limites de sua aplicação, com o advento do Código Civil de 2002. Isso não impediu, como visto, que a doutrina já considerasse a figura a partir de uma interpretação *a contrario sensu* do Código anterior ou por meio de outros dispositivos da legislação especial, com destaque para o Código de Defesa do Consumidor. A jurisprudência, da mesma forma, já admitia a figura e dela se valia nos mais diversos casos bem antes da edição do Código Civil atualmente em vigor, oscilando entre concepções subjetivas ou objetivas do abuso.

Pode-se dizer que o Brasil demorou um século para positivar o abuso do direito desde as suas origens e início de desenvolvimento na jurisprudência francesa, e posteriormente na codificação alemã. Dessa forma, a ausência de parâmetros expressos na legislação, que pautassem a melhor aplicação do instituto, poderia ser elencada como uma primeira razão para que certa indefinição pairasse sobre o instituto.

Ocorre que, mesmo após a edição do Código Civil de 2002, permanece um desconforto com relação aos limites deste instituto que, somado à sua ampla utilização pela jurisprudência, pouco contribui para esclarecer uma metodologia sobre sua aplicação. Isso se dá porque a redação do art. 187, como uma verdadeira cláusula geral, não tratou de oferecer maiores balizamentos para a utilização do instituto na prática, apenas apontando que o abuso seria também um ato ilícito, assim considerado quando o exercício do direito contrariar os seus fins econômicos e sociais, os costumes ou a boa-fé.

Tem-se aqui um típico problema da forma adotada pelo legislador brasileiro para dispor das chamadas cláusulas gerais no Código Civil em vigor. Adotando para vários institutos a forma redacional específica das chamadas cláusulas gerais, com uma redação mais principiológica, oferecendo uma abertura interpretativa maior, falhou o legislador em apresentar maiores detalhes sobre como a cláusula geral deveria ser implementada, oferecendo uma maior vinculação entre a legislação civil e o texto constitucional.

Criticando a forma pela qual o Código Civil trata das cláusulas gerais, afirma Gustavo Tepedino que seria possível

> falar, portanto – e não injustamente – de ocasiões perdidas por parte do codificador brasileiro de 2002, o qual teria podido descrever e esmiuçar analiticamente os princípios constitucionais, de modo a lhes dar maior densidade e concreção normativa.[1]

Menezes Cordeiro, ao dissertar sobre a "decadência do abuso do direito", identifica uma situação semelhante com o Código Civil suíço, tendo em vista que a enunciação de princípios na legislação não se fez corresponder de maiores parâmetros de aplicação, nem constantes da legislação, nem desenvolvidos pela doutrina ou jurisprudência à luz do diploma legal. Segundo o autor "a simples referência legal, ainda que solene, a grandes princípios, a não ser precedida ou acompanhada de um esforço doutrinário e jurisprudencial de concretização, é insuficiente para corporizar, na prática, a orientação pretendida".[2]

Esse cenário de incerteza foi ainda agravado pelo fato de o Código Civil ter disciplinado o abuso do direito como ato ilícito, caracterização esta, como visto, que é combatida por parte da doutrina. Nesta direção, o debate sobre a natureza do abuso em oposição ao preceito legal pode contribuir para o aumento da insegurança sobre a melhor forma de aplicação da figura.

Sendo assim, o longo tempo sem uma positivação específica e a redação do art. 187 do Código Civil, a partir de 2002, contribuiriam para um estado de indecisão sobre o conteúdo normativo do abuso do direito, embora o seu uso seja reiterado na jurisprudência. Justamente esse uso reiterado, por sua vez, também contribuiria com o cenário de eventual crise do instituto, uma vez que a superutilização da figura do abuso se faz usualmente acompanhada de alguma derivação do princípio da boa-fé objetiva.

A relação do abuso do direito com o princípio da boa-fé objetiva pode gerar tanto efeitos positivos como negativos para a construção do instituto. Conforme já referido, doutrina e jurisprudência têm identificado três funções desempenhadas pela boa-fé objetiva a partir dos dispositivos do Código Civil, sendo uma das funções especificamente identificadas na restrição ao exercício abusivo dos direitos, conforme constante do art. 187.

---

1. Tepedino, Gustavo. Crise de Fontes Normativas e Técnica Legislativa na Parte Geral do Código Civil de 2002. In: Tepedino, Gustavo (Coord.). *A Parte Geral do Novo Código Civil*. Rio de Janeiro: Renovar, 2002. p. XXI.
2. Cordeiro, Antônio Menezes. *Da Boa-Fé no Direito Civil*. Coimbra: Almedina, 2007. p. 700.

O princípio da boa-fé objetiva tem sido utilizado pela jurisprudência de forma bastante ampla, criando um corpo de decisões que se refere ao mesmo princípio, ou às figuras dele derivadas, com extrema frequência para solucionar os mais diversos litígios. Um número crescente de decisões tem se valido do abuso do direito como um dos institutos a serem aplicados em consonância com os conteúdos típicos da boa-fé objetiva, seja apoiando-se no art. 187 do Código Civil seja em dispositivos do Código de Defesa do Consumidor.

Se por um lado essa diversidade de decisões pode ser encarada como um fator positivo para a afirmação do instituto, por outro ela traz consigo uma preocupação para a melhor definição dos seus limites justamente porque, conforme mencionado anteriormente, a maior parte das decisões utiliza o abuso do direito como mero argumento de reforço, adicionado à decisão de típicas ações indenizatórias. Para tornar a situação menos vantajosa para o instituto do abuso do direito, usualmente essas mesmas decisões aplicam o instituto como se ato ilícito fosse o comportamento desempenhado pelo réu.

Como então seria possível melhor explorar a função de restrição ao exercício abusivo dos direitos desempenhada pela boa-fé? Ou, em outras palavras, como identificar um papel para o abuso do direito em sua relação com a boa-fé objetiva?

Se várias figuras são atualmente identificadas com relação à boa-fé objetiva, como ocorre com a proibição do comportamento contraditório, o *tu quoque* e a *surrectio*, por exemplo, e se cada uma delas tem a sua construção e canais de aplicação próprios, restaria ao abuso do direito, de início, uma simples função organizadora de todas as mencionadas figuras, remetendo-as então à boa-fé. Neste sentido, afirma Menezes Cordeiro que, em codificações tardias sobre o abuso do direito, como é o caso da brasileira:

> (...) o abuso do direito funcionava, porém, não como partida para soluções dele deduzidas, mas como chegada induzida de várias subfiguras, solidamente ancoradas na prática e investigadas, em estilo monográfico, com profundidade. Essas subfiguras fundam-se, todas, na boa-fé e, na sua aplicação, dispõem de canais próprios. Apaga-se o abuso do direito: não dá cobertura a soluções reais – fá-lo a boa-fé – nem as faculta – fazem-no as figuras referidas. Ao abuso queda apenas o mérito da figura ordenadora intermédia: permite agrupar, em tratados e comentários, subfiguras ligadas à boa-fé mas que, dentro do vasto campo desta, são de arrumação difícil.[3]

---

3. Cordeiro, Antônio Menezes. Op. cit., p. 706.

Por fim, um último fator poderia ser agregado no suposto cenário de decadência do abuso do direito: trata-se do sucesso da metodologia civil-constitucional de aplicação do direito privado. Partindo-se do pressuposto de que o Código Civil e todas as demais disposições normativas que regem as relações privadas devem ser lidos e aplicados de acordo com o texto constitucional, o Direito Civil-Constitucional se consolidou como um fenômeno que rompeu com a clássica divisão entre direito público e direito privado, valorizou o aspecto extrapatrimonial na tutela dos mais diversos interesses pela legislação e consagrou o papel de maior destaque nos estudos jurídicos para os princípios constitucionais.

Tendo assim os princípios constitucionais uma aplicação direta, e não meramente interpretativa, sobre as relações privadas, eles devem ser utilizados pelo intérprete como forma de restringir exercícios egoísticos de direitos e demais prerrogativas concedidas pela legislação. Notadamente os princípios que tutelam interesses sociais e coletivos são de extrema importância para essa função de sopesamento e eventual limitação da atuação dos entes privados, tendo a doutrina e a jurisprudência brasileiras dado ampla efetividade a tais diretrizes metodológicas do Direito Civil Constitucional.

Ao se considerar que a função de limitação do exercício dos direitos é a principal diretriz do abuso do direito, a ascensão da metodologia civil-constitucional pode também ser apontada como um terceiro fator que impulsiona a suposta decadência do abuso do direito que, nesse caso, deixaria de ser aplicado em prol de uma ferramenta mais eficiente e que contaria com amplo e consolidado arcabouço conceitual.

4.2. O abuso como instrumento de funcionalização dos direitos

Algumas evidências podem ser levantadas para superar a caracterização de uma suposta crise do abuso do direito. A relevância e a utilidade da figura do abuso do direito podem ainda hoje ser sentidas a partir do reconhecimento de que a figura desempenha funções de extrema importância para a compreensão do Direito Civil contemporâneo. Neste sentido, pode-se afirmar que existem pelo menos três dimensões do instituto que precisam ser levadas em conta para que se possa, como conclusão, avaliar o seu papel atual.

De início, é preciso compreender como o abuso do direito possui uma vocação para antecipar as transformações do Direito Civil, funcionando como um instrumento de grande valia tanto para a doutrina como para o magistrado, quando necessário se faz abordar uma situação na qual o exercício do direito precisa ser restringido e o ordenamento jurídico não oferece um dispositivo adequado para aquela solução. Dessa forma, o abuso sempre funcionou como o elemento que oferecia meios para que o julgador pudesse avançar sobre um comportamento que violasse interesses de ordem coletiva ou social, resultando em decisões geralmente inovadoras para a sua respectiva época.

Compreendido de outra forma, o abuso seria a conformação jurídica inicial através da qual demandas sociais começavam a ser aplicadas pelo Poder Judiciário, para que, eventualmente formando precedentes, pudessem criar um consenso sobre a necessidade até mesmo de reforma da legislação. Esse papel antecipatório do abuso do direito está muito relacionado com os estudos de Mario Rotondi, que percebe o abuso como um fenômeno social que opera tal qual uma regra "ética" de avaliação de comportamentos em períodos de transição.[4]

Nesse ponto cabe enfatizar que a contribuição do autor é relevante para a afirmação de um renovado papel para o instituto consistente nessa função antecipatória do abuso. Todavia, o abuso não pode ser concebido, conforme leciona Rotondi, como uma categoria metajurídica, ou como algo que está situado fora do plano de análise e aplicação do Direito. O papel de antecipar as transformações no exercício do direito não pode ser compreendido isoladamente como forma de justificar, apenas por si só, a utilidade do abuso. Isso porque, se de um lado o abuso precisa ser construído como um instituto jurídico, de outro existem atualmente outras ferramentas metodológicas que alcançam um resultado semelhante a esse fator antecipatório aqui reconhecido.

A própria aplicação dos princípios constitucionais aos casos concretos, sobretudo no que diz respeito às relações privadas, poderia fazer o papel de antecipar as transformações legislativas, oferecendo ao julgador ferramentas adequadas para solucionar um litígio novo que se apresentasse ao Poder Judiciário.

Adicionalmente, a função antecipatória parece remeter a uma concepção de que a transformação definitiva do direito se dá através da mudança da legislação. Com o crescimento do papel desempenhado pelas decisões judiciais como fator de mudança no direito brasileiro, essa função do abuso poderia ser, não rejeitada, mas repensada. Nesse ponto, como ferramenta posta à disposição do julgador para inovar com base nos critérios oferecidos pelo art. 187, o abuso se torna um instrumento útil para efetivamente restringir exercícios irregulares do direito.

Cumpre aqui perceber que o efeito antecipatório do abuso precisa ser conjugado com a percepção de que a figura do abuso é uma ferramenta naturalmente adequada para promover a análise funcional do exercício dos direitos e, sendo assim, fazer valer os princípios constitucionais nas relações privadas. Ao afirmar que a metodologia civil-constitucional teria englobado o abuso e que a mesma

---

4. Rotondi, Mario. *L'Abuso di Diritto Aemulatio*. Pádua: Cedam, 1979. p. 24.

disporia de uma metodologia mais efetiva para promover as transformações que o instituto sempre cuidou de antecipar, perde-se de vista como o abuso pode operar um efeito unificador, e até mesmo instrumental, de aplicação desses mesmos princípios. Relacionando esse papel do abuso com o movimento de aplicação do texto constitucional nas relações travadas entre os particulares, assim expõe Heloisa Carpena:

> A doutrina do abuso constitui campo temático por excelência da aplicação dos princípios que regem o ordenamento, cuja observância se impõe em razão da necessidade de se garantir a unidade do sistema e, consequentemente, a realização da segurança jurídica. (...) [S]erá à luz da tábua axiológica definida pela Constituição Federal que se determinarão os limites de atuação do titular do direito subjetivo, resolvendo-se os conflitos sob a perspectiva do abuso do direito.[5]

Sendo assim, se os princípios constitucionais podem ser aplicados diretamente sobre as relações privadas, o abuso do direito pode servir como o condutor, ou o instrumento que facilita essa aplicação, remetendo ainda o exercício do direito aos parâmetros de atendimento às finalidades econômicas e sociais, aos costumes e à boa-fé, conforme previsto no art. 187 do Código Civil.

Não se procura aqui restringir a aplicação de princípios constitucionais, submetendo a sua atuação, quando restringir o exercício de direitos por seus titulares, à infração de algum dos elementos constantes do art. 187. Isso seria subverter a própria essência da metodologia civil-constitucional. Porém, a indicação de limites ao comportamento individual prevista no referido artigo pode sim ser utilizada para canalizar a aplicação de princípios constitucionais. Nesse ponto, o abuso do direito não está em crise, mas é reforçado quanto mais consistente e constante se torna a interpretação do Código Civil à luz da Constituição.

É importante perceber assim que o abuso do direito supera a sua suposta crise sendo, para o Direito Civil contemporâneo, o instrumento por excelência de funcionalização dos direitos, tornando possível a premissa lançada no início desse capítulo sobre as peculiaridades e as rupturas advindas da ascensão da análise funcional. Ao viabilizar a análise funcional, o abuso atua como forma de identificação e seleção dos valores que precisam ser preservados em determinado caso concreto.[6]

---

5. Carpena, Heloisa. *Abuso do Direito nos Contratos de Consumo.* Rio de Janeiro: Renovar, 2001. p. 2 e 69-70.
6. Perlingieri, Pietro. *La Personalità Umana nell'Ordinamento Giuridico.* Nápoles: Jovene, 1972. p. 21. Conforme síntese de Guilherme Valdetaro Mathias: "Ao dar relevo à função dos direitos, tornando-os relativos e regulando seus exercícios, a teoria do abuso de direito se transforma num

Sendo assim, percebe-se que o abuso do direito desempenha, no direito civil contemporâneo, pelo menos três funções de extrema relevância, seja antecipando transformações, seja canalizando a aplicação de princípios constitucionais através da análise funcional, ou, ainda, levando os parâmetros comportamentais típicos da boa-fé objetiva para todas as áreas de atuação do direito privado.

Justamente por desempenhar tantos papéis que não se pode concordar com aqueles que afirmam que o abuso do direito é um instituto em decadência. Pelo contrário, o abuso do direito aparece, no final da primeira década do século XX, renovado na experiência brasileira e com um amplo campo de atuação a desempenhar em novas fronteiras.

---

dos mais potentes meios de renovação do direito e de promoção da justiça. A teoria do abuso de direito é inquestionavelmente parte de uma tendência de adequação do ordenamento jurídico aos ideais do solidarismo, de uma visão mais fraternal e menos patrimonialista do direito, que considera o indivíduo como um ser inserto na sociedade e possuidor de direitos e deveres para com ela e para com os seus semelhantes. Está, pois, a teoria do abuso do direito em plena consonância com a evolução do direito e com suas hodiernas correntes humanizadoras. Por outro lado, a teoria do abuso do direito está também adequada aos anseios da sociedade atual cujos problemas não podem mais ser solucionados pelos vetustos dogmas do direito civil, rígidos e complexos. A teoria do abuso do direito, ao pregar a relatividade e o funcionalismo dos direitos, se encaixa com grande facilidade às características da sociedade de massa, onde se vê a crescente evolução das relações interpessoais, a cada uma das mais complexas e velozes, e consequente entrecruzamento das relações de consumo" (O Abuso do Direito. In: Motta, Mauricio; Kloh, Gustavo (Orgs.). *Transformações Contemporâneas do Direito das Obrigações*. Rio de Janeiro: Elsevier, 2010. p. 178).

Considerações finais

O objetivo deste estudo foi mapear um momento relevante para a construção do abuso do direito no ordenamento jurídico nacional. A partir de uma contextualização teórica sobre a afirmação da análise funcional dos direitos, procurou-se demonstrar como o abuso surge como instrumento que operacionaliza uma nova compreensão sobre o exercício dos direitos nas mais diversas situações.

O abuso é, assim, o melhor atalho para a análise funcional no Direito Civil contemporâneo, fazendo uma ponte entre os casos já consagrados pela jurisprudência sobre a função social dos contratos e da propriedade com situações novas e desafiadoras como o direito autoral e a restrição de práticas abusivas no comércio eletrônico.

É justamente nessas aplicações práticas que o abuso se afirma como um instituto de enorme impacto na forma pela qual controvérsias são dirimidas à luz do ordenamento jurídico em vigor. A positivação do abuso no art. 187 do Código Civil abre caminho para que as mais distintas situações possam ser analisadas de acordo com os seus parâmetros, criando assim um mecanismo eficiente de restrição a condutas que contrariam a função dos direitos.

Na seara contratual, a rede de interesses presente em toda avença serve de suporte para uma aplicação decisiva do abuso. A inter-relação entre as condutas das partes, de modo que o atuar de um gera efeitos relevantes sobre a atuação do outro, lança o abuso como uma régua a permanentemente avaliar o comportamento de credor e devedor, contrastando as suas condutas com a finalidade última do contrato que é o seu cumprimento nas condições e com a satisfação dos interesses ali presentes.

Nesse particular, a vinculação do abuso com o art. 422 do Código Civil, do qual decorrem os deveres de conduta das partes contratantes relacionados à boa-fé objetiva, deve continuar a ser prestigiada. Não de forma a relegar o abuso a argumento secundário (ou de reforço), como visto, mas como modo de posicionar as partes contratantes em um ambiente contratual de lealdade recíproca.

Nas relações de consumo, o histórico de aplicação da boa-fé objetiva mais uma vez cria condições favoráveis para a aplicação do abuso do direito. Nesse particular, ganham destaque as relações mediadas pelo desenvolvimento de novas tecnologias da informação e da comunicação, sobretudo a internet. O abuso possui um campo aberto de atuação nas práticas desempenhadas por fornecedores e consumidores nesse novo cenário e servirá como medida determinante para a análise das condutas que, se por um lado podem vir a ser permitidas pela tecnologia, não necessariamente também serão pelo Direito.

O direito autoral, tema ao qual se dedicou atenção no presente estudo, evidencia a necessidade de levar o abuso a campos de atuação do Direito Civil que apenas recentemente começam a sentir os efeitos da ascensão de uma análise funcional dos direitos. Nesse particular, as diversas condutas que podem dar ensejo à utilização do abuso do direito nesse campo revelam um futuro promissor para novas aplicações do instituto, sobretudo pela inclusão do abuso em vários dispositivos do anteprojeto de reforma da Lei de Direitos Autorais.

Por fim, a análise realizada sobre o abuso na liberdade de expressão demonstra como mesmo um dos mais importantes – e sempre debatidos – direitos fundamentais pode ser exercido de forma abusiva. Antes de ser um eventual desprestígio para a liberdade de imprensa, o desenvolvimento do abuso nessa seara constitui ferramenta essencial para se avaliar de forma mais segura (e cada vez menos subjetiva) eventuais danos causados pela imprensa e, dessa forma, preservar do modo mais amplo a liberdade de expressão, mas sancionar o agente que, para além de sua função, exerce comportamento inadmissível e causa danos a terceiros.

Não existe campo do estudo do Direito Civil que não seja impactado pelo abuso; por mais específicas que sejam as suas regras, ou mais complexas suas práticas empresariais, o abuso serve como filtro para que cada exercício do direito seja prestigiado pelo ordenamento e receba assim o seu devido e correspondente efeito.

Superada a primeira década de positivação do abuso no Código Civil, caberá aos estudos dessa segunda década mapear a evolução do instituto e oferecer as indicações necessárias sobre quando e como o abuso pode representar um papel decisivo para a resolução de conflitos, auxiliando a decisão dos magistrados e apontando a necessidade de eventuais intervenções legislativas.

Referências

ABRÃO, Eliane Y. *Direito de Autor e Direitos Conexos*. São Paulo: Editora do Brasil, 2002.
ALENCAR, José de. *Esboços Jurídicos*. Rio de Janeiro: Garnier, 1883.
ALPA, Guido; BESSONE, Mario. *Atipicità dell'Illicito*. Milão: Giuffrè, 1980, 1ª pt.
_____. *Banche Dati, Telematica e Diritti della Persona*. Padova: CEDAM, 1984.
ALVES, Alexandre Ferreira de Assumpção. *A Pessoa Jurídica e os Direitos da Personalidade*. Rio de Janeiro: Renovar, 1998.
ALVES, José Carlos Moreira. *A Parte Geral do Projeto de Código Civil Brasileiro*. 2. ed. São Paulo: Saraiva, 2003.
_____. O Projeto de Código Civil de Clóvis Beviláqua. In: *Revista Jurídica* nº 281, p. 5-17, mar. 2001.
AMARAL, Francisco. *Direito Civil*: Introdução. 4. ed. Rio de Janeiro: Renovar, 2002.
ARNAUD, André-Jean; DULCE, María José Fariñas. *Introdução à Análise Sociológica dos Sistemas Jurídicos*. Rio de Janeiro: Renovar, 2000.
ASCENSÃO, José de Oliveira. Princípios Constitucionais do Direito de Autor. In: *Revista Argumentum*, v. 1, p. 09-42, 2005.
AVANCINI, Helenara Braga. O Direito Autoral e sua Interface com o Direito do Consumidor. In: *Revista da ABPI* nº 97, p. 36-49, nov.-dez. 2008.
BARBOSA, Denis Borges. Abuso de Direitos e Abuso de Poder Econômico. In: <www.denisbarbosa.addr.com/abuso.doc>. Acessado em 03/02/2012.
BARBOSA, Mafalda Miranda. *Liberdade vs. Responsabilidade:* A Precaução como Fundamento da Imputação Delitual? Coimbra: Almedina, 2006.
BARDESCO, Antoine. *L'Abus du Droit*. Paris: Giard & Brière, 1913.
BELL, Tom W. Fair Use vs. Fared Use: The Impact of Automated Rights Management on Copyright's Fair Use Doctrine. In: *North Carolina Law Review* nº 76. p. 558-619, jan. 1998.

BEVILÁQUA, Clóvis. *Código Civil dos Estados Unidos do Brasil*. 6. ed. Rio de Janeiro: Editora Rio, 1975. v. I.

_____. *Escritos Esparsos de Clóvis Beviláqua*. Rio de Janeiro: Destaque, 1995.

_____. *Teoria Geral do Direito Civil*. Rio de Janeiro: Editora Rio, 1975.

BOBBIO, Norberto. *Da Estrutura à Função:* Novos Estudos de Teoria do Direito. Barueri: Manole, 2007.

_____. *Direito e Poder*. São Paulo: UNESP, 2008.

BODIN DE MORAES, Maria Celina. *Danos à Pessoa Humana:* Uma Leitura Civil-Constitucional dos Danos Morais. Rio de Janeiro: Renovar, 2003.

_____. A Caminho de um Direito Civil Constitucional. In: *Revista de Direito Civil* nº 65p. 21-32, jul.-set. 1993.

_____. A Constitucionalização do Direito Civil e seus Efeitos sobre a Responsabilidade Civil. In: SOUZA NETO, Cláudio Pereira de; SARMENTO, Daniel (Coords.). *A Constitucionalização do Direito:* Fundamentos Teóricos e Aplicações Específicas. Rio de Janeiro: Lumen Juris, 2007. p. 435-454.

_____. Constituição e Direito Civil: Tendências. In: *Direito, Estado e Sociedade*, nº15, p. 95-114, ago.-dez. 1999.

_____. Recusa à Realização do Exame de DNA na Investigação de Paternidade e Direitos da Personalidade. In: *Direito, Estado e Sociedade – Revista do Departamento de Direito da PUC-Rio*, n. 09, p.85-89, 1996.

BOTTOMORE, Thomas. *Introdução à Sociologia*. 9. ed. Rio de Janeiro: Guanabara, 1994.

BOULOS, Daniel M. *Abuso do Direito*. São Paulo: Método, 2006.

BRASIL. Ministério da Cultura. Anteprojeto de Lei de Direitos Autorais. http://www.cultura.gov.br/site/wp-content/uploads/2011/03/Anteprojeto_Revis%C3%A3o_Lei_Direito_Autoral.pdf. Acessado em 03/10/2012.

CAPITANT, Henri. *Les Grands Arrêts de la Jurisprudence Civile*. Paris: Dalloz, 1950.

CARBONI, Guilherme. *Função Social do Direito de Autor*. Curitiba: Juruá, 2006.

CARDOSO, Vladimir Mucury. O Abuso do Direito no Ordenamento Jurídico Brasileiro. In: MORAES, Maria Celina Bodin de (Org.). *Princípios do Direito Civil Contemporâneo*. Rio de Janeiro: Renovar, 2006. p. 61-110.

CARPENA, Heloisa. *Abuso do Direito nos Contratos de Consumo*. Rio de Janeiro: Renovar, 2001.

_____. Abuso do Direito no Código Civil de 2002. In: TEPEDINO, Gustavo (Org.). *Parte Geral do Novo Código Civil*. Rio de Janeiro: Renovar, 2002. p. 367-386.

CENTRO DE TECNOLOGIA E SOCIEDADE (CTS/FGV). *Direitos Autorais em Reforma*. Rio de Janeiro: FGV Direito Rio, 2011.

CHARMONT, Joseph. *Transformations du Droit Civil*. Paris: Armand Colin, 1912.

CIFUENTES, Santo. *Derechos Personalísimos*. 2. ed. Buenos Aires: Astrea, 1995.

COELHO, Fabio Ulhoa. *Curso de Direito Comercial*. 4. ed. São Paulo: Saraiva, 2000. v. I.

CORDEIRO, Antonio Menezes. *Tratado de Direito Civil Português*. Coimbra: Almedina, 2005. v. I, tomo IV.

_____. *Da Boa-Fé no Direito Civil*. Coimbra: Almedina, 2007.

CORREA, A. Ferrer. Da Responsabilidade do Terceiro que Coopera com o Devedor na Violação de um Pacto de Preferência. In: *Estudo de Direito Civil, Comercial e Criminal*. Coimbra: Almedina, 1985. p. 33-52.

COUTINHO DE ABREU, Jorge Manuel. *Do Abuso do Direito:* Ensaio de um Critério em Direito Civil e nas Deliberações Sociais. Coimbra: Almedina, 1999.

CUNHA DE SÁ, Fernando Augusto. *Abuso do Direito*. Coimbra: Almedina, 2005.

DANTAS, Francisco San Tiago. *Programa de Direito Civil:* Teoria Geral. 3. ed. Rio de Janeiro: Forense, 2001.

DÍEZ-PICAZO, Luis; GULLÓN, António. *Sistema de Derecho Civil*. 8. ed. Madrid: Tecnos, 1994. v. I.

DOBBS, Dan; KEETON, Robert; OWEN, David. *Prosser and Keeton on Torts*. St. Paul: WestGroup, 2004.

DUGUIT, Léon. *Fundamentos do Direito*. São Paulo: Ícone, 1996.

DURANTE, Massimo. *Il Futuro del Web* – Etica, Diritto, Decentramento: Dalla Sussidiarietà Digitale all'Economia dell'Informazione in Rete. Turim: G. Giappichelli, 2007.

EDELMAN, Bernard. *La Personne en Danger*. Paris: PUF, 1999.

EVAN, William (Ed.). *Law and Sociology*. Nova Iorque: Glencoe Press, 1962.

FACHIN, Luiz Edson. *Teoria Crítica do Direito Civil*. Rio de Janeiro: Renovar, 2000.

FERRARA, Francesco. *Trattato di Diritto Civile Italiano*. Roma: Athenaeum, 1921. v. I.

FERREIRA, Keila Pacheco. *Abuso do Direito nas Relações Obrigacionais*. Belo Horizonte: Del Rey, 2007.

FRANCO DE MORAES, Renato Duarte. A Responsabilidade pelo Abuso de Direito – O Exercício Abusivo de Posições Jurídicas, a Boa-Fé Objetiva e o Código Civil de 2002. In: BARROSO, Lucas Abreu (Org.). *Introdução Crítica ao Código Civil*. Rio de Janeiro: Forense, 2006. p. 75-98.

GALGANO, Francesco. *Diritto Civile e Commerciale*. Pádua: CEDAM, 1990. v. 1.

GARCIA COSTA, Enéas. *Responsabilidade Civil dos Meios de Comunicação*. São Paulo: Juarez de Oliveira, 2002.

GILISSEN, John. *Introdução Histórica ao Direito*. 2. ed. Lisboa: Calouste Gulbenkian, 1995.

GIORGIANNI, Michele. La Morte del Codice Ottocentesco. In: *Rivista di Diritto Civile*, ano XXVI, p. 52-55, 1980.

GIORGIANNI, Vittorio. *L'Abuso del Diritto nella Teoria della Norma Giuridica*. Milão: Giuffrè, 1963.

GODOY, Cláudio Luiz Bueno de. *A Liberdade de Imprensa e os Direitos da Personalidade.* São Paulo: Atlas, 2001.

GOMES, Orlando. *Introdução ao Direito Civil.* 12. ed. Rio de Janeiro: Forense, 1996.

———. A Evolução do Direito Privado e o Atraso da Técnica Jurídica. In: *Revista Direito GV,* nº 1, p. 121-134, maio 2005.

GRAU, Eros Roberto. Um Novo Paradigma dos Contratos. In: *Revista Trimestral de Direito Civil.* Rio de Janeiro: Padma, v. 5, p. 73-82, jan.-mar. 2001.

GUERRA, Alexandre. *Responsabilidade Civil por Abuso do Direito.* São Paulo: Saraiva, 2011.

GUIBAUT, Lucie; HELBERGER, Natali. Copyright Law and Consumer Protection. In: <http://www.ivir.nl/publications/other/copyrightlawconsumerprotection.pdf>. Acessado em 30/10/2012.

HALDERMAN, J. Alex; FELTEN, Edward. Lessons from the Sony CD DRM Episode. In: <http://www.copyright.gov/1201/2006/hearings/sonydrm-ext.pdf>. Acessado em 30/01/2012.

HART, Herbert L. A. *O Conceito de Direito.* 2. ed. Lisboa: Calouste Gulbenkian, 1996.

HESPANHA, António Manuel. *O Caleidoscópio do Direito:* O Direito e a Justiça nos Dias e no Mundo de Hoje. Coimbra: Almedina, 2007.

JABUR, Gilberto Haddad. *Liberdade de Pensamento e Direito à Vida Privada.* São Paulo: Revista dos Tribunais, 2000.

JOSSERAND, Louis. *De l'Esprit des Droits et de leur Relativité:* Théorie Dite de l'Abus des Droits. Paris: Dalloz, 2006.

JUNQUEIRA DE AZEVEDO, Antonio. Os Princípios do Atual Direito Contratual e a Desregulamentação do Mercado. Direito de Exclusividade nas Relações Contratuais de Fornecimento. Função Social do Contrato e Responsabilidade Aquiliana do Terceiro que Contribui para o Inadimplemento Contratual. In: *Estudos e Pareceres de Direito Privado.* São Paulo: Saraiva, 2004. p. 137-147.

KELSEN, Hans. *Teoria Pura do Direito.* São Paulo. Martins Fontes, 2003.

KONDER, Carlos Nelson. *Contratos Conexos:* Grupos de Contratos, Redes Contratuais e Contratos Coligados. Rio de Janeiro: Renovar, 2006.

LALOU, Henri. *Traité Pratique de la Responsabilité Civile.* Paris: Dalloz, 1949.

LARENZ, Karl. *Metodologia da Ciência do Direito.* Lisboa: Calouste Gulbenkian, 1997.

LASICA, J. D. *Darknet:* Hollywood's War against the Digital Generation. Hoboken: Wiley, 2005.

LAUTENSCHLAGER, Milton Flávio de Almeida Camargo. *Abuso do Direito.* São Paulo: Atlas, 2007.

LEAFFER, Marshall. *Understanding Copyright Law.* Newark: Lexis Nexis, 2005.

LEWICKI, Bruno Costa. *Limitações aos Direitos do Autor:* Releitura na Perspectiva do Direito Civil Contemporâneo. Tese apresentada ao programa de pós-graduação da Faculdade de Direito da Universidade do Estado do Rio de Janeiro, 2007 (mimeo).

LIMA, Hermes. *Introdução à Ciência do Direito*. Rio de Janeiro: Freitas Bastos, 1958.

LORENZETTI, Ricardo L. *Comércio Eletrônico*. São Paulo: RT, 2004.

MARTINS, Guilherme Magalhães. *Responsabilidade Civil por Acidente de Consumo na Internet*. São Paulo: RT, 2008.

MARTINS, Pedro Baptista. *O Abuso do Direito e o Ato Ilícito*. Rio de Janeiro: Forense, 1997.

MARTINS-COSTA, Judith. *A Boa-Fé no Direito Privado*. São Paulo: Revista dos Tribunais, 1999.

MATHIAS, Guilherme Valdetaro. O Abuso do Direito. In: MOTTA, Mauricio; KLOH, Gustavo (Orgs.). *Transformações Contemporâneas do Direito das Obrigações*. Rio de Janeiro: Elsevier, 2010. p. 123-178.

MAZEAUD, Henri; MAZEAUD, Leon; MAZEAUD, Jean; CHABAS, François. *Leçons de Droit Civil*. Paris: Montchrestien, 2000. v. 2, tomo I.

MESSINEO, Francesco. *Il Contratto in Genere*. Pádua: CEDAM, 1973.

MIZUKAMI, Pedro Nicoletti. *Função Social da Propriedade Intelectual:* Compartilhamento de Arquivos e Direitos Autorais na CF/88. Dissertação apresentada ao programa de pós-graduação da Pontifícia Universidade Católica de São Paulo, 2007 (mimeo).

MOREIRA, José Carlos Barbosa. Abuso do Direito. In: *Revista Trimestral de Direito Civil*, v. 13 p. 97-110, jan.-mar. 2003.

NEVES, Antonio Castanheira. *Questão-de-Facto-Questão-de-Direito ou o Problema Metodológico da Juridicidade*. Coimbra: Almedina, 1967.

NOGUEIRA DA GAMA. Guilherme Calmon. *Direito Civil* – Parte Geral. São Paulo: Atlas, 2006.

OLIVEIRA, Elsa Dias. *A Protecção dos Consumidores nos Contratos Celebrados através da Internet:* Contributo para uma Análise numa Perspectiva Material e Internacional Privatista. Coimbra: Livraria Almedina, 2002.

PARSONS, Talcott. The Law and Social Control. In: Evan, William (Ed.). *Law and Sociology*. Nova Iorque: Glencoe Press, 1962.

PEREIRA, Caio Mário da Silva. *Instituições de Direito Civil*. 21. ed. Rio de Janeiro: Forense, 2005. v. 1.

PEREIRA DE SOUZA, Carlos Affonso. Abuso do Direito Autoral e Relações Contratuais. In: WACHOWICZ, Marcos; PRONER, Carol. *Inclusão Tecnológica e Direito à Cultura*. Florianópolis: Fundação Boiteux, 2012. p. 123-160.

PERELMAN, Chaim. *Ética e Direito*. São Paulo: Martins Fontes, 1996.

_____. A Teoria Pura do Direito e a Argumentação. In: *Cadernos PET-JUR*, Departamento de Direito da PUC-Rio, ano III, nº 1, p. 19-26, 1997.

PERLINGIERI, Pietro. *Il Diritto Civile nella Legalità Costituzionale*. 2. ed. Nápoles: Edizioni Scientifiche Italiane, 2001.

_____. *La Personalità Umana nell'Ordinamento Giuridico*. Nápoles: Jovene, 1972.

_____. *Perfis do Direito Civil*. Rio de Janeiro: Renovar, 1998.

_____. Normas Constitucionais nas Relações Privadas. In: *Revista da Faculdade de Direito da UERJ*, nº 6/7, p. 63-77, 1998-1999.

PINHEIRO, Rosalice Fidalgo. *O Abuso do Direito e as Relações Contratuais.* Rio de Janeiro: Renovar, 2002.

PLANIOL, Marcel. *Traité Élémentaire de Droit Civil.* Paris: LGDJ, 1926. tomo II.

PONTES DE MIRANDA, Francisco. *Tratado de Direito Privado.* São Paulo: Revista dos Tribunais, 1977. v. II.

_____. *Fontes e Evolução do Direito Civil Brasileiro.* Rio de Janeiro: Pimenta de Mello e C., 1928.

RADBRUCH, Gustav. *Filosofia do Direito.* São Paulo: Martins Fontes, 2004.

RAMOS, Carmen Lucia Silveira. A Constitucionalização do Direito Privado e a Sociedade sem Fronteiras. In: FACHIN, Luiz Edson (Org.). *Repensando Fundamentos do Direito Civil Brasileiro Contemporâneo.* Rio de Janeiro: Renovar, 2000. p. 3-30.

REALE, Miguel. Visão Geral do Novo Código Civil. In: *Revista dos Tribunais*, v. 808, p. 11-19, fev. 2003.

RESCIGNO, Pietro. *L'Abuso del Diritto.* Bolonha: Il Mulino, 1998.

RESTIVO, Carmelo. *Contributo ad una Teoria dell'Abuso del Diritto.* Milão: Giuffrè, 2007.

RIPERT, Georges. *A Regra Moral nas Obrigações.* Campinas: Bookseller, 2000.

ROCHA DE SOUZA, Allan. *A Função Social dos Direitos Autorais.* Campos dos Goytacazes: Editora da Faculdade de Direito de Campos, 2006.

RODOTÀ, Stefano. *Tecnologie e Diritti.* Bolonha: Il Mulino, 1998.

_____. Entrevista concedida *à Revista Trimestral de Direito Civil*, nº 11, p. 225-308, jul.-set. 2002.

ROTONDI, Mario. *L'Abuso di Diritto Aemulatio.* Pádua: CEDAM, 1979.

RODOVALHO, Thiago. *Abuso de Direito e Direitos Subjetivos.* São Paulo: RT, 2011.

RUGGIERO, Roberto de. *Istituzioni di Diritto Civile.* Messina: Giuseppe Principato, 1934. v. 1.

SAMPAIO, Patrícia Regina Pinheiro. *Direito da Concorrência e Obrigação de Contratar.* Rio de Janeiro: Elsevier, 2009.

SANTORO-PASSARELLI, Francesco. *Dottrine Generali del Diritto Civile.* 9. ed. Nápoles: Eugenio Jovene,, 2002.

_____. Note Conclusive: Il Codice e Il Mantenimento dei Valori Essenziali. In: *Rivista di Diritto Civile*, ano XXVI, p. 85-91, 1980.

SARMENTO, Daniel. *Direitos Fundamentais e Relações Privadas.* Rio de Janeiro: Lumen Juris, 2004.

SESSAREGO, Carlos. *Abuso del Derecho.* Buenos Aires: Depalma, 1992.

SCHREIBER, Anderson. *Direitos da Personalidade.* São Paulo: Atlas, 2011.

SGARBI, Adrian. *Hans Kelsen:* Ensaios Introdutórios (2001-2005). Rio de Janeiro: Lumen Juris, 2007. v. I.

SILVA, Luis Renato Ferreira da. Cláusulas Abusivas: Natureza do Vício e Decretação de Ofício. In: *Revista Direito do Consumidor*, n. 23/24, p. 123-125, 1997.

SMIERS, Joost. *Artes sob Pressão:* Promovendo a Diversidade Cultural na Era da Globalização. São Paulo: Pensarte, 2006.

SPENCE, Michael. *Intelectual Property*. Oxford: Oxford University Press, 2007.

TARTUCE, Flávio. Considerações sobre o Abuso do Direito e o Ato Emulativo Civil. In: DELGADO, Mario Luiz; ALVES, Jones Figueirêdo (Coords.). *Novo Código Civil:* Questões Controvertidas. São Paulo: Método, 2004. v. 2, p. 89-110.

TEPEDINO, Gustavo. *Temas de Direito Civil*. 2. ed. Rio de Janeiro: Renovar, 2001. v. I.

_____. *Temas de Direito Civil*. Rio de Janeiro: Renovar, 2006. v. II.

_____. Crise de Fontes Normativas e Técnica Legislativa na Parte Geral do Código Civil de 2002. In: TEPEDINO, Gustavo (Coord.). *A Parte Geral do Novo Código Civil*. Rio de Janeiro: Renovar, 2003. p. XV-XXXIII.

TEPEDINO, Gustavo; BARBOZA, Heloisa Helena; BODIN DE MORAES, Maria Celina. *Código Civil Interpretado conforme a Constituição da República*. Rio de Janeiro: Renovar, 2004. v. I.

TOBEÑAS, José Castán. *Teoria de la Aplicación e Investigación del Derecho:* Metodología y Técnica Operatoria en Derecho Privado Positivo. Madrid: Reus, 1947.

VAN CAENEGEM, R. C. *História do Direito Privado*. São Paulo: Martins Fontes, 1995.

VARELA, João de Matos Antunes. O Abuso do Direito no Sistema Jurídico Brasileiro. In: *Revista de Direito Comparado Luso-Brasileiro*, v. 1, p. 37-59, jul. 1982.

VON IHERING, Rudolf. *A Finalidade do Direito*. Rio de Janeiro: Editora Rio, 1979.

WINDSCHEID, Bernhard; MUTHER, Theodor. *Polemica Intorno all'Actio*. Sansoni: Florença, 1954.

ZENO-ZENCOVICH, Vincenzo; VARDI, Noah. The Constitutional Basis of a European Private Law. In: HARTKAMP Arthur *et al.* (Ed.). *Towards a European Civil Code*. 3. ed. Noviomago: Ars Aequi, 2004, p. 205-215.

Impresso nas oficinas da
SERMOGRAF - ARTES GRÁFICAS E EDITORA LTDA.
Rua São Sebastião, 199 - Petrópolis - RJ
Tel.: (24)2237-3769